Joachim Zehner

Arbeitsbuch Systematische Theologie

Eine Methodenhilfe für Studium und Praxis

Chr. Kaiser
Gütersloher
Verlagshaus

Die Deutsche Bibliothek – CIP-Einheitsaufnahme

Zehner, Joachim:
Arbeitsbuch Systematische Theologie: eine Methodenhilfe für Studium und Praxis / Joachim Zehner. – Gütersloh: Kaiser, Gütersloher Verl.-Haus, 1998
ISBN 3-579-00400-X

Umwelthinweis:
Dieses Buch wurde auf chlorfrei gebleichtem und alterungsbeständigem Papier gedruckt. Die vor Verschmutzung schützende Einschrumpffolie ist aus umweltschonender und recyclingfähiger PE-Folie.

ISBN 3-579-00400-X

Umschlag: INIT, Bielefeld
Satz: Weserdruckerei Rolf Oesselmann, Stolzenau
Druck und Bindung: Druckerei Sommer GmbH, Feuchtwangen
Printed in Germany

Inhalt

Vorwort

Dieses Buch will eine Einführung in *systematisch-theologisches Arbeiten* bieten. Bei der Fülle des Wissens, das heute an der Universität vermittelt wird, und in einer immer komplexer werdenden Welt will es eine »schlanke Theorie«[1], einen Methodenentwurf vorstellen, der dazu verhilft, Grundschritte dogmatischen Arbeitens kennenzulernen und einzuüben, um so dem Ziel theologischer Reflexion näher zu kommen: in einem transparenten Verfahren zu einer gut begründeten eigenen Stellungnahme in Fragen des Glaubens zu gelangen.

Angeregt wurde ich beim Verfassen dieses Werkes durch das vorzügliche kirchengeschichtliche Arbeitsbuch von Christoph Markschies, das die an lebendigen Beispielen illustrierten elementaren Grundschritte kirchengeschichtlichen Arbeitens als Aufbau wählt und weitgehend auf eine materiale Überblicksdarstellung verzichtet.[2] Entsprechend kann auch dieses Buch als *Begleitlektüre im systematisch-theologischen Proseminar* dienen. Es ist jedoch nicht nur in diesem Rahmen nützlich, sondern kann während des ganzen Studiums eine Hilfe sein: bei der Anfertigung von Pro- und Hauptseminararbeiten, Examens- oder Diplomarbeiten oder als Gliederungshilfe in einer Examensklausur.

Das Buch kann aber auch *über das Studium hinaus* Religionslehrer und Religionslehrerinnen, Pfarrer und Pfarrerinnen, etwa auf einer Rüste des Gemeindekirchenrates, oder in der Schule beim gemeinsamen Entwurf einer Unterrichtseinheit zu systematisch-theologischem Nachdenken anleiten.

Meine an *Fallbeispielen der Praxis* ausgerichtete Methode ist in der wissenschaftlichen Theologie hier in Deutschland nicht sehr verbreitet. Ich halte diesen Weg, vom Beispiel aus zurückzufragen auf das Grundlegende, für eine sinnvolle *Ergänzung der bestehenden Lehr- und Lernmethoden* der Systematischen Theologie. Studienpraktiker beklagen bisweilen die »sentenzenartig komprimierte Dogmatik, die in [Examens-]Klausuren wiedergege-

1. Vgl. *Hermann Fischer,* Systematische Theologie. Konzeptionen und Probleme im 20. Jahrhundert. (GKT 6) (Stuttgart u.a. 1992), 237.
2. Vgl. *Christoph Markschies,* Arbeitsbuch Kirchengeschichte (Tübingen 1995).

ben, aber nicht [methodisch] *durchdacht* wird«.[3] Die hier gebotene Anleitung zum Planspiel will helfen, die vergangenen und gegenwärtigen Antworten zu Glaubensfragen mit der gegenwärtigen Situation besser in Beziehung zu setzen. Das Vorgehen anhand von Fallbeispielen und insbesondere das Planspiel vereinigen das Erlernen von Problemlösungsmethoden mit dem Erfahren sozialer Kompetenz und Verantwortung. Fallbeispiel und Planspiel sind eine wichtige Methode der Wissensvermittlung und tragen dazu bei, eine qualitativ hochstehende und praxisgerechte Ausbildung mit dem Bildungsanspruch der Hochschule zu verbinden. Die *Lernkontrollfragen* am Ende eines Abschnittes sind freilich vor allem auf das Proseminar bezogen und dienen dazu, das Wesentliche eines Abschnittes in Frageform in Erinnerung zu rufen und in Lerngruppen zu diskutieren.
Auf *zwei Fragen*, die an das hier vorgestellte Konzept gerichtet werden können, möchte ich gleich zu Beginn eingehen. *Erstens* könnte man kritisch bemerken: Gibt es denn überhaupt *eine* – und dann auch noch normierende – »dogmatische Methode«, die Grundschritte dogmatischer Klärung ermöglicht? Es gibt – davon gehe ich aus – ein de facto, bewußt oder unbewußt praktiziertes, variabel gehandhabtes, aber in seiner Grundstruktur gemeinsames dogmatisches Verfahren. Es ist als ein praktisches Verfahren im gewissen Sinne vergleichbar mit den methodischen Grundschritten in den exegetischen Fächern, der Kirchengeschichte und der Praktischen Theologie (Predigtvorbereitung und Katechese). Es kann reflektierend erschlossen und in der Fachdisziplin verankert werden; »systematisch-theologisches Urteilen« heißt vor allem, sich ohne Formalismus und schöpferisch dieser dogmatischen Methode zu bedienen.
Zweitens könnte man fragen: Kann mit Hilfe dieser »schlanken Theorie« die Fülle der dogmatischen Fragestellungen und die Komplexität systematisch-theologischer Entwürfe gleichmäßig befriedigend bearbeitet werden? Hier liegt tatsächlich ein nicht unerhebliches Problem, doch glaube ich, ihm begegnen zu können, indem ich die einzelnen Methodenschritte durch Beispiele aus zentralen Bereichen der Dogmatik – Prolegomena, Gotteslehre, Christologie, Ekklesiologie und Eschatologie – deutlich mache.
Dieses Arbeitsbuch berücksichtigt eigene *Erfahrungen* aus zahlreichen von mir geleiteten systematisch-theologischen Proseminaren, aus Repetitorien und dem Einführungskurs »Dogmatik« in der religionspädagogischen Weiterbildung für Lehrerinnen und Lehrer an der Humboldt-Universität Berlin. Den beinahe 400 Teilnehmerinnen und Teilnehmern an diesen Veranstaltungen verdanke ich durch ihre Mitarbeit, Kritik und ihre Anre-

3. Vgl. *Christofer Frey*, Dogmatik. Ein Studienbuch (Gütersloh 1977, (3., erg. und überarb. Aufl.) 1993), 248.

gungen viel: Die hier zugrundegelegte dogmatische Methode und die Ausrichtung auf Fallbeispiele konnte mit ihnen gemeinsam erprobt werden. Arbeitsmaterialien und Hilfen, die nicht in dieses Arbeitsbuch aufgenommen werden konnten, sowie die in einem Lehrportfolio zusammengefaßten didaktischen Grundüberlegungen sind abrufbar unter meiner »Homepage« am Lehrstuhl der Systematischen Theologie an der Humboldt-Universität zu Berlin (Professor Dr. Christof Gestrich): http://www2.rz.hu-berlin.de/~h1001dgm/.

Vorschläge zur Verbesserung dieses Arbeitsbuches greife ich gerne auf (E-Mail: joachim.zehner@rz.hu-berlin.de). Ich danke für die Anregungen meiner Kolleginnen und Kollegen PD Dr. Jens Herzer, Dr. Bernhard Felmberg, Dr. Anne-Kathrin Finke, Till Hüttenberger und Dr. Birgit Weyel. Sylvie Reichel, Holger Rohde und Johannes Wildner haben das Personen- und Sachregister erstellt. Herr Pfarrer Jürgen Quandt und der Gemeindekirchenrat der Gemeinde »Zum Heiligen Kreuz« sowie Dr. Thomas Kucharz von Radio Paradiso, Berlin, gaben die Erlaubnis, die beiden Fallstudien abzudrucken. Die außergewöhnliche und gute Zusammenarbeit mit Diedrich Steen, Lektor im Gütersloher Verlagshaus, ist eine Freude. Ohne seine Initiative und schöpferische Mithilfe wäre dieses Buch nicht so zustande gekommen. Mit großem Einsatz half mein Vater bei den vielen Korrekturgängen.

Ich widme dieses Buch, eine Methodenhilfe für Studium und Praxis, meinen Lehrern und Mentoren an der Hochschule und in der Gemeinde Christof Gestrich, Hans Küng, Eberhard Jüngel und für die Diakonie Frau Regine Jung, Hans-Henning Traulsen (†) im Religionsunterricht und Pfarrer Dr. Isbert Schultz-Heienbrok. Ihnen verdanke ich, daß ich mit Freude Theologe geworden und geblieben bin. Nichts anderes wünsche ich den Benutzern dieses Buches.

Berlin, im Sommer 1998 *Joachim Zehner*

Einführung – das Ziel systematisch-theologischer, dogmatischer Arbeit

Ziel systematisch-theologischer, dogmatischer Arbeit ist die Rechenschaft des christlichen Glaubens vor der Gegenwart – »seid allezeit bereit zur Verantwortung vor jedermann, der von euch Rechenschaft fordert über die Hoffnung, die in euch ist« (1 Petr 3,15). Systematisch-theologische Arbeit geschieht in der Kommunikations- und Verantwortungsgemeinschaft der Kirche; sie dient dazu, den auf Offenbarung beruhenden Glauben mit Hilfe historisch-kritischer Schriftauslegung und unter historisch-kritischem Rückgriff auf alle im jeweiligen Sachzusammenhang bedeutsamen Zeugen der Kirchengeschichte sowie im sorgfältigen Hören aller christlichen Stimmen der Gegenwart in der Gemeinschaft der Kirche und in der Gesellschaft zu verstehen und zu erklären. Dies geschieht in wissenschaftlicher Weise, indem methodisch geleitet, in sorgfältigen, transparenten und rechenschaftsfähigen Schritten der Inhalt des geoffenbarten Glaubens vor dem Erkenntnisstand anderer Wissenschaften verantwortet und bewährt wird. Dogmatik bildet mit der Ethik als Theorie des guten Handelns die Systematische Theologie als Ganzes.

Der eigentliche Begründer wissenschaftlicher Theologie, der englische Abt und Erzbischof *Anselm von Canterbury (1033-1109),* sah im Glauben selbst den Impuls angelegt, das, was er glaubt, auch verstehend nachzuvollziehen: »fides quaerens intellectum«[4]; dieses Verstehen zielt nach Anselms Überzeugung letztlich darauf, daß die Glaubenden »sich an

4. »Fides quaerens intellectum« nannte Anselm ursprünglich seine Darstellung des sogenannten ontologischen Gottesbeweises, um damit – wie durch die ein- und ausleitenden Gebete – zu zeigen, daß der Beweis eine Denkfolge des Glaubens und nicht der spekulativen Vernunft sei (vgl. *Anselm von Canterbury,* Proslogion, c. I-V; dt.-lat. Ausgabe: Anselm von Canterbury, Monologion. Proslogion. Die Vernunft und das Dasein Gottes; eingel., übers. und erläutert von Rudolf Allers (Stuttgart 1966).

der Einsicht und Beschauung dessen, was sie glauben, *erfreuten«* (»ut eorum quae credunt intellectu et contemplatione delectentur«).[5] Der Jenaer lutherische Theologe *Johann Gerhard (1582-1637)*, einer der bedeutendsten Vertreter der altprotestantischen Orthodoxie, sagt knapp und – so meine ich – treffend: Zweck und Ziel der Theologie ist die »glorificatio Dei« – der »Lobpreis Gottes« – und die »informatio hominum ad salutem« – die »Unterweisung des Menschen zu seinem Heil«. In diesem Sinne, in der Ausrichtung auf die Praxis christlichen Lebens als Anlaß und Ziel theologischer Wissenschaft, ist die Theologie insgesamt eine »sapientia eminens practica«[6] – »eine besonders praktische Weisheit« *(David Hollaz, 1648-1713)*.

1. Summe des christlichen Glaubens

Um das Ziel, die Rechenschaft des Glaubens vor der Gegenwart, zu erreichen, soll systematisch-theologisches, dogmatisches Arbeiten zunächst einmal die zentralen Inhalte des christlichen Glaubens als klares, gegliedertes *Ganzes* darstellen. Davon zu unterscheiden ist die methodisch geleitete Rechenschaft in einer *Einzelfrage* des Glaubens, worauf als zweites (vgl. 2. Dogmatische Methode, unten S. 19-26) einzugehen ist.

Die Summe des christlichen Glaubens hat ihre Urform im *Taufbekenntnis* und im *gottesdienstlichen Glaubensbekenntnis*. Vorformen des heute im Gottesdienst gesprochenen Apostolikums lassen sich schon seit dem Jahre 150 n. Chr. nachweisen. Sie haben den Anspruch auszudrücken, »was überall, was immer und was von allen geglaubt wird« (»quod ubique, semper, ab omnibus creditum est«, Vinzenz von Lerinum ca. 440), geben also den Zusammenhang und Zusammenhalt stiftenden Mindestgehalt kirchlicher Lehre wieder. Bekenntnisse wollen zusammenfassende Auslegung der Schrift sein. Der Taufanwärter und die Gemeinde konnten sich mit ihnen auf das Verstehen der wesentlichen Aussagen des christlichen Glau-

5. Vgl. *Anselm von Canterbury*, Cur Deus homo – Warum Gott Mensch geworden. Buch I, c. 1; lat.-dt. Ausgabe von Franciscus S. Schmitt (Darmstadt 1965), 10f. (Hervorhebung von mir!).
6. Die Zitate aus der altprotestantischen Orthodoxie lassen sich bequem auffinden bei: *Heinrich Schmid*, Die Dogmatik der evangelisch-lutherischen Kirche dargest. u. aus d. Quellen belegt. Neu hrsg. und durchges. von Horst G. Pöhlmann (1. Aufl. 1843; Gütersloh (11) 1990), 27.

bens konzentrieren. Von diesen summarischen Bekenntnisformeln müssen wir die *Dogmen* unterscheiden. Sie entstehen im Streit um die Auslegung *einzelner* Aussagen der Bekenntnisse bzw. bei deren Erweiterung. (Orts-)Bischof oder Konzil, die in der Kirchengeschichte entstandenen Autoritäten, entschieden mit lehramtlicher Gewalt über den Streit.

Von den im Gottesdienst gesprochenen Bekenntnissen und den durch ein kirchliches Lehramt festgelegten Dogmen sind die aus dem *mittelalterlichen Lehrbetrieb an Universitäten entstandenen Summen* zu unterscheiden. Sie sollten gottesdienstliche Bekenntnisse und lehramtliche Dogmen aus Schrift und (Kirchenväter-)Tradition begründend interpretieren. Sie wollten klar gegliedert das Ganze des christlichen Glaubens im Zusammenhang darstellen und können als die ersten systematisch-theologischen Gesamtentwürfe, als erste Dogmatiken bezeichnet werden. Um sie geht es, wenn in diesem Buch von »Summe« gesprochen wird. Von altkirchlichen Vorformen (Origenes und Augustin) abgesehen kann man sagen, daß der frühmittelalterliche Universitätstheologe und Pariser Bischof *Petrus Lombardus (1095-1160)* für seine Studenten als erster eine solche Summe entwickelte. Deren heilsgeschichtlicher Aufbau (von der Schöpfung bis hin zur Eschatologie) ist bis heute noch für die Anlage vieler dogmatischer Lehrbücher prägend. Die »Libri Quatuor Sententiarum« (4 Bücher der Grund-Sätze) des Lombarden, kurz: »Sentenzen«, wurden zum Standardlehrbuch an mittelalterlichen Universitäten. Fast alle Lehrer der Folgezeit unterrichteten an der Universität, indem sie die »Sentenzen« kommentierten. Petrus Lombardus stellte in seinem Lehrbuch die Zitate vor allem lateinischer Kirchenväter (insbesondere Augustins) und theologischer Zeitgenossen zusammen, so daß fast alle dogmatischen Themen – nur die Lehre von der Kirche fehlt – behandelt wurden.

Abb. 1
Die »Sentenzen« des Petrus Lombardus (1154/57)

Heilsgeschichte

Gott/Schöpfung ⟶ Erlösung

Trinitätslehre	Gottes Eigenschaften	Engel	Sechstage-Werk	Sünde und Gnade	Christologie Tugenden/ Ethik	Sakramente	Eschatologie (Lehre von den letzten Dingen)

Zu den wichtigsten *klassischen Zusammenfassungen christlicher Glaubensinhalte (Summen)*, auf die systematisch-theologisches Arbeiten immer wieder Bezug nimmt, gehören:

Origenes (185-251, Alexandrinischer Theologe): Peri archon – **Über die Grundlehren**; diese Synthese aus antikem und christlichem Geist, die als umfassendes theologisch-philosophisches System die Vernünftigkeit und zugleich Überlegenheit des christlichen Wahrheitsanspruches erweisen sollte, ist nur noch in einer »gereinigten« lateinischen Übersetzung von Rufin erhalten; vgl. Paul Koetschau, Origenes Werke, V: De Principiis, GCS (= Die Griechischen Christlichen Schriftsteller der ersten Jahrhunderte, hrsg. von der Berliner Akademie 22 (Berlin 1913).

Augustin (354-430, Bischof von Karthago/Nordafrika): Enchiridion ad Laurentium sive de fide, spe et caritate – Das **Handbüchlein**; in Briefform vorgebrachter Grundriß der wichtigsten Lehre der Kirche und zugleich Zusammenfassung der Theologie Augustins, übertragen und erläutert von Paul Simon (Paderborn (2) 1962).

Petrus Lombardus: **Libri Quatuor Sententiarum.** Magistri Petri Lombardi, Sententiae in IV Libris Distinctae, Spicilegium Bonaventurianum IV/V. 3 Bde. (Grottaferrata 1971-1981).

Thomas von Aquin (1225-1274, Professor in Paris): **Summa Theologica**; in der katholischen Kirche ist Thomas von Aquin als *der* Kirchenlehrer, »doctor communis«, angesehen; seine Theologie ist eine großartige Synthese aus christlichen Glaubensinhalten und der (damals wiederentdeckten) aristotelischen Philosophie, didaktisch geschickt aufgebaut handelt das Werk vom *exitus (Hervorgang)* aller Dinge aus Gott und dem *reditus (Rückkehr)* aller Dinge, insbesondere des Menschen, zu Gott als dem Endziel; die deutsche Thomas-Ausgabe; vollständige, ungekürzte deutsch-lateinische Ausgabe der Summa Theologica, übersetzt von Dominikanern und Benediktinern Deutschlands und Österreichs. Bde. 1-36 (...) (Salzburg, Leipzig 1933ff.). Zur Erschließung vgl. *Ludwig Schütz*, Thomas-Lexikon. Sammlung, Übersetzung und Erklärung der in sämtlichen Werken des hl. Thomas von Aquin vorkommenden Kunstausdrücke und wissenschaftliche Aussprüche (Paderborn (2., sehr vergr. Aufl.) 1895 = Stuttgart 1958).

Philipp Melanchthon (1497-1560, Professor in Wittenberg): **Loci Communes** 1521 und 1559; Melanchthons Loci aus dem Jahre 1521 waren die erste protestantische Dogmatik, sie wollten lediglich zusammenfassende Bibelauslegung sein und sind an den Hauptthemen des Römerbriefs orientiert: Sünde, Gesetz, Evangelium, Gnade, Rechtfertigung und Glaube etc., in: Melanchthon Studienausgabe, hrsg. v. Robert Stupperich, Bd. II, 1 und 2 (Gütersloh 1952); die Ausgabe von 1521 ist hervorragend kommentiert und übersetzt von Horst G. Pöhlmann (vgl. Philipp Melanchthon, Loci Communes 1521. Lateinisch – Deutsch. Übersetzt und mit kommentierenden Anmerkungen versehen von Horst G. Pöhlmann. Hrsg. vom Lutherischen Kirchenamt der Vereinigten Evangelisch-Lutherischen Kirche Deutschlands (Gütersloh 1993, (2. verbes. und erg. Aufl.) 1997). Bibelstellen- und Sachregister erschließen diesen Band.

Johannes Calvin (1509-1564, Reformator in Genf): **Unterricht in der christlichen Religion**. Institutio christianae religionis; Calvins Hauptwerk ist als ein Katechismus evangelischer Lehre angelegt in Anlehnung an Luthers Einteilung; nach der letzten Ausgabe übersetzt und bearbeitet von Otto Weber (Neukirchen-Vluyn 1955, (6) 1997). Mit Hilfe des Bibelstellen- und des umfangreichen Begriffsregisters kann Calvins Theologie in Otto Webers Ausgabe gut erschlossen werden.

Friedrich Schleiermacher (1768-1834, Professor in Berlin): **Der christliche Glaube**; bedeutendste Dogmatik der modernen Zeit, d.h. streng geschichtlich und erfahrungsbezogen ausgehend vom frommen, menschlichen Bewußtsein. Der christliche Glaube nach den Grundsätzen der evangelischen Kirche im Zusammenhange dargestellt von F. Schleiermacher, 7. Auflage – auf Grund der zweiten Aufl. und kritischer Prüfung des Textes neu hrsg. und mit Einleitung, Erläuterungen und Register versehen v. Martin Redeker, 2 Bde. (Berlin 1960).

Dogmatiken aus dem 20. Jahrhundert sind in der Übersicht auf S. 182 zu finden.

Warum es sinnvoll ist, an den Worten »Dogmatik« und »dogmatisch« festzuhalten.

Mit dem Wort »dogmatisch« wird heute häufig Starrheit, autoritäres Verhalten und Rechthaberei assoziiert. Gleichwohl spricht vieles dafür, die Begriffe »Dogmatik« für die theologisch-wissenschaftliche Disziplin oder eine Gesamtdarstellung des christlichen Glaubens (Summe) und »dogmatisch« als Adjektiv etwa in »dogmatische Methode« auch in der evangelischen Theologie weiterhin zu gebrauchen. Ich halte jedenfalls an den – sicherlich erklärungsbedürftigen – Begriffen »Dogmatik/dogmatisch« fest. Denn damit ist gemeint: mit der Rechenschaft des Glaubens wird das zur Sprache gebracht, was die Glaubensgemeinschaft der Vergangenheit und Gegenwart *verbindet;* diese Rechenschaft ist insofern verbindlich; und sie hat den Anspruch, die *Wahrheit* über Gott, Mensch und Welt auszusagen; denn dies entspricht der Gewißheit des christlichen Glaubens, die Menschen im Leben und im Sterben trägt bzw. tragen kann. Der Anspruch auf Verbindlichkeit und Wahrheit kommt mit den recht verstandenen Begriffen »Dogmatik/dogmatisch« immer noch am besten zum Ausdruck.
Das *griechische Wort dogma,* mit dem die Begriffe »Dogmatik/dogmatisch« zusammenhängen, bezeichnet in seiner Grundbedeutung dasjenige, »was als richtig erschienen ist«, to dedogmenon. Es wurde bereits in *frühester Zeit der Alten Kirche* auf »Lehren und Vorschriften Jesu und der Apostel« bezogen.[7] Auch das *Neue Testament* kennt den Begriff im Sinne von Edikt oder Gebot (Lk 2,1; Apg 17,7; Hebr 11,23), mosaischer Satzung (Kol 2,14; Eph 2,15) und Beschluß der Apostel (Apg 16,4). Im profangriechischen Gebrauch bedeutete Dogma soviel wie rechtliche Verfügung oder philosophische Grundlehre. Der Sinn gültiger, auch rechtlich verbindlicher Lehre ging von den urkirchlichen auf die altkirchlichen Dogmen, die formellen Beschlüsse der sog. *ökumenischen (d.h. das Römische Reich umfassenden) Konzilien* über: Nizäa (325 n. Chr., vor allem zur Trinitätslehre), Konstantinopel (381), Ephesus (431) und Chalkedon (451, Christologie). Die altkirchlichen Dogmen sind in den Bekenntnisschriften des *Reformationszeitalters* bewußt rezipiert worden, weil sie als treffende Zusammenfassung des in der Schrift geoffenbarten Wort Gottes galten. Evangelischerseits liegt es daher nahe, den Begriff »Dogma« auf die altkirchlichen Konzilsbeschlüsse zu beschränken. Diese Konzilsbeschlüsse verbinden die evangelische Kirche in der Sache mit der katholischen und der orthodoxen Tradition. Die *katholische Kirche* hebt mit dem *I. Vatikanischen Konzil (1870)* hervor, daß Dogmen vor allem durch die Entschei-

7. Vgl. *Ulrich Wickert,* Art. Dogma I. historisch, in: TRE 9, 27.

dung des Lehramtes entstehen; es ist »all das zu glauben, was im geschriebenen oder überlieferten Wort Gottes enthalten ist und von der Kirche – sei es in feierlicher Entscheidung oder kraft ihres gewöhnlichen und allgemeinen Lehramtes – als von Gott geoffenbart zu glauben vorgelegt wird«.[8] Die *evangelische Kirche* kann sich die so bestimmten Glaubensinhalte nur zu eigen machen, wenn sie sachlich in der Schrift grundgelegt sind. Bekenntnisse und Dogmen sind dabei aber nicht mit der göttlichen Offenbarung identisch. Bekenntnisse sind menschliche Antwort auf die Botschaft des Evangeliums, die in der Regel wie z.B. das Apostolikum das Ganze des christlichen Glaubens zusammenfassen wollen. Dogmen sind menschliche Interpretationen von Einzelaussagen des biblischen Zeugnisses von Gottes Offenbarung; diese Interpretationen haben, weil sie sich (immer wieder) als schriftgemäß erweisen, auch in der evangelischen Kirche verbindliche Bedeutung erlangt (vgl. dazu auch S. 69f., 125-127 und die Unterscheidung von norma normata (normierte Norm für Tradition) und norma normans (normierende Norm für das Zeugnis der Schrift).
Der *Begriff Dogmatik* ist erst im 17. Jahrhundert aufgekommen. Er bezeichnet als »theologia dogmatica« eine wissenschaftliche Disziplin und unterscheidet sie von der »theologia moralis«, der Ethik. Der Sache nach gibt es jedoch bereits viel früher Dogmatiken, die Bekenntnisse und Dogmen entfalten und auslegen *(Literaturhinweise zur Dogmen- und Theologiegeschichte vgl. S. 75f.).*

2. Dogmatische Methode – methodisch geleitete Rechenschaft des Glaubens

Neben der Aufgabe, das Ganze des christlichen Glaubens mit Hilfe von Summen darzustellen, ist es eine weitere Aufgabe systematisch-theologischer, dogmatischer Theologie, in einer *bestimmten Problemsituation Einzelaspekte* des christlichen Glaubens zu klären, neu zu verantworten und in angemessener Form zum Ausdruck zu bringen. Ein Beispiel dafür kann die Frage sein, warum es theologisch angemessen ist, unmündige Kinder zu taufen, Kinder also, die sich noch nicht selbst für das Christsein

8. Vgl. *Heinrich Denzinger,* Enchiridion symbolorum definitionum et declarationum de rebus fidei et morum – Kompendium der Glaubensbekenntnisse und kirchlichen Lehrentscheidungen. Lateinisch-Deutsch. Hrsg. von Peter Hünermann (Freiburg u.a. (37) 1991), Nr. 3011 (= DH 3011), 816.

entscheiden können. Die Bearbeitung dieser Frage geschieht in einem Verfahren, das ich »dogmatische Methode« nenne und im folgenden vorstellen möchte. Wenn evangelische Theologen dogmatisches Arbeiten beschreiben, ist auch diese, auf einzelne Probleme bezogene Aufgabe enthalten. *Friedrich Schleiermacher* etwa, die prägende Gestalt der Theologie des 19. Jahrhunderts, schrieb dazu:

> *»Von jedem evangelischen Theologen ist zu verlangen, daß er im Bilden einer eignen Überzeugung begriffen sei über alle eigentlichen Örter des Lehrbegriffs, nicht nur so, wie sie sich aus den Prinzipien der Reformation an sich und im Gegensatz zu den römischen Lehrsätzen entwickelt haben, sondern auch, sofern sich Neues gestaltet hat, dessen für den Moment wenigstens geschichtliche Bedeutung nicht zu übersehen ist.«*[9]

Schleiermachers großer theologiegeschichtlicher Antipode im 20. Jahrhundert *Karl Barth* (1886-1968) hat das so zum Ausdruck gebracht:

> *»Dogmatik ist als theologische Disziplin die wissenschaftliche Selbstprüfung der christlichen Kirche hinsichtlich des Inhalts der ihr eigentümlichen Rede von Gott.«*[10]

Ein Blick in die *Geschichte der Sentenzen, der Summen und Dogmatiken* zeigt zunächst, daß es *ganz unterschiedliche »dogmatische Methoden«* gab, diese zweite Aufgabe dogmatischen Arbeitens wahrzunehmen: Ich denke hier an die Local-Methode Melanchthons, die synthetische (einfach aufgereiht) und die analytische (nach einem übergreifenden Thema oder Zielgedanken angeordnet) Methode in der altprotestantischen Orthodoxie. Wenn nun in diesem Buch von einer dogmatischen Methode die Rede ist, so sind diese klassischen Lösungen damit nicht gemeint: Denn jene »Methoden« dienten als Anordnungsprinzip dem Aufbau der Dogmatiken, sie kennzeichneten jedoch nicht im eigentlichen Sinn ein – wenn man so will – dogmatisches Denkverfahren. Darum jedoch geht es mir: Die dogmatische Methode, die mir vorschwebt, eignet sich nicht als Strukturprinzip von Dogmatiken, sie bietet aber – *unabhängig von Dogmatiken* – ein im systematisch-theologischen Studienbetrieb zu erlernendes und praktikables Verfahren systematischer Reflexion.

9. Vgl. *Friedrich Schleiermacher,* Kurze Darstellung des theologischen Studiums zum Behuf einleitender Vorlesungen (1810, (2) 1830), hrsg. v. Heinrich Scholz (1910, Darmstadt ND 1993), 83 (§ 219).
10. Vgl. *Karl Barth,* Die Kirchliche Dogmatik Bd. 1, erster Halbband: Die Lehre vom Wort Gottes (Zürich 1932, (10) 1981), 1.

Ein solches Verfahren ist natürlich keine ganz neue Erfindung: In der Theologiegeschichte war es insbesondere *Thomas von Aquin (1225-1274)*, der anhand klarer und überschaubarer Methodenschritte Systematische Theologie betrieb. Seine Methode bestand darin, wie in einem wissenschaftlichen Streitgespräch von einer aktuellen Frage des damaligen Lehrbetriebes aus über Position und Gegenposition, Beweise für die Gegenposition und Widerlegung der Position zu einem begründeten Urteil zu gelangen. Aus mehreren Gründen kann sein *methodologisches Vorgehen ein Vorbild* sein: die Methode ermöglicht die *Einübung im Lehrbetrieb*; die *aus der gegenwärtigen Problemstellung sich ergebende Frage* steht am Anfang und nicht wie später in der neuscholastisch-katholischen Dogmatik die fertige These oder evangelisch der vorgegebene und kritisch zu untersuchende Bestand dogmatischer Tradition und eine *argumentative Grundstruktur* schließlich macht den Erkenntnisfortschritt deutlich.

Ein *Beispiel* aus Thomas von Aquins Summa Theologica, das die *mittelalterliche Bibelauslegung* betrifft, spiegelt die Phasen eines wissenschaftlichen Streitgesprächs wider:[11]

10. Artikel
Die *Fragestellung* als Überschrift: »Hat in der Heiligen Schrift ein und dasselbe Wort einen mehrfachen Sinn?«

Die *Ausgangsposition (»Videtur quod«)* als genaue Problemstellung mit Hilfe von drei Argumenten gegen die Lehre vom vierfachen Schriftsinn:
(1) Der vielfache bzw. vierfache Schriftsinn besage, die Schrift habe einen

11. Sth I q 1 a 10 (= Summa theologiae Prima pars, Frage 1, Artikel 10). Der lateinische Text ist mit deutscher Übersetzung gut zugänglich in: Die deutsche Thomas-Ausgabe. Vollständige, ungekürzte deutsch-lateinische Ausgabe der Summa Theologica, übersetzt von Dominikanern und Benediktinern Deutschlands und Österreichs (...) (Salzburg, Leipzig 1933ff). Eine kurze, deutsche Wiedergabe zentraler Texte des Thomas mit weiterführenden Literaturhinweisen findet sich bei: *Reinhold Mokrosch, Herbert Walz,* Mittelalter. Kirchen- und Theologiegeschichte in Quellen. Ein Arbeitsbuch hrsg. v. Heiko A. Oberman u.a., Bd. II (Neukirchen-Vluyn 1980), 139-149 (mein Beispiel 143f.).

wörtlichen, *literalen Sinn* (z.B. Jerusalem als Stadt in Israel), einen *allegorischen,* auf den Glauben bezogenen Sinn (Jerusalem als Bild der Kirche), einen *tropologischen,* auf die christliche Liebe bezogenen (Jerusalem als Bild der menschlichen Seele) und einen *anagogischen,* auf die Hoffnung bezogenen Sinn (Jerusalem als Bild der himmlichen Herrlichkeit). Der vielfache Schriftsinn richte unter den Lesern Verwirrung an; »denn auf diese Art läßt sich aus vielen Sätzen der Hl. Schrift gar nichts beweisen, sondern es ist höchstens Anlaß zu Trugschlüssen gegeben. Die Hl. Schrift aber muß mit letzter Zuverlässigkeit die Wahrheit zeigen können ohne alle Gefahr der Täuschung«.
(2) Diese Ausgangsposition wird untermauert mit Autoritäten aus der kirchlichen Tradition: Die bei Augustin genannten Formen des Schriftsinns stimmen nicht mit denen überein, die oben im Lehrgespräch angeführt wurden.
(3) Es gäbe über die vier genannten Formen des Schriftsinns hinaus noch einen weiteren Schriftsinn.

Die *Behauptung der Gegenposition (»sed contra est«):* Mit einem Kirchenväterzitat wird auf den besonderen Charakter der Schrift hingewiesen: »Denn wo sie Geschichte erzählt, offenbart sie zugleich ein Mysterium«. *Die Beweise für die Gegenposition (»respondeo dicendum«, Sicht des Thomas), die Ausgangsposition wird in rationaler Argumentation und durch Rückbezug auf Schrift- und Tradition widerlegt:* Gott ist der Urheber der Hl. Schrift und in seiner Macht liegt es, zur Kundgabe von etwas nicht nur Worte (Literalsinn des menschlichen Autors), sondern auch Dinge zu verwenden (die übrigen, geistlichen Formen des Schriftsinns). Dieser geistige Sinn gründet aber im Wort-Sinn und setzt diesen voraus. Thomas belegt seine Sicht durch die Schrift (Deutung des Alten Testaments als Vorbild und Zeichen des Neuen, Hebr 7,19) und die Tradition der Kirchenväter (Dionysios und Augustin). Damit kann Thomas einerseits mit dem vielfachen Schriftsinn das Bibelwort so umfassend wie möglich auf alle Lebensbereiche beziehen, andererseits bleibt der Wortsinn maßgeblich.

Die Frage oder das Problem sind auch in *Martin Luthers (1483-1546)* Kleinem Katechismus der Ausgangspunkt. Auch Luther war – trotz aller Kritik an der aristotelischen Philosophie – geschult im scholastischen Lehrbetrieb und hat deshalb auch auf diese Form zurückgegriffen, um dadurch dann alle Christenmenschen zu unterrichten. Nachdem er den Zweck und die göttliche Kraft der Taufe hervorgehoben hat, fragt er:[12]

12. KK, in: BSLK 516, 11-28 (= Kleiner Katechismus, in: Bekenntnisschriften der Evangelisch-lutherischen Kirche Seite 516, Zeile 11-28). Mein Zitat ist entnom-

»Wie kann Wasser solch große Dinge tun?
Antwort.
Wasser tut's freilich nicht, sondern das Wort Gottes, das mit und bei dem Wasser ist, und der Glaube, der solchem Worte Gottes im Wasser traut. Denn ohne Gottes Wort ist das Wasser schlicht Wasser und keine Taufe; aber mit dem Worte Gottes ist's eine Taufe, das ist ein gnadenreich Wasser des Lebens und ein Bad der neuen Geburt im Heiligen Geist; wie Paulus sagt zu Titus im dritten Kapitel (Tit 3,5-8): [Gott macht uns selig] durch das Bad der Wiedergeburt und Erneuerung des Heiligen Geistes, den er ausgegossen hat über uns reichlich durch Jesus Christus, unsern Heiland, auf daß wir durch dessen Gnade gerechtfertigte Erben seien des ewigen Lebens nach der Hoffnung. Das ist gewißlich wahr.«

Diese beiden historischen Beispiele zeigen, daß es schon früher neben der Summe des christlichen Glaubens ein *am dogmatischen Einzelproblem* ausgerichtetes methodisches Verfahren gab, Rechenschaft des Glaubens zu geben.

In unserer Zeit entwickelte der Systematische Theologe Friedrich Mildenberger methodische Grundschritte, die er »Problemfindung«, »Problembearbeitung« und »Anwendung« nennt.[13] Ich greife diese Grundschritte in abgewandelter Form auf und kann damit, was den Aufbau meines Studienbuches angeht, auf ein – wie die wissenschaftliche Verbreitung zeigt[14] – studienpraktisch bewährtes Verfahren zurückgreifen. Ich verwende diese Methode jedoch – anders als Mildenberger – nicht als Strukturprinzip des

men der ausgezeichnet kommentierten, von Horst G. Pöhlmann bearbeiteten Ausgabe: Unser Glaube. Die Bekenntnisschriften der evangelisch-lutherischen Kirche (Gütersloh 1986, (3. erw. Aufl.) 1991), Nr. 516.

13. Vgl. *Friedrich Mildenberger, Heinrich Assel,* Grundwissen der Dogmatik. Ein Arbeitsbuch (Stuttgart u.a. 1982, (4., völlig neubearb. Aufl. gemeinsam mit H. Assel) 1995), 14-24.

14. Vgl. *Wilfried Joest,* Fundamentaltheologie. Theologische Grundlagen- und Methodenprobleme (Stuttgart u.a. 1974, (3., durchges. u. erg. Aufl.) 1988), 11; *Heinrich Ott,* Die Antwort des Glaubens. Systematische Theologie in 50 Artikeln, mithrsg. v. Klaus Otte u.a. (Berlin, Stuttgart 1972, (2) 1973); *Christofer Frey,* Dogmatik. Ein Studienbuch (Gütersloh 1977, (3., erg. und überarb. Auflage 1993), 16-22 (»Zur Strukturierung eines dogmatischen Urteilsbildungsprozesses«) und *ders. u.a. (Hgg.),* Repetitorium der Dogmatik (mit einem Anhang zur Ethik (Bochum 1992, (3) 1993).

ganzen dogmatischen Stoffes. Die dogmatische Summe oder Zusammenfassung christlicher Glaubensinhalte und eine dogmatische Methode sollten nicht miteinander vermischt werden. Denn die dogmatische Einzelfrage verlangt eine spezifische Antwort und der Fragende wird mit gutem Grund aus dem Ganzen von Schrift und Tradition auswählen. *Summe und Methode* – gerade in dieser ergänzenden Verbindung[15] kann der wissenschaftlichen Begründung der Dogmatik und der dogmatischen Kompetenz der Studierenden in besonderem Maße gedient werden.
Die Grundschritte können der Struktur nach gleichermaßen Gliederungsprinzip einer (Examens-)Klausur (vgl. auch S. 171f.) und einer (Pro-)Seminarbeit (vgl. S. 167-171) sein. Im folgenden Schaubild (Abb. 2) geben die kursiv gesetzten Wörter die Gliederung einer Examensklausur wieder. Formallogisch beschreiben die Grundschritte den Prozeß dogmatischer Urteilsbildung. Nach diesen Methodenschritten ist auch dieses Arbeitsbuch aufgebaut, wie im folgenden erläutert wird. Das Schaubild kann einen ersten Überblick geben. Entscheidend ist für die Gegenwartsaufgabe der Dogmatik, daß die Reflexion von der vorgefundenen und analysierten Situation und nicht von der dogmengeschichtlichen Tradition ausgeht. Die hier vorgestellte dogmatische Methode beschreibt also als Verfahren den Weg zu einem begründeten und rechenschaftsfähigen Urteil in Glaubensfragen. Das Ziel des gesamten dogmatischen Unterrichts ist – wie Friedrich Mildenberger formuliert – »*Theologie als Habitus*«, d.h. eine durch Einübung gewonnene Fähigkeit, dogmatische Sachverhalte zu beurteilen.

Abb. 2
Auf dem Weg zur eigenen Stellungnahme:
Methodenschritte in der Dogmatik

(Vorwort/Einleitung)

1. **Schritt: ein dogmatisches Problem bestimmen und präzisieren**
   I. Das eigene Vorverständnis
   II. Analyse der Situation: prägende Elemente theologischer und nichttheologischer Theoriebildung bestimmen und

15. Der evangelische Theologe *Gerhard Ebeling* geht sogar soweit zu sagen: »Ziel dogmatischer Theologie [sei] nicht die möglichst vollständige Summierung dogmatischer Aussagen .., sondern die Befähigung, zu dogmatischen Aussagen zu gelangen«; er plädiert für einen »Kanon dogmatischen Denkens« (vgl. *ders.*, Studium der Theologie. Eine enzyklopädische Orientierung (Tübingen 1975), 144.

- in die dogmengeschichtliche Tradition und aktuelle theologische Fachdiskussion einordnen sowie
- auf die nichttheologisch-wissenschaftliche Diskussion beziehen.

III. Das Problem mit dem eigenen Vorverständnis präzisieren:
- zentrale Begriffe definieren und
- die erkenntnisleitende Frage formulieren.

(Haupteil)

2. Schritt: das Problem bearbeiten

I. Historisch-kritischer Befund: Was sagt die Schrift dazu?

II. Historisch-kritischer Befund: Was sagt die Tradition?
Sechs »Stationen« der Kirchengeschichte:
1. Alte Kirche
2. Mittelalter
3. Reformation
4. Altprotestantische Orthodoxie
5. Aufklärung
6. Theologie des 19. Jahrhunderts

III. Aktuelle systematisch-theologische Fachdiskussion

IV. Erkenntnisse nichttheologischer Wissenschaften

(Schluß/Kritische Würdigung)

3. Schritt: gewichten

I. Das eigene Vorverständnis

II. Begründungszusammenhang für die eigene Lösung erstellen aus
- der Schrift (maßgebend),
- der Tradition, insbesondere der Bekenntnistradition (verstärkend) und
- anderen Wissenschaften (verifizierend)

4. Schritt: die eigene Stellungnahme

I. Im Blick auf die Gemeinde und den Konsens der Glaubensgemeinschaft

II. Im Blick auf die säkularen Mitmenschen und die sprachliche und sachliche Vermittlung in der gegenwärtigen Welt

Analysieren, Verstehen, Bewähren, Stellung nehmen, darum geht es; dabei ist

- in der Problempräzisierung die *Analysefähigkeit* notwendig, die zu zureichenden Begriffen und der erkenntnisleitenden Frage führt;
- in der Problembearbeitung eine historisch-kritische Auslegung der Schrift und der Kirchengeschichte geboten für ein möglichst umfassendes *Verstehen,*
- wobei sich das Verstandene vor den Erkenntnissen nichttheologischer Wissenschaften *bewähren* soll, und schließlich liegt
- in der Gewichtung des Gefundenen und der eigenen Stellungnahme das eigentliche *Ziel der systematisch-theologischen, dogmatischen Arbeit.*

Fragen/Aufgaben:

1. Wann und aus welchem Grund entstanden die ersten zusammenfassenden Darstellungen des christlichen Glaubens?
2. Nach welchem Prinzip sind die »Sentenzen« des Petrus Lombardus aufgebaut?
3. Was ist der Unterschied zwischen einem Dogma und einer Dogmatik?
4. Beschreiben Sie mit eigenen Worten das Ziel systematisch-theologischer, dogmatischer Arbeit.
5. Warum sollten die Summe des christlichen Glaubens und die dogmatische Methode unterschieden werden?

Einführungen in dogmatisches Arbeiten (Beiträge und Werke, die sich m.E. am besten für einen ersten Überblick und zur Einführung in einen bestimmten Bereich eignen, sind in allen Literaturhinweisen dieses Buches mit drei Sternen (***) gekennzeichnet): *Wilfried Joest,* Fundamentaltheologie. Theologische Grundlagen- und Methodenprobleme (Stuttgart u.a. 1974, (3., durchges. u. erg. Aufl.) 1988); *Gerhard Ebeling,* Studium der Theologie. Eine enzyklopädische Orientierung (Tübingen 1975); *Gerhard Sauter, Alex Stock,* Arbeitsweisen Systematischer Theologie. Eine Anleitung (ST(M) 2) (München, Mainz 1976, (2) 1982); ****Christofer Frey,* Dogmatik: Ein Studienbuch mit 17 großformatigen Arbeitsblättern in einer Mappe (Gütersloh 1977, (3., erg. und überarb. Aufl. 1993); *Franz-Josef Nocke, Hans Zirker,* Einübung in die Systematische Theologie (München 1984) (kath.); *Wolfgang Beinert,* Dogmatik studieren. Einführung in dogmatisches Denken und Arbeiten (Regensburg 1985) (kath.).

1. *Arbeitsschritt* – Ein dogmatisches Problem bestimmen und präzisieren

Der nun zu beschreibende erste Arbeitsschritt der dogmatischen Methode umfaßt im Grunde den *Einleitungsteil* einer Klausur bzw. einer (Pro-)Seminararbeit; diese Einleitung enthält die Rechtfertigung der Themenstellung durch die zu bearbeitende Problematik, die Definition zentraler Begriffe, die erkenntnisleitende Frage und den daraus resultierenden Gang der Untersuchung. Ich will zunächst erläutern, was gemeint ist, wenn man mit der Analyse der Situation beginnt, und dann an einem Beispiel diesen ersten Schritt der dogmatischen Methode vorstellen.

1. Der Ausgangspunkt theologischen Fragens

Die Problemfindung muß sich nicht primär auf die dogmatische Tradition richten; Ausgangspunkt sollte vielmehr die gegenwärtige Situation, wenn man so will: der *aktuelle Frageanlaß* sein, von dem aus in wissenschaftlicher Weise auf die theologische Fachdiskussion und die nichttheologische Diskussion zurückgefragt wird. Was heißt das? Ein Beispiel:

Die *Präambel des Grundgesetzes für die Bundesrepublik Deutschland* sagt, das deutsche Volk habe »im Bewußtsein seiner Verantwortung vor Gott und den Menschen« dieses Grundgesetz beschlossen. Die »Berufung auf Gott in Gestalt einer Verantwortungsformel« will nicht die Religionsfreiheit der Staatsbürger beeinträchtigen oder ein Bekenntnis aufnötigen, sondern es ist der Ausdruck der mehrheitlichen Überzeugung der Verfassunggeber, in welchem Horizont menschliche Verantwortung ihren Ort hat. Für Christen und für Muslime stellt sich heute aber die Frage: Ist die Präambel »interreligiös offen«, d.h. wird von ihr ein christliches und ein nichtchristliches Gottesverständnis umfaßt?[16] Welche Gottesvorstellung oder -vorstellungen waren ursprünglich mit dem Gottesbezug der Präambel verbunden? Wenn die Fragen so umrissen sind, dann zeigt sich, daß in der Situation Momente theologischer und nichttheologischer wissenschaftlicher Diskussion (in unserem Beispiel wären Verfassungsrecht und religionswissenschaftliche Bezüge gefordert) verwoben sind. Auf sie muß zurückgefragt werden. Das Beispiel führt in theologischer Sicht direkt in den dogmatischen Zusammenhang der Gotteslehre, der Eigenschaften Gottes und zum Sinn und zur Gültigkeit eines trinitarischen Gottesverständnisses.

Ausgangspunkt systematisch-theologischen Arbeitens kann also *jede Situation kirchlicher und nichtkirchlicher Rede von Gott* sein, in der sich ein *dogmatisches Problem* stellt und mit der Rechenschaft des Glaubens eine Entscheidung zu treffen ist über schriftgemäßes und zeitgemäßes, authentisches und verbindliches Christsein.

Nach diesen grundsätzlichen Überlegungen zum Ausgangspunkt theologischen Fragens soll ein *Beispiel* zeigen, wie es geht. Anhand der umstrittenen Taufe von Kleinkindern will ich verdeutlichen, wie ein dogmatisches Problem bestimmt und präzisiert werden kann. Das Beispiel führt in das Gemeindeleben; die Taufpraxis ist auch heute kontrovers, es geht um eine zentrale Frage christlicher Existenz und die Bedeutung von Jesu Tod und Auferstehung für jeden einzelnen.

16. Vgl. die Darstellung bei *Wolfgang Huber*, Gerechtigkeit und Recht. Grundlinien christlicher Rechtsethik (Gütersloh 1996), 30-40 (»Gott im Grundgesetz oder: Die Rolle der Theologie«), Zitat S. 37. Wer zu dieser Problematik weiterarbeiten möchte, den verweise ich neben Huber (Lit.!) vor allem auf die Monographie von *Wolfgang Vögele*, Zivilreligion in der Bundesrepublik Deutschland (Gütersloh 1994), 265ff.

2. Problembestimmung

2.1 Beschreibung der Situation

Im *Grundsatzprogramm einer politischen Organisation* fand sich vor einiger Zeit folgender Satz:

> *»Die zwangsweise Mitgliedschaft in der Kirche auf Grund der Taufe unmündiger Kinder ist aufzuheben, da sie den allgemeingültigen vereinsrechtlichen Bestimmungen widerspricht und da dem sogenannten Elternrecht das unveräußerliche Recht des Kindes auf freie Entfaltung der Persönlichkeit entgegensteht.«*

Was in diesem Satz aus politisch-rechtlicher Motivation zur Sprache kommt, entspricht im Ansatz auch der *theologischen* Überzeugung nicht weniger Gemeindeglieder, die ihre Kinder nicht als Säuglinge taufen lassen und auf deren eigene Glaubensentscheidung Wert legen, die dann zur Taufe führt. Auch bei Pfarrerinnen und Pfarrern ist dieses Thema umstritten bishin zur Weigerung einiger, Kleinkinder zu taufen. Wie ist dieses theologische Problem zu beurteilen? Welche Lösungsmöglichkeiten gibt es?

2.2 Analyse der Situation

Ich gehe in vier einzelnen Schritten vor, um dieses Problem näher zu bestimmen. Im folgenden werden zunächst die Schritte vorgestellt, dann erhalten Sie einen Hinweis zum Vorgehen für den Arbeitseinstieg.

- *Erstens: Das eigene Vorverständnis wahrnehmen*

Formulieren Sie, bevor Sie sich auf die wissenschaftlichen Sachverhalte konzentrieren, die mit diesem Beispiel verbunden sind, zunächst einmal Ihr eigenes Vorverständnis zu diesem Thema. Welche Haltung nehmen Sie unbefangen von der theologischen und nichttheologischen Diskussion ein?

● *Zweitens: Die Situation prägende Elemente theologischer und nichttheologischer Theoriebildung bestimmen*

Als nächsten Schritt gilt es, das am Beispiel des Parteiprogrammes verdeutlichte praktische Problem kirchlicher Taufpraxis wissenschaftlich zu formulieren. Welche Theorieelemente prägen diese Situation? Man kann auch sagen: Was sind die Facetten des Problems? Was sind – grob umrissen – die traditionell theologischen Gründe, Kinder zu taufen? Warum wird die Praxis der Kindertaufe nicht nur »von außen«, sondern auch innergemeindlich kritisiert? Der zweite Arbeitsschritt der dogmatischen Methode, die Problembearbeitung, bietet dann den Raum, Theorieelemente, die in der oben beschriebenen Situation entdeckt wurden, innerhalb der wissenschaftlichen Diskussion präzise zu erschließen und den Ertrag für das theologische Problem zu ermitteln.
In unserem Beispiel geht es nun darum, die prägenden Problemkomponenten auf dem Feld der Theologie zu erschließen. Begriffe wie »*Taufe*« müssen dazu von der umgangssprachlichen Bedeutung in die theologisch-wissenschaftliche Diskussion eingeordnet werden.[17] Wie man das macht, sehen Sie unter »Drittens«.
Auch *Begriffe anderer Wissenschaften* können bereits hier am praktischen Beispiel erkannt und aufgegriffen werden. Da sind z.B. die Begriffe »Unmündigkeit/Mündigkeit«, »Elternrecht«, »freie Entfaltung der Persönlichkeit«.
Schon hier, in der Problembestimmung wird also der Weg zu relevanten nichttheologischen Wissenschaften gewiesen; welche das sein könnten, darauf will ich später eingehen (vgl. S. 32).

● *Drittens: Entwerfen Sie eine Problemskizze zu den Elementen »theologischer Theorie«, die in der gegenwärtigen Praxis der Kindertaufe stecken. Vermerken Sie auch, was wissenschaftlich-theologisch die Kritik an dieser Praxis hervorgerufen hat. Folgende Theorieelemente wären in unserem Beispiel zu nennen:*

17. Vgl. zum Zusammenhang von Umgangsprache und Wissenschaftssprache *Gerhard Sauter, Alex Stock,* Arbeitsweisen systematischer Theologie. Eine Anleitung (ST(M) 2) (München, Mainz (2) 1982), 135-150.

Problemskizze

die *kirchengeschichtliche Entwicklung*, die zur Durchsetzung der Kindertaufpraxis in der Alten Kirche geführt hat;

der *dogmengeschichtliche Aspekt*, den Augustin mit der Begründung der Kindertaufe als Tilgung der Erbsünde zur Geltung gebracht hat;

das Festhalten der *Reformatoren* an der Kindertaufe in den jeweiligen Bekenntnisschriften;

die durch Karl Barth entfachte *wissenschaftliche Diskussion* um die »tief unordentliche Taufpraxis« von Kleinkindern.[18]

Die Problempräzisierung kann hier noch nicht zur materialen Auseinandersetzung führen, wohl aber ist ein komplexes und trotzdem übersichtliches Bild notwendig, das in »wenigen Strichen« die theologischen Theorieelemente aufzeigt, die in der Situation enthalten sind.
Zu dieser theologischen Einordnung gehört es ebenso, stichpunktartig, aber möglichst umfassend die *Fragen und Aspekte* ins Bewußtsein zu bringen, die mit der Kindertaufe verbunden werden können; ohne Anspruch auf Vollständigkeit nenne ich:

Die *gottesdienstliche Frage* der Kindersegnung statt der Taufe

die *ökumenische Bedeutung* des Themas im Zusammenhang mit katholischer und orthodoxer Kirche, aber auch etwa mit Baptisten.

Tragen Sie in diese Skizze auch Ihr eigenes Vorverständnis ein.

18. Vgl. *Karl Barth,* Die Kirchliche Dogmatik. Die Lehre von der Versöhnung IV,4 (Fragment). Das christliche Leben. Die Taufe als Begründung des christlichen Lebens (Zürich 1967), 213.

- *Viertens: Der Bezug zur nichttheologisch-wissenschaftlichen Diskussion*

Auch Begriffe anderer Wissenschaften können, so hoben wir hervor (vgl. S. 30), am praktischen Beispiel erkannt und aufgegriffen werden. Für das Beispiel der kirchlichen Taufpraxis – insbesondere der Angemessenheit der Kindertaufe – wären solche Begriffe

- »*Mündigkeit*«, die in den Zusammenhang neuzeitlicher Philosophie und rechtlicher Folgen führt,
- »*Elternrecht*«, das vor allem im Grundgesetz beschriebene Recht der Eltern (im Zusammenhang mit Artikel 4 des Grundgesetzes zur Glaubens- und Gewissensfreiheit) und der
- Begriff »*freie Entfaltung der Persönlichkeit*« aus der Sozial- und Entwicklungspsychologie.

Bereits hier, in der Problembestimmung wird demnach der Weg zu relevanten nichttheologischen Wissenschaften gewiesen.

2.3 Ein Hinweis zum Vorgehen

Woher genau bekommt man aber das theologische und sachliche Vorwissen, um die theologischen Problemfacetten zu erheben, sie in einer Problemskizze zu bündeln und den Bezug zur nichttheologischen, wissenschaftlichen Diskussion herzustellen?

Es sind nun die wissenschaftlichen Hilfen anzuführen, die das Problem präzisieren helfen; den anderen Arbeitsschritten der dogmatischen Methode (Problembearbeitung, Gewichtung, eigene Stellungnahme) sind weitere Literaturhinweise zugeordnet. Ein erster Gang wird sein, anhand der *Lexika* zum Stichwort »Taufe« oder »Kindertaufe« und ggf. einzelnen (dogmatischen) Stichworten Grundinformationen einzuholen. Folgende Lexika seien genannt:

EKL*** Evangelisches Kirchenlexikon. Internationale theologische Enzyklopädie, 3. Aufl. (Neufassung) hrsg. von Erwin Fahlbusch u.a., 4 Bde., mit Registerband (Göttingen 1986-1997).

EKL-Artikel bieten eine internationale, interkonfessionell ausgerichtete und enzyklopädische Übersicht, »Orientierungswissen« zu neueren theologischen und kirchlichen Entwicklungen im Zusammenhang mit dem Wandel gesamtgesellschaftlicher und pluralistischer Lebensverhältnisse. Der Registerband enthält ein ausführliches Sachregister und Artikel über Personen in einem biographischen Index.

ELThG Evangelisches Lexikon für Theologie und Gemeinde. Hrsg. von Helmut Burkhardt u.a. 3 Bde. (Wuppertal, Zürich 1992-1994).
Die in unterschiedlicher Weise evangelikaler Theologie verpflichteten Herausgeber gewannen auch Fachleute zur Mitarbeit, die sich nicht als evangelikal verstehen. Das ELThG informiert sachlich und sachkundig. Der Bestimmung »für die Gemeinde« dient die gut lesbare Darstellung, ohne daß es zu Vereinfachungen käme.

LeKD Lexikon der katholischen Dogmatik, hrsg. von Wolfgang Beinert (Freiburg u.a. (3. bearb. Aufl.) 1991, NA 1997).
Es referiert auch die evangelische Sicht und gibt präzise, knappe, sehr übersichtlich aufbereitete Grundinformationen zu allen wesentlichen Fragen des christlichen Glaubens; es ist biblisch fundiert, ökumenisch ausgerichtet und auf dem neuesten Stand der Diskussion (zum Aufbau des Lexikons vgl. bei mir S. 58f.).

LThK² Lexikon für Theologie und Kirche, 2. völlig neu bearb. Aufl. hrsg. von Josef Höfer und Karl Rahner, 10 Bde. Registerbd. (Freiburg 1957-1967) sowie 3 Ergänzungsbände: »Das Zweite Vatikanische Konzil« (Freiburg 1966-1968) (LThKVatKonz).
Das katholische Standardlexikon, eine Fülle historischer, biographischer und geographischer Begriffe, manche Artikel noch aus einer Perspektive geschrieben, die vor dem Zweiten Vatikanischen Konzil herrschend war.

LThK³ Lexikon für Theologie und Kirche, 3. völlig neu bearb. Aufl. (Freiburg 1993ff.) hrsg. von Walter Kasper u.a., bisher erschienen 6 Bde., vorgesehen sind insgesamt 10 Bde. u. Registerbd.

RGG³ Die Religion in Geschichte und Gegenwart. Handwörterbuch für Theologie und Religionswissenschaft, 3. Aufl. hrsg. von Kurt Galling, 6 Bde. Registerbd. (Tübingen 1957-1967, ND 1987, ungekürzte Studienausgabe) (ev.).
Trotz ihres Alters ist die »RGG³« ein klassisches Nachschlagewerk. Ein Registerband enthält das Verzeichnis der Mitarbeiter und ein Stichwortregister mit Begriffen, Sachen, Personennamen und ausgewählten Ortsnamen.

RGG⁴ Die Religion in Geschichte und Gegenwart, 4. völlig neu bearb. Aufl. (Tübingen 1998ff.) hrsg. von Hans D. Betz u.a., vorgesehen sind 8 Bde. und Registerbd.

TRE Theologische Realenzyklopädie, hrsg. von Gerhard Krause und Gerhard Müller (Berlin 1976ff., bisher erschienen 28 Bde. bis Religionsphilosophie, Register zu Bd. 1-27; Studienausgabe

Teil 1. Bde. 1 (Aaron) – 17 (Katechismuspredigt) mit Registerbd.) (ev.).

TRE-Artikel geben den Stand der theologischen Forschung in allen ihren Disziplinen aus dem letzten Viertel des 20. Jahrhunderts zusammengefaßt wieder und bieten eigene Forschungsbeiträge. Sie geben die umfassendste Literaturübersicht; TRE-Artikel sind *die* großen »Forschungslandkarten« eines Sachgebiets.

WBC Wörterbuch des Christentums, hrsg. von Volker Drehsen u.a., (Gütersloh, Zürich 1988) (ev., kath.).

Das WBC ist auf das moderne Christentum in seiner historischen, empirischen und theologischen Vielfalt ausgerichtet. Es werden aber nicht allein gegenwärtige Erscheinungsformen des Christlichen behandelt oder – wie in traditionellen theologischen Lexika – allein die klassischen Themen christlicher Theologie; vielmehr gibt es Auskunft über Phänomene, mit denen Theologie und Glaube heute konfrontiert sind.

Die einzelnen *Facetten eines dogmatischen Problems* erkennen Sie, indem Sie im *Registerband bzw. dem Register der Lexika* nachschlagen. Unter dem Stichwort »Kindertaufe« finden sie zum Beispiel im EKL die Verweise auf die Artikel: »Kasualien«, »Taufe«, »Täufer«, »Volkskirche«, »Zwinglis Theologie« mit entsprechenden Band- und Seitenangaben. Der Registerband der RGG verweist unter dem Stichwort »Taufe« mit den Rubriken »religionsgeschichtlich«, »im Urchristentum«, »dogmengeschichtlich«, »dogmatisch«, »liturgiegeschichtlich«, »praktisch-theologisch«, »rechtlich« und »in der Mission« auf weiterführende Artikel, die gleichzeitig einen ersten Umriß der möglicherweise berührten Gebiete geben. Benutzen Sie die Register mehrerer Lexika; denn kein Register kann wirklich alle Facetten erfassen.

Dies gilt auch für den Bereich der *nichttheologischen Wissenschaften*: Ein Blick in den *Registerband* eines der angegebenen Lexika zeigt die Stichworte aus der nichttheologisch-wissenschaftlichen Diskussion, die die Entdeckungen aus der Situation vertiefen können. RGG und EKL enthalten z.B. im Zusammenhang der Taufe die Stichworte »rechtlich«, »kirchenrechtlich«; das EKL verweist zusätzlich auf das Stichwort »Initiationsriten«. Beschränken Sie sich aber nicht nur auf die von Lexika genannten Facetten des Problems, *erforschen Sie auch eigenständig* mögliche, für dieses Problem interessante Aspekte anderer Wissenschaften. Ich fände in unserem Zusammenhang beispielsweise den Aspekt des »Schwellenrituals« aus der Sozialpsychologie noch wichtig, um zu erklären, warum in der Evangelischen Kirche in Deutschland der Wunsch, bereits kleine Kinder zu taufen – trotz aller Kritik von innen und von außen – so ausgeprägt ist (vgl. dazu S. 131).

3. Begriffe definieren

3.1 Das Problem mit dem eigenen Vorverständnis präzisieren

Wir haben bisher vom Beispiel ausgehend eine möglichst umfassende Problemskizze entworfen. Jetzt ist als nächstes die Aufgabe gestellt, mit Hilfe von Begriffsdefinitionen, der Bestimmung der erkenntnisleitenden Frage und mit dem folgerichtigen Aufbau der Untersuchung das *eigene Interesse* präzise zu formulieren und die *situationsspezifische Problemstellung* zu erarbeiten. Was verstehe *ich* unter Taufe und was geschieht in der Kindertaufe? Was meint »Mündigkeit« und was bedeutet für mich der Begriff »freie Entfaltung der Persönlichkeit«? Ich mache mir einen Begriff von der Sache. Damit lege ich mich am Anfang zunächst fest, da Begriffe häufig je nach Konfession und wissenschaftlicher Schulrichtung unterschiedlich definiert werden. Nach der Analyse der Situation folgt als Aufgabe die Abgrenzung und Bestimmung der Begriffe, die für unser Problem von Bedeutung sind und mit denen wir im weiteren demzufolge arbeiten wollen.

3.2 Warum Begriffe definieren?

Wenn ich den Begriff in der Ausgangssituation schon vorfinde, muß ich ihn doch für mich präzise fassen. Manchmal wird – so sahen wir – auch über die in der Praxis verwandten *Begriffe* (z.B. »Mündigkeit«) der Weg in das relevante Sachgebiet der theologischen und nichttheologischen Wissenschaft gewiesen. Am Begriff erkenne ich, welcher wissenschaftliche Hintergrund in dieser Situation von Bedeutung ist. Weitaus häufiger aber kann das in der Praxis auftauchende Phänomen erst mit Hilfe einer wissenschaftlichen Definition »begriffen« werden. Durch die sorgfältige Analyse von Begriffen erscheint auch vermeintlich Bekanntes in neuem Licht. Ist z.B. mit dem Begriff »Kindertaufe« oft eigentlich nur »Säuglingstaufe« gemeint? Kinder zwischen dem sechsten und elften Lebensjahr sind in einem »wahrnehmungs-, resonanz- und erinnerungsfähigen Alter« (vgl. zum Begriff *Rainer Stuhlmann,* Kindertaufe statt Säuglingstaufe. Ein Plädoyer für den

Taufaufschub, in: PTh 80 (1991), 184-204, Zitat 200). Hier würde sich die Anfrage der Verfasser des Parteiprogramms nicht in ganzer Schärfe stellen. Freilich wäre von dieser »Kindertaufe« noch einmal die Erwachsenentaufe zu unterscheiden. Am Anfang jeder systematisch-theologischen Arbeit müssen demnach die zentralen Begriffe geklärt werden, auch wenn sie zunächst nur im Sinne einer Arbeitsdefinition bestimmt und sich im Prozeß der Bearbeitung noch einmal verändern werden.

Wie bestimme ich einen Begriff?

Bei wissenschaftlichem Arbeiten ist es also notwendig, die verwendeten Begriffe zu klären und zu definieren. Dadurch werden die Aussagen nachvollziehbar und überprüfbar. Besonders in den Disziplinen, die keine empirischen oder historischen Gegenstände haben (so z.B. Philosophie und Mathematik) sind *Begriffsdefinitionen das Rückgrat jeder Argumentation*. Die Systematische Theologie befindet sich in einer ähnlichen Lage, auch wenn sie in Bibel, kirchlicher Tradition und nichttheologischer Wissenschaft »Material« für ihre Überlegungen vorfindet.
Begriffe können auf verschiedene Weise definiert werden und haben dann einen unterschiedlichen Aussagebereich, theoretischen Kontext und Exaktheitsgrad. So kann man

(1) *Definieren durch Aufzählen:* Apostel sind Petrus, Andreas, Johannes usw.
(2) *Definieren mit Hilfe eines Hinweises:* Dies ist ein Gesangbuch (ein Gesangbuch wird gezeigt)!
(3) *Definieren über Ort, Zeit, Material, Form und Farbe:* Die Nikolaikirche ist ein in der Mitte Berlins gelegener, aus dem 13. Jahrhundert stammender Ziegelbau mit Doppelturm ...
(4) *Definieren mit Hilfe von Funktionseigenschaften:* Ein Klingelbeutel ist ein Gefäß zum Einsammeln von Geld im Gottesdienst.

Von diesen »*alltäglichen*« – zwar recht einfachen, aber im wissenschaftlichen Bereich doch sinnvollen Definitionen lassen sich »*technische*«, *wissenschaftliche Definitionsformen* unterscheiden:
Die klassische Form geht auf den griechischen Philosophen Aristoteles (384-322 v. Chr.) zurück:

Definieren nach Gattung und Art (»genus proximum et differentia specifica«): Der Mensch ist ein vernunftbegabtes (differentia specifica) Säugetier (genus proximum).
Außerdem spielen in wissenschaftlichen Texten *spezielle Definitionen* für einen beschränkten Kontext eine große Rolle. In ihnen wird ein Begriff nicht umfassend geklärt, sondern nur insoweit, als es für eine bestimmte Überlegung erforderlich ist, wenn man etwa unter »Kirche« nur die Ortsgemeinde einer deutschen evangelischen Landeskirche versteht.

Die *Angemessenheit einer Definition* muß während des wissenschaftlichen Arbeitens (z.B. in einer Seminararbeit) überprüft werden. Es ist nicht immer hilfreich, Lexikon-Definitionen einfach zu übernehmen, weil sie oft zu allgemein sind oder bisweilen sogar eine unbrauchbare Spezialisierung enthalten.

»Taufe« z.B. wird in einem katholischen Lexikon so definiert:

> *»Taufe ist das grundlegende [differentia specifica] der sieben Sakramente [genus proximum].«*[19]

In einem evangelischen Lexikon heißt es:

> *»In der Christenheit bezeichnet die Taufe eines Menschen durch Eintauchen in oder Begießen mit Wasser den ersten Akt der Eingliederung ›in Christus‹ und in die Gemeinschaft der Kirche [differentia specifica]. Weitere Eingliederungsakte [genus proximum im Vergleich mit anderen kirchlichen Vollzügen] sind Firmung bzw. Konfirmation ... und Eucharistie (Abendmahl). Ähnliche Zeremonien kennen auch andere religiöse Gesellschaften ... [genus proximum im Blick auf andere Religionen]«.*[20]

Versuchen Sie also selbst, einen Begriff zu definieren. So können Sie die *für Sie* wichtigen Merkmale eines Begriffs zur Geltung bringen und Ihr Vorverständnis klären. Lassen Sie sich dabei von vorgegebenen Lexikadefinitionen anregen. Eine sehr gute Hilfe ist außerdem das systematisch-theo-

19. Vgl. *Günter Koch,* Art. Taufe, in: Wolfgang Beinert (Hg.), Lexikon der katholischen Dogmatik (Freiburg u.a. 1987), 486.
20. *Erwin Fahlbusch,* Art. Taufe, in: EKL 4, Sp. 662 (Hervorhebung geändert!).

logische Lehrbuch von Wilfried Härle, Dogmatik (Berlin 1995).[21] Jedes Kapitel beginnt mit einer ausführlichen Vorüberlegung zum Sprachgebrauch zentraler dogmatischer Begriffe und klärt deren Verwendung.

Grundsätzlich läßt sich sagen: Eine *gute Definition*

- ist kurz,
- enthält natürlich das zu definierende Wort nicht,
- ist klarer als das Definierte,
- ist nicht rein negativ und
- läßt es zu, das Definierte und die Definition zu vertauschen; eine Definition darf also nicht zu weit und nicht zu eng sein.

4. Die Formulierung der erkenntnisleitenden Frage

Nach der Definition wesentlicher Begriffe sollte die *erkenntnisleitende Frage* formuliert werden.[22] In ihr kommt mein zentrales Erkenntnisinteresse zum Ausdruck. Dieses Interesse leitet den Gang der folgenden Untersuchung. Wenn ich das Problem bestimmt und präzisiert, viele Problemaspekte angeführt habe, dann sollte die Fragerichtung festgelegt und das motivierende Interesse bewußt gemacht werden. *Was will ich eigentlich herausbekommen?* Die erkenntnisleitende Frage entsteht aus der *Verbindung* von kirchlich-gesellschaftlicher Praxis und bedeutsamen dogmatischen und (human-)wissenschaftlichen Gesichtspunkten. In ihr kommt zum Ausdruck, daß die Rechenschaft des Glaubens

- sachgemäß,
- personengemäß,
- situationsangemessen

geschehen soll. Mit der erkenntnisleitenden Frage wird die jeweils situativ bedingte Ausgangsposition deutlich gemacht. Die drei Momente sollten einander ergänzen, ohne daß man eines davon absolut setzt.
Wenn ich etwa die traditionelle kirchliche Taufpraxis vor verständlichen Anfragen der Gegenwart verantworten soll, so beträfe eine dogmatische

21. Vgl. auch die Übungsschritte zur Begriffsbestimmung bei *Gerhard Sauter, Alex Stock,* Arbeitsweisen Systematischer Theologie. Eine Anleitung (ST(M) 2) (München, Mainz (2) 1982), 161-163.
22. Vgl. dazu *Jürgen Habermas,* Erkenntnis und Interesse, in: Technik und Wissenschaft als »Ideologie« (Frankfurt/M. 1968), 146-168, vor allem 155-159.

Näherbestimmung des Problems das Verhältnis von Taufe und Glaube und die Behandlung dieser Fragen etwa in den lutherischen Bekenntnisschriften. Wie genau die erkenntnisleitende Frage zu formulieren ist, ergibt sich aus der Problembestimmung und -präzisierung, ihr Kern wird jedoch sein: *Wie ist heute angesichts neuzeitlicher Betonung der Mündigkeit des Menschen die Säuglingstaufe theologisch noch zu begründen und gesellschaftlich zu verantworten?* Es ist zu vermuten, daß die schon unmißverständliche Anfrage im Parteiprogramm durch weitere Problemaspekte entschieden verschärft wird. Zur Verschärfung könnten beitragen: der kirchengeschichtliche Befund mit der reichskirchlichen Durchsetzung der Kindertaufe, das heute problematische augustinische Erbsündenverständnis und die gottesdienstliche Praxis der Kindersegnung als alternatives Schwellenritual. Der ökumenische Dissens, der entstünde, wenn Kindertaufe abgelehnt wird, verstärkt zusätzlich die Aporie. Es wird demnach intensiv nach biblischen Leitlinien und auch nach Verifizierungsmöglichkeiten aus anderen Wissenschaften zu fragen sein.
Die erkenntnisleitende Frage ist so etwas wie ein »*Kompaß*«; er rüstet aus für den Gang durch das oftmals verwirrende »Hypothesendickicht« der Exegese; er zeigt das eigentliche Ziel meiner Untersuchung an und gibt Orientierung in den Weiten kirchengeschichtlicher Tradition und human-, geistes- und naturwissenschaftlicher Forschung. Damit sind wir aber schon beim zweiten Schritt, der Problembearbeitung.
Bevor wir uns jedoch diesem zuwenden, möchte ich einige Hinweise zur Fallstudiendidaktik geben, die im Hintergrund der dann folgenden Überlegungen steht.

Exkurs – Zur Fallstudiendidaktik in der Dogmatik

Fünf grundsätzliche Überlegungen zu der im systematisch-theologischen Lehrbetrieb relativ neuen Methode möchte ich anschließen, und zwar:

- zur Auswahl der Beispiele/Fälle (1),
- zum Verhältnis zwischen Theorie und Praxis (2),
- zum konkreten Verfahren(3),
- zur Wirkung der Praxis auf die Hochschule (4) und
- zur Korrelation von Praxisbeispielen und Themen der Dogmatik (5).

(1) Für die *Auswahl der Beispiele oder der Fälle* ist besonders wichtig, daß sie real sind, sich also in Wirklichkeit so zugetragen haben (vgl. dazu die beiden Fallstudien »Kirchengemeinde Zum Heiligen Kreuz«, »Radio Paradiso« und das Planspiel »Apostelgemeinde« S. 142-153). Es geht nicht um heuristische Schulbuchbeispiele, sondern es sollen immer wieder aktuell aus der Praxis Fallbeispiele erhoben werden, die mit Hilfe der dogmatischen Methode zur eigenen Stellungnahme gebracht werden. Fallstudiendidaktik ist Wissenstransfer in beiden Richtungen: von der Universität zur Praxis und aus der Praxis zurück in die Hochschule. Die Arbeitsschritte der dogmatischen Methode können dabei schöpferisch angewandt werden; sie sind kein »Parcour«, auf dem ich mich über eine »Hürde« nach der anderen quälen muß. Dieses Buch bietet keine fertigen Lösungen an, schlägt aber einen Weg zur Lösung vor. Wenn das Ziel des dogmatischen Arbeitens jener oben (vgl. S. 24) beschriebene »Habitus« ist, dann muß dieser »Habitus« auch methodisch eingeübt werden, die »Fallbearbeitungstechnik« dazu Eingang finden in Vorlesungen, Pro- und Hauptseminare, Übungen und Repetitorien. Denn hier könnte der logische Gang der Darstellung eingeübt werden, der auch in der (Examens-)Klausur und in Pro- und Hauptseminararbeiten gefordert wird. Die Methode ergänzt das bisherige Arbeiten in der Systematischen Theologie und hat den Vorteil, am Beispiel zum aktiven Lernen anzuregen und so Grundwissen zu erschließen. Der Theologe/die Theologin lernen, mit Hilfe des wesentlichen Grundlagenstoffes auch unbekannte

Sachverhalte aus Gemeinde und Gesellschaft in ihrem dogmatischen Problemgehalt zu durchschauen und eigenständig durch ein transparentes Verfahren zu beurteilen.

(2) Die häufig beklagte *Kluft zwischen Theorie und Praxis* besteht m.E. – von der Praxis aus gesehen – nicht; denn die Theorie »wohnt« der Welt von Anfang an inne. Alltägliche Praktiken und menschliche Lebensvollzüge, kirchliche und gesellschaftliche Institutionen verkörpern wissenschaftliche Theorie.[23] Sie gestalten sich nach theologischer *und* nichttheologischer Theorie. Damit ist der Schlüssel gefunden, um von der Praxis her theologisch-wissenschaftliche Tradition *und* nichttheologische Wissenschaft aufzugreifen. Insofern gibt es nicht die tatsächlichen Verhältnisse, die gegebene Situation als die reine Praxis und davon geschieden theoretische Weltbilder und Regeln. Beides ist miteinander verwoben. Die vorgefundene Situation muß ihrerseits wieder anhand gültiger und rechenschaftsfähiger Maßstäbe geprüft und (vielleicht) verändert werden.

Für unser Beispiel der Kindertaufe im Parteiprogramm kann das mit folgender Graphik verdeutlicht werden:

23. Der amerikanische, kommunitaristische Philosoph Michael Sandel betont: »die Philosophie [wohnt] der Welt von Anfang an inne ..; unsere Praktiken und Institutionen sind Verkörperungen der Theorie, sich an einer politischen Praktik zu beteiligen, bedeutet bereits, in Beziehung zur Theorie zu stehen. Trotz aller unserer Ungewißheiten über die grundlegenden Fragen der politischen Philosophie – der Gerechtigkeit, der Werte und der Natur des guten Lebens – wissen wir mit Bestimmtheit, daß wir stets *irgendeine* Antwort leben.« (*M. Sandel,* Die verfahrensrechtliche Republik und das ungebundene Selbst, in: Axel Honneth (Hg.), Kommunitarismus. Eine Debatte über die moralischen Grundlagen moderner Gesellschaften (engl. 1984, Frankfurt/M. 1993, (3) 1995), 18. Vgl. auch den Begriff »Lebenswelt« bei *Wilfried Härle,* Dogmatik (Berlin, New York 1995), VIII und 168ff. Dogmatik als »kirchliche Selbstprüfung« wird jedoch biblisch-kirchliche Tradition und »Lebenswelt« als zwei Pole *in der Problembestimmung* nicht genau trennen können. Der Begriff »Situation« ist für das hier vorgestellte dogmatische Verfahren angemessener als der Begriff »Lebenswelt«, weil er am Beispiel konkreter vorgeht, zeitlich und räumlich abgegrenzt ist und die drängende Notwendigkeit einer Rechenschaft des Glaubens impliziert.

»Die zwangsweise *Mitgliedschaft in der Kirche auf Grund der Taufe unmündiger* Kinder ist aufzuheben, da sie den allgemeingültigen vereinsrechtlichen Bestimmungen widerspricht und da dem sogenannten *Elternrecht* das unveräußerliche Recht des Kindes auf *freie Entfaltung der Persönlichkeit* entgegensteht.«

Abb. 3

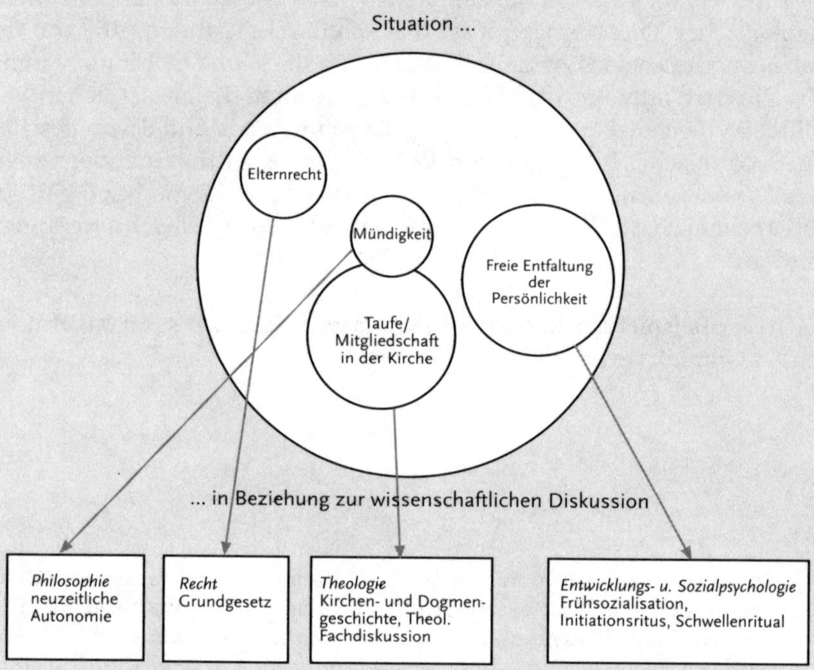

Analyse der Situation heißt, die die Situation prägenden Theorieelemente zu entdecken. Wer weiß, welche Theorieelemente sich in der Situation verkörpern, der kann menschliche Lebensvollzüge verstehen und nachhaltiger gestalten.

(3) Das *Verfahren*, das ich hier anhand der Kindertaufpraxis beschrieben habe, nämlich von der Situation auf die impliziten dogmatischen Probleme zurückzufragen, setzt demnach zweierlei voraus: Es muß *erstens* dazu angeleitet werden, wie anhand eines – oft kruden – Beispiels das gegen-

wärtige dogmatische Problem bestimmt wird. Wie erschließe und präzisiere ich das Problem, das mir zunächst nicht in der vertrauten Sprache des Dogmatikers entgegentritt?
Dieses von der Situation her bestimmte Problem muß *zweitens* in *Korrelation* gebracht werden zu verwandten traditionellen dogmatischen Fragen und zu relevanten Sachverhalten nichttheologischer Wissenschaften. Erst dadurch wird es präzise erfaßt. Die Schwerpunktverlagerung in der Problemfindung auf die aktuelle Situation soll dogmatisches Arbeiten nicht um seine historische Tiefendimension bringen. Gegenwartsfragen und traditionelle dogmatische Einsichten müssen verbunden werden.
Intention ist dabei: Systematisch-theologische Arbeit sollte weder geschichtsvergessen verflachen noch situationsvergessen traditionelle Formeln wiederholen, die dogmatische Klärungsprozesse betrafen, die vor rund 60 Jahren, etwa mit der Barmer Theologischen Erklärung, oder vor 460 Jahren in der Reformation oder gar vor 1600 Jahren mit der Entscheidung altkirchlicher Konzilien über die Trinitätstheologie und (später) der Christologie, stattgefunden haben.
Die ersten Schritte der Situationsanalyse (Problemskizze, Begriffe, erkenntnisleitende Frage) können auch an folgenden *vier Beispielen* veranschaulicht und eingeübt werden:

Beispiel: Religiöse Erziehung

In einer evangelischen Kindertagesstätte soll eine neue Konzeption erarbeitet werden. Umstritten ist die Frage, was genau zur »religiösen Erziehung« gehört. Im endgültigen Entwurf heißt es zum »Stellenwert der Religionspädagogik«: »Religionspädagogische Erziehung sehen wir nicht getrennt von unseren [allgemein pädagogischen] Erziehungszielen. Eine Erziehung, die sich daran orientiert und darum bemüht, jedes einzelne Kind als eigenständige Person anzunehmen und zu akzeptieren und ihm dadurch zu helfen, in eine Gemeinschaft eingebunden zu sein, ist gleichzeitig auch ›christliche Erziehung‹.« Welche dogmatische Frage stellt sich hier? Auch hier wäre es sinnvoll, unsystematisch eine Problemskizze zu entwerfen, die auch Fragen und eigene Vorstellungen enthält. Eine Problempräzisierung könnte nach weiterer Arbeit mit Lexika etwa so aussehen: Zunächst sollte die Frage eingeordnet werden in einen systematisch-theologischen Zusammenhang. Das wäre in diesem Fall die Lehre von den

Gnadenmitteln. Insbesondere wäre zu klären, welche Bedeutung für die religiöse Erziehung das Erzählen biblischer Geschichte, das Gebet mit Kindern, christliche Lieder und der (Kinder-)Gottesdienst haben. Darüberhinaus wäre zu sehen, welchen Einfluß etwa Tillichs Theologie und seine Deutung der Rechtfertigung als Annahme hier hat. Am Stichwort »Annahme« wären auch die Leitideen der pädagogischen Konzeption zu erschließen, so daß nach Prüfung des biblischen, traditionellen und humanwissenschaftlichen Hintergrunds eine eigene Stellungnahme zur Bedeutung von den »Gnadenmitteln« in der religiösen Erziehung abzugeben wäre.

Beispiel: Konfirmandenunterricht
Im Konfirmandenunterricht wird von den Vorbereitenden die Unterrichtseinheit »Gott und Gott ist zweierlei. Von Gott« diskutiert (vgl. *Hans G. Maser, Hans H. Reimer,* Lebendige Konfirmandenarbeit. Planen – Anregen – Unterrichten mit dem Konfirmandenbuch »Leben entdecken« (Gütersloh 1985, (2) 1991), 34-42, (»Absicht«, 34). Grundlage ist das Lernziel, die Absicht der im KU-Material vorgegebenen Einheit; es heißt dort: »Die Konfirmanden sollen erkennen, daß wir von Gott nur in Bildern reden können, aber durch Jesus Christus als dem ›Bild Gottes‹ wissen, wer Gott ist. Wir können entscheiden, woran wir unser Herz hängen wollen. Gott hinterläßt Spuren in unserem Leben, die wir als Erfahrungen mit ihm deuten können.« Zunächst wäre im Zusammenhang mit der Gotteslehre zu prüfen, welche Eigenschaften Gottes hier thematisiert werden und welche fehlen. Auch der Zusammenhang neuzeitlicher Philosophie »das Bild Gottes« wäre aufzusuchen, um zu beurteilen, welche Schwerpunkte gelegt und wo etwa ein anderer Akzent gesetzt werden müßte.

Beispiel: Kunst
Ähnlich wären die Christusbilder großer Künstler zu untersuchen, wie hier das 1926 entstandene Bild »Christus« von Paul Klee (1879-1940). Was kommt zur Sprache? Was nicht? Wo werden Akzente gesetzt? Ergebnis einer theologischen Erschließung, die freilich einiges an Informationen erarbeiten müßte, könnte sein: Hier ist ein Christusbild vorgelegt worden, das stark an den Kolosser-Hymnus, Christus als »Bild des unsichtbaren Gottes« (Kol 1,15), erinnert. Bezogen auf die Wirklichkeit der Welt mag es heißen, »die Grundstruktur des Seins trägt ein Antlitz« (vgl. die Interpretation bei *Karl-Josef Kuschel,* Geboren vor aller Zeit? Der Streit um Christi Ursprung (München, Zürich 1990), 683-686; Zitat 686). Es ist ein Ausdruck von Präexistenzchristologie, der Schöpfermittlerschaft Christi, er, der geboren war vor aller Zeit, prägt verborgen unsere Wirklichkeit. Das Bild ist ein Ausdruck für die Schöpfung als Akt des dreieinigen Gottes.

Abb. 4
Paul Klee: »Christus« (1926)

Paul Klee: Christus, 1926, 71 (Qu 1), Feder auf Karton; 16,1 / 16,3 x 15,6 cm, Paul-Klee-Stiftung, Kunstmuseum Bern, Inv. Nr. Z 591; © by VG Bild-Kunst, Bonn 1998.

(4) Die Fallstudiendidaktik ermöglicht eine ganz neue *Wirkung der Praxis auf die Hochschule.*
Fragen aus der Praxis an die Theorie wie in dem folgenden Beispiel aus der Diakonie zeigen eine besondere Form des Wissenstransfers.

Beispiel: Diakonie

Während meines Praktikums in einer Sozialstation kam gelegentlich von älteren Menschen die Frage: »Sie sind doch Theologe, ich frage mich oft: Was kommt danach?« Verbunden wurde damit oft die Frage: »Werden wir Christen nach unserem Tod die vor uns Verstorbenen wiedersehen?« Auch hier wäre aus dem Bereich der individuellen Eschatologie eine Antwort zu geben. Man wird sehr rasch entdecken, daß neuere Dogmatiken auf diese Frage keine Antwort geben. Was ein Hauptthema der Theologie durch die Jahrhunderte war, ist vor allem in den Darstellungen der altprotestantischen Orthodoxie zusammengefaßt. Die Fragestellung impliziert die Bedeutung des jüngsten Gerichts, etwas, was in heutigen Dogmatiken wenig behandelt wird. Dinge, die früher als Katechismuswissen vermittelt wurden, stimmen eher zusammen mit der Darstellung des Jüngsten Gerichts durch Albrecht Dürer (1471-1528),[24] die in dieser oder ähnlicher Form Menschen früherer Jahrhunderte geprägt hat und auch noch unserer Zeit prägt. Dies wäre ein weiteres Beispiel aus der Kunst, an dem eine dogmatische Frage sichtbar wird; hier geht es vor allem um die problematische Vorstellung von Christus, der zugleich als Richter (Schwert) und Lebensspender (Lilie) erscheint.

Das Beispiel aus der Diakonie zeigt, wie weit auch heute noch *Theologie und Lehre der Kirche* auf der einen und der *Glaube wissenschaftlich theologisch uninteressierter Menschen* auf der anderen Seite auseinanderliegen. Diese Kluft ist größer geworden; neuere religionssoziologische Untersuchungen können dies belegen.[25] Um dem entgegenzuwirken, setze ich bei einer gegebenen Situation an. Der Berliner Praktische Theologie Klaus-Peter Jörns schreibt am Schluß seiner Studie »Neue Gesich-

24. Vgl. Albrecht Dürer 1471 bis 1528. Das gesamte graphische Werk. Druckgraphik. Einl. v. Wolfgang Hütt (München o. J.)
25. Vgl. *Klaus-Peter Jörns,* Die neuen Gesichter Gottes. Die Umfrage »Was die Menschen wirklich glauben« im Überblick (Neukirchen-Vluyn 1997) , 6-8 (»Der Anlaß: Die Erfahrung, daß Theologie und Glaube unterschiedlichen Interessen folgen«).

Abb. 5
Albrecht Dürer: »Das Jüngste Gericht« (um 1509/10)

ter Gottes. Die Umfrage ›Was die Menschen wirklich glauben‹ im Überblick«:

»Eine Konsequenz aus dem Gesagten kann sein, daß sich Menschen in den Gemeinden – und zwar auch im allerinnersten Zirkel, wo man sich bislang der ›Rechtgläubigkeit‹ sicher zu sein scheint – gegenseitig eröffnen, was sie wirklich glauben und von Gott für sich und ihr Leben mit anderen erhoffen. Von einem solchen ›Glaubensbekenntnis‹ aus kann dann weiter zu den Anfängen der christlichen Traditionsgeschichte, zu Haupt- und Nebenwegen – zurückgefragt und gemeinsam nach den Gründen des Gestaltwandels von Gott und Glaube geforscht werden«.[26]

(5) Trotz der *religionssoziologischen Kritik* an der Kluft zwischen kirchlicher Lehre und dem Glauben in der Gemeinde bleibt aber für den gegenwärtigen *systematisch-theologischen Lehrbetrieb* festzuhalten: Alle diese Beispiele sind *der Sache nach* in Klausurthemen enthalten, die am Ende des Studiums im Examen gestellt wurden. Das Taufbeispiel etwa: »Kindertaufe oder Erwachsenentaufe? Erörtern Sie die theologische Begründung der jeweiligen Praxis«. Oder für das Beispiel aus der Diakonie: »Das Problem des christlichen Glaubens an ein ›Jenseits‹. Erörtern Sie das Thema auch mit Bezug auf die im 3. Artikel des Apostolikums enthaltene Eschatologie.« bzw. »Was versteht die christliche Hoffnung unter dem ›ewigen Leben‹?« Ähnlich wären z.B. auch Christologie und das Christus-Bild von Paul Klee, Gotteslehre und das eingangs zitierte Beispiel des Gottesbezuges im Grundgesetz (vgl. S. 27f.) aufeinander zu beziehen. Die Beispiele könnten auch zum Ausgangspunkt einer systematisch-theologischen *(Pro-)Seminararbeit* mit ihrer spezifischen Fragestellung gemacht werden.
Mit den Fallbeispielen findet demnach nicht eine Reduktion auf die Praxis statt, sondern es wird der *Bearbeitungsweg*, der später *in der Praxis* tatsächlich zu gehen ist, Schritt um Schritt durchlaufen (vgl. dazu auch S. 137-142 zur Predigt- und Unterrichtsvorbereitung). Zu erinnern ist auch daran, daß die hier vorgestellte Methode die Summe (des christlichen Glaubens) lediglich ergänzen soll.

26. Vgl. *Klaus-Peter Jörns*, a.a.O., 217.

Fragen/Aufgaben:

1. Bestimmen Sie den Begriff »Ewiges Leben« in der klassischen, aristotelischen Form der Definition (»genus proximum« und »differentia specifica«, vgl. S. 36f.).
2. Was ist der Sinn der erkenntnisleitenden Frage?
3. Was sind die grundlegenden Bestandteile eines Einleitungskapitels, in dem das dogmatische Problem präzisiert wird?
4. Was kennzeichnet eine gute Definition?
5. Wo befinden sich in der Bibliothek Ihres Wohn- bzw. Studienortes TRE und LThK[2]?

2. *Arbeitsschritt* – Das Problem bearbeiten

1. Zwei Vorbemerkungen

1.1 »Der Blick auf die Forschungslandkarte« – Zur Literaturrecherche

Wir hatten am Anfang betont (vgl. S. 24): Der erste Grundschritt der dogmatischen Methode umfaßt formal den *Einleitungsteil* einer Klausur bzw. einer (Pro-)Seminararbeit; diese Einleitung enthält vor allem die Rechtfertigung der Themenstellung, indem das Problem genauer bestimmt und präzisiert wird. Wenn nun auch die zentralen Begriffe definiert und die erkenntnisleitende Frage gefunden sind, kann der 2. Arbeitsschritt in Angriff genommen werden: Die Bearbeitung des Problems. Mit diesem Schritt soll dazu angeregt werden, auf dem Wege einer Vergewisserung in Schrift, Tradition und aktueller theologischer wie nicht-theologischer Fachdiskussion aus dem eigenen Erkenntnisinteresse heraus Entdeckungen zu machen. Dazu muß zunächst die wissenschaftliche Literatur erschlossen werden. Sie haben dabei nicht die Aufgabe, gegen »Literaturberge« anzuarbeiten! Wenn Sie sich auf den »*Forschungslandkarten*« der Wissenschaft, in den Artikeln neuester, großer Lexika orientiert haben und wenn Sie dann den »Absprung« über den »Weiten der Forschungslandschaft« wagen, dann sollten Sie versuchen, möglichst »punktgenau« zu landen, d.h. nur die Literatur heranzuziehen, die *Ihre Frage und Ihr Problem* betrifft und behandelt. Aus Titel und Untertitel können Sie oft schon recht genau erkennen, ob Ihr Thema bearbeitet wird. Folgende Leitfragen können darüberhinaus hilfreich sein, wenn es um die Zuordnung des jeweiligen Werkes zur untersuchten Problematik geht.

»– *Um welches Problem geht es dem Verfasser/der Verfasserin?*
– *Welche Ausgangsfragen stellt er/sie?*
– *Zu welchen Ergebnissen kommt er/sie?*
– *Welche Arbeitsmethode bzw. Arbeitsschritte werden angewendet?*

- *Mit wem/wer wird die Diskussion in Anknüpfung und Ablehnung geführt?*
- *Was ist von den Ergebnissen heute zu halten?«*[27]

(1) Einen guten ersten Überblick über die relevante Literatur bekommen Sie durch die *Bibliographien, die in der Regel Lexikaartikeln* beigegeben sind.

(2) Ich möchte an dieser Stelle auch auf das *Internet* verweisen, mit dem sich die Recherchemöglichkeiten wesentlich verbessert haben. Einzelne Informationen sind dadurch viel gezielter zu beschaffen als früher. Ein Student kann heute auf Antrag über den Universitätsrechner kostenlos Zugang zum Internet bekommen. Sie können bequem zu Hause oder an den PCs Ihrer Bibliothek aktuelle Informationen einholen. Einen Weg der Recherche kann ich dabei besonders empfehlen (vgl. die detaillierte Beschreibung im Abschnitt »Internet für Systematische Theologinnen und Theologen« S. 173-179): Nach einer Absprache der *Universitätsbibliotheken* ist in Deutschland *Tübingen* (http://opac.ub.uni-tuebingen.de) im Auftrag und mit Unterstützung der »Deutschen Forschungsgemeinschaft« für eine möglichst lückenlose Erfassung theologischer und religionswissenschaftlicher Veröffentlichungen zuständig. Mit einer Schlagwortrecherche etwa zum Thema »Taufe« bekommen Sie einen Überblick über die seit 1980 dort angeschafften Titel (mit laufender Rückerfassung; Werke zwischen 1500 und 1850 sind bereits erfaßt); die Bibliographien dieser Titel bieten dann weiterführende Literatur. Das Verzeichnis der Titel oder Zeitschriften in den Bibliotheken Ihrer Heimatstadt (in vielen Orten schon auf Online-Basis) zeigt an, welche von diesen Titeln bei Ihnen zu haben sind. Darüberhinaus bieten Universitätsbibliotheken eine Reihe von CD-ROM-Datenbanken zur allgemeinen Benutzung im Rechnernetz der Universität an.

(3) Das »*Verzeichnis lieferbarer Bücher (VLB)*« des deutschen Buchhandels und dessen Schlagwortverzeichnis ist im Internet abrufbar (http://www.buchhandel.de) und bietet eine gute Möglichkeit, neueste Titel aus allen Wissenschaften zu einem Themenbereich aufzufinden.

(4) Die *Vorlesungsverzeichnisse* und die Forschungsschwerpunkte der Universitäten können Sie ebenso durch das Internet ermitteln (vgl. S. 178f.). Nutzen Sie die dort angegebenen Adressen, schreiben Sie den *Forschungsstellen* oder rufen Sie am besten an. Ein zehnminütiges Telefongespräch

27. Vgl. *Christoph Markschies*, Arbeitsbuch Kirchengeschichte, 142.

mit einem Experten kann Ihnen durch wichtige Informationen und Impulse Tage und Wochen mühevoller Recherchearbeit ersparen. Man erhält zudem *aktuelle* Informationen, da z.B. Zeitschriften heute mit ihrer Veröffentlichungszeit von oftmals mehr als einem Jahr nicht mehr unbedingt den neuesten Stand der Fachdiskussion wiedergeben.

(5) *Zeitschriftenaufsätze* geben aber immer noch den detailliertesten Überblick über die Fachdiskussion. Sie haben darüberhinaus meist einen mehr oder weniger umfänglichen Besprechungsteil zu einzelnen Neuerscheinungen. Viele Zeitschriften werden heute bereits im Internet vorgestellt, daher seien im folgenden nur einige Zeitschriften mit kurzen Angaben genannt (vgl. auch die Übersicht theologischer Zeitschriften bei *Friedrich Mildenberger,* Geschichte der deutschen evangelischen Theologie im 19. und 20. Jahrhundert (ThW 10) (Stuttgart u.a. 1981), 239-252).

Für eine sachbezogene Recherche empfehle ich folgenden Weg:
Der seit 1975 bestehende *Zeitschriften-Inhaltsdienst Theologie* der Universitätsbibliothek in Tübingen erfaßt als Heft oder auf CD-ROM/installierbarem Diskettensatz (Jahresabonnementpreis 350 DM, zweimal jährlich Updatelieferung) die Inhaltsverzeichnisse von über 550 Fachperiodica und von jährlich mehreren Dutzend Festschriften.

- Der Zugriff auf die nachgewiesene Literatur der *Datenbank* ist möglich über
  - die Titel der ausgewerteten Quellen,
  - die Autoren der Aufsätze,
  - Stichwörter aus den Sachtiteln von Aufsätzen und Quellenpublikationen,
  - intellektuell vergebene enge Schlagwörter,
  - eine hierarchische Grobklassifikation, die verbale Sucheinstiege erlaubt.
- Die *Inhaltsverzeichnisse des Heftes* sind mit einem Bibelstellen-, Personen- und Autorenregister erschlossen; das »Register der ausgewerteten Zeitschriften« erscheint jährlich, in entsprechenden Abständen auch ein »Fünf-Jahres-Register«.
- *Aufsatzkopien* aus den Sondersammelgebieten Theologie und Allgemeine und Vergleichende Religionswissenschaft können *schnell und direkt bestellt* werden. Sie können bestellen per Fax, per E-Mail und natürlich per Post und wählen, ob Sie ein Fax (Preis 10 DM) erhalten möchten oder eine Papierkopie (8 DM). Eine spätere E-Mail-Lieferung ist vorgesehen. Die Erledigung erfolgt innerhalb kürzester Frist. Das SSG-S-Projekt (Son-

derSammelGebiet Schnellbestell- und -lieferdienst) wird von der Deutschen Forschungsgemeinschaft gefördert. Bestellscheine liegen den gedruckten ZID-Heften (Zeitschrifteninhaltsdienst Theologie) bei – oder sind anzufordern unter: Universitätsbibliothek, Postfach 2620, 72016 Tübingen, Tel.: 07071/2972833; Fax: 07071/293123; E-Mail: ssg-s@ub.uni-tuebingen.de

Sie können also sehr schnell die aktuellste Literatur zu der Sie interessierenden dogmatischen Frage und der Sie betreffenden Situation ermitteln. Hefte und Datenbanken sind in Ihrer Universitätsbibliothek vor Ort zugänglich.
Ich gebe dennoch im folgenden einige für die systematisch-theologische Forschung wichtige Zeitschriften mit kurzen Erläuterungen an; unter der Internetadresse können Sie Inhaltsverzeichnisse und oft auch kurze Zusammenfassungen der Aufsätze (abstracts) finden:

BThZ Berliner Theologische Zeitschrift (ev.)
Nicht nur Berliner, sondern auch Herausgeber einiger ostdeutscher Fakultäten tragen diese Zeitschrift; thematische Schwerpunkte zu einzelnen theologische Disziplinen sollen so gestaltet sein, daß die Bedeutung für Theologie und Kirche insgesamt erkennbar wird (http://www.wichern.de).

Conc(D) Concilium (deutsche Ausgabe, kath.)
Beiträge aus allen theologischen Disziplinen von Theologinnen und Theologen der ganzen Welt zu einem Thema und insbesondere zu dogmatischen Fachfragen für eine erneuerte kirchliche Praxis z.B. »Ein ökumenisches Glaubensbekenntnis?«, »Der Heilige Geist im Widerstreit«, »Maria in den Kirchen«, »Fundamentalismus in den Weltreligionen«.

EvTh Evangelische Theologie
Die Zeitschrift wird vor allem durch die Tradition der Bekennenden Kirche und die vielfältigen Positionen geprägt, die sich auf die Barmer Theologische Erklärung berufen (http://www.guetersloher-vh.de).

GlLern Glaube und Lernen. Zeitschrift für die theologische Urteilsbildung (ev.)
Von einem Systematiker und einem Religionspädagogen herausgegeben wird zu einem Thema z.B. »Schuld und Vergebung«, »Verbindlichkeit im Glauben«, »Versöhnung« u.a. theologisches Basiswissen geboten und werden theologische, kirchliche und pädagogische Streitfragen erörtert.

KuD — **Kerygma und Dogma. Zeitschrift für theologische Forschung und kirchliche Lehre (ev.)**
Die Zeitschrift soll kirchliches Lehren und Handeln theologisch begleiten. Dafür läßt der internationale Herausgeberkreis lutherischer Theologen besonders den ökumenischen Dialog fruchtbar werden.

NZSTh — **Neue Zeitschrift für Systematische Theologie und Religionsphilosophie (ev.)**
Ursprünglich eine Zeitschrift in Ergänzung und Widerspruch zur dialektischen Theologie, heute geht es um einen kritischen Dialog lutherisch-reformatorischer Theologie mit der modernen Kultur und dem Erbe der Aufklärung; der internationale Herausgeberkreis sorgt für einen Austausch deutsch- und englischsprachiger Theologie; jedes Heft präsentiert eine Zeitschriftenschau (http://atla.library.vanderbilt.edu/atla/home.html).

ThBeitr — **Theologische Beiträge (ev.)**
Aufsätze aus der Forschung aller theologischen Disziplinen, Berichte zu bedeutenden Ereignissen in Theologie und Kirche, Dokumentationen und Rezensionen werden hier veröffentlicht; sie entsprechen der Programmatik einer biblisch orientierten, auf die Gemeinde bezogenen und wissenschaftlicher Gründlichkeit verpflichteten Fachzeitschrift.

ZEE — **Zeitschrift für Evangelische Ethik. Studien – Kommentare – Dokumente**
Aufgrund der engen Verflechtung ethischer Fragen mit dogmatischen Grundentscheidungen sei hier auch die ZEE genannt; sie informiert zuverlässig über die aktuelle ethische Diskussion und enthält fortlaufend weiterführende bibliographische Angaben (http://www.tu-dresden.de/phfiet/zee/zee.htm).

ZThK — **Zeitschrift für Theologie und Kirche (ev.)**
Informiert gründlich über die wichtigsten Forschungen in allen theologischen Disziplinen, hoher wissenschaftlicher Anspruch, gegen falsche Aktualisierungen (http://www.mohr.de).

Weitere für die systematisch-theologische Forschung wichtige, insbesondere *katholische Zeitschriften* sind unter folgender Internetadresse mit Inhaltsverzeichnissen und meistens auch kurzen Zusammenfassungen der Aufsätze (abstracts) zu finden; die Zeitschriften werden dort auch in ihrem fachlichen Profil vorgestellt: http://www.uni-muenster.de/Katholische-Theologie.

MThZ	Münchener Theologische Zeitschrift
ThGl	Theologie und Glaube
ThQ	Theologische Quartalschrift
ZKTh	Zeitschrift für katholische Theologie

Rezensionen, Forschungsberichte und Sammelrezensionen (nicht nur der Systematischen Theologie) finden sich in:

ThLZ	Theologische Literaturzeitung. Monatsschrift für das gesamte Gebiet der Theologie und Religionswissenschaft (ev.) Rezensionsorgan mit Zeitschriftenschau aller Disziplinen; jährlich über 500 Rezensionen, 12 Aufsätze, diverse Titel- und Zeitschriftenanzeigen (http://www.thlz.de; Inhaltsübersichten, Gesamtregister (wird z. Zt. noch erstellt und ist erschlossen nach Stichworten, Titeln und Bibelstellen), Rezensionen der Jahrgänge 121/122 (1996/97) sind kostenfrei einzusehen, »herunterzuladen« und können so ohne Abschreiben weiterverarbeitet werden; Rezensionen ab Jg. 123 (1998) sind gegen eine geringe Gebühr über das Internet erhältlich. Hinweise zur Verbesserung des Angebots sind an die E-Mail-Adresse zu schicken: redaktion@thlz.de).
ThR	Theologische Rundschau (ev.) Mit dem Ziel gegründet, die Kluft zwischen Theologie und praktischem Kirchenleben zu überbrücken, wissenschaftlich ausgerichtet, international, keiner bestimmten Konfession und Schule verpflichtet; sie veröffentlicht Literaturberichte zu den Teildisziplinen der Theologie und einzelne Rezensionen (http://www.mohr.de)
ThRv	Theologische Revue (kath.) Rezensionsorgan mit Zeitschriftenschau aller Disziplinen (http://www.uni-muenster.de/TheologischeRevue/thrv8895.txt; Inhaltsverzeichnisse ab Jg. 84 (1988))
VF	Verkündigung und Forschung. Beihefte zur »Evangelischen Theologie« (ev.) Alle halbe Jahre werden Forschungsberichte zu den Fächern veröffentlicht, die Dogmatik wird ungefähr alle drei Jahre berücksichtigt (http://www.guetersloher-vh.de).

Über die kirchliche Situation berichten:

EpdD	Evangelischer Pressedienst – Dokumentation
EK	Evangelische Kommentare. Monatsschrift zum Zeitgeschehen in Kirche und Gesellschaft
HerKorr	Herder Korrespondenz. Monatshefte für Gesellschaft und Religion (kath).
IDEA.S	Informationsdienst der Evangelischen Allianz. IDEA-Spektrum (http://www.idea.de)
LM	Lutherische Monatshefte

1.2 Das Ziel des zweiten Schrittes – Historische und Systematische Vergewisserung

Nach diesem vorbereitenden Abstecher auf das Feld der Literaturrecherche wollen wir uns nun dem zweiten Arbeitsschritt der dogmatischen Methode zuwenden. Mit diesem Schritt soll – wie oben schon angedeutet – angeregt werden, *aus dem eigenen Erkenntnisinteresse heraus Entdeckungen zu machen*; die Dimensionen, die mit der Kindertauffrage verbunden sind, sollen eröffnet und der Reichtum christlicher Tradition erschlossen werden.

Eine Auswahl wichtiger Literatur zur Kindertauffrage – die man sich nach dem soeben Beschriebenen auch selbst zusammenstellen könnte – soll sozusagen als Basismaterial an den Anfang gestellt werden. Diese Auswahl bietet einen ersten Zugang zu den historischen und systematisch-theologischen Vergewisserungen, die wir auf dem Hintergrund des oben gewonnenen Problembewußtseins zu leisten haben. Denn mit der erkenntnisleitenden Frage, die aus der analysierten Situation gewonnen wurde, sind nun zu erschließen

- die biblischen Aussagen zum Thema,
- sachlich prägende, kirchengeschichtliche und
- moderne systematisch-theologische Entwürfe sowie
- relevante Erkenntnisse nichttheologischer Wissenschaften.

Ich verweise außerdem auch auf entsprechende Kapitel in Dogmatiken und Lexikaartikeln sowie auf die Literaturangaben in den einzelnen Abschnitten und am Ende dieses Buches (»Wort und Sakrament (Heilsmittel)«, vgl. S. 185).

Literaturauswahl zur Frage der Kindertaufe: *Walter Kasper (Hg.),* Christsein ohne Entscheidung oder Soll die Kirche Kinder taufen? (Mainz 1970); Themenheft »Strukturkrise christlicher Initiation« Conc(D) 15 (1979); *Wolfgang Huber,* Auf dem Weg zu einer Kirche der offenen Grenzen, in: Taufe und Kirchenzugehörigkeit. Studien zur Bedeutung der Taufe für Verkündigung, Gestalt und Ordnung der Kirche, hrsg. v. Christine Lienemann-Perrin (München 1983) (Lit.!), 488-514; *Christian Grethlein,* Konfirmation als neuer Tauftermin. Kritischer Bericht über eine Umfrage in West-Berlin, in: PTh 80, 204-215; *Rainer Stuhlmann,* Kindertaufe statt Säuglingstaufe. Ein Plädoyer für den Taufaufschub, in: PTh 80 (1991), 184-204; *Otfried Hofius,* Glaube und Taufe nach dem Zeugnis des Neuen Testaments, in: ZThK 91 (1994), 134-156.

Historische Vergewisserung

An dieser Stelle muß man sich vor einem Irrtum hüten: Im Erschließen des Gewesenen in Bibel und Kirchengeschichte unter dem Fragehorizont der Gegenwart kann es nicht darum gehen, die eigene Situation mit einer vergangenen, etwa biblischen oder (später) kirchengeschichtlichen Situation so zusammenzubringen, daß die Antwort für heute unmittelbar im Gestern gefunden wird, so als seien geschichtliche Zwischenräume und spezifische historische Situationen ohne Bedeutung. Wer im Gestern nach Situationen sucht, »wo es genauso war«, findet Antworten nur, wenn er/sie das Gewesene als Andersartiges gar nicht ernst nimmt, sondern so tut, als gelte, was heute gilt, auch schon im Damals. Das wäre der Fall, wenn man die neutestamentliche Situation der Taufe ganzer »Häuser« (Apg 16,15) oder die von Tertullian so lebendig geschilderte altkirchliche Taufpraxis einfach überträgt. Die Frage in die Geschichte hinein hat ein anderes Ziel: Mit der eigenen Frage soll Fremdes wahrgenommen und Anregung – in Korrelation und Konfrontation – gewonnen werden. Es geht nicht um das Auffinden einer entsprechenden Situation, sondern um das Gewinnen von Anregungen und damit Leitlinien für die gegenwärtige Frage. Darum sind in der Exegese und Kirchengeschichte (vor allem) Texte der Vergangenheit unter den Bedingungen ihrer Zeit zu analysieren und zu interpretieren. Erstes Ziel der Problembearbeitung ist also *einerseits* ein streng *historisch-kritisches Verhältnis zu Schrift und Tradition,* aufgrund dessen Texte aus ihrer Zeit heraus verstanden werden können; Impuls ist »ein nach historischem Verstehen suchender Glaube« – »Fides quaerens intellectum historicum«.[28]

Systematische Vergewisserung

Andererseits bearbeitet man das Problem *mit der Aufgabenstellung und nach den Regeln der Systematischen Theologie.* Man bezieht sich in dieser Weise auf die anderen theologischen Disziplinen und die nichttheologischen Wissenschaften. Deren Ergebnisse müssen unter dem Vorzeichen der erkenntnisleitenden Frage für die eigene Urteilsbildung erschlossen werden.
Es geht in diesem Arbeitsschritt besonders darum offenzulegen, *wie* man zu theologischen Ergebnissen und zu kirchlichen Stellungnahmen kommt. Ich entscheide mich nicht für eine theologische Schule (etwa die Barths

28. Vgl. *Hans Küng,* Wie treibt man christliche Theologie? Schritte zur Verständigung, in: ders., Theologie im Aufbruch. Eine ökumenische Grundlegung (München, Zürich 1987), 139.

oder Bultmanns) oder eine spezifische Herangehensweise (etwa sozialgeschichtlicher oder feministischer Interpretation von Schrift und Tradition). Der faire Austrag von Gegensätzen, das Bemühen um Konsens in der einen Kirche hängt ab von der Transparenz und der Nachprüfbarkeit der Argumente. Christen vertrauen auf die Kraft der Argumente und das Wirken des Heiligen Geistes (vgl. dazu ausführlich unten »Dogmatische Methode und Wahrheit« S. 154-163). Schrift und kirchengeschichtliche Tradition, Schrift und die Erkenntnisse nichttheologischer Wissenschaft, das »Zurück zu den Quellen« und das »Hinaus aufs offene Meer« sind nun gefragt,[29] wenn man es poetisch und paradox ausdrücken will.

Ein *ähnlich strukturiertes Vorgehen* wie in diesem Kapitel über die *Problembearbeitung* werden Sie auch in manchen Dogmatiken und in Lexika finden.

Die 1995 erschienene Dogmatik von Wilfried Härle geht z.B. so vor: Nach der »Klärung der verwendeten *Begriffe*« folgt die »Anknüpfung an die biblische und kirchliche *Tradition*« und »die Vermittlung dieser Tradition mit den Erfahrungen und mit dem Denken der gegenwärtigen *Lebenswelt*«[30] – bei mir: relevante Erkenntnisse nichttheologischer Wissenschaften.

Ähnlich wie Härle strukturieren auch die Autoren des Lexikons der katholischen Dogmatik. Das Verfahren verläuft wie folgt:[31] Nachdem Begriffe wie etwa »Trinität«, »Theodizee«, »Inkarnation«, »Nachfolge Christi«, »Glaubensbekenntnis«, »Heiliger Geist«, »Taufe«, »Auferstehung der Toten« definiert worden sind, werden referiert:

1. *Biblische Grundlagen* des Alten und Neuen Testaments.
2. *Dogmengeschichtlicher Aufriß* mit einem kurzen Einblick in Begriffs- und Problemgeschichte.

29. Vgl. *Hans Küng,* a.a.O., 132.
30. Vgl. *Wilfried Härle,* Dogmatik, VIII; zur Kindertaufe 551-557.
31. Vgl. *Wolfgang Beinert (Hg.),* Lexikon der katholischen Dogmatik, 8 (»Hinweise für die Benutzung«).

3. *Lehramtliche Aussagen*. Die Position der amtlichen Kirche wird klar umschrieben (ich greife hier auf die reformatorischen Grundentscheidungen zurück; sie sind natürlich nur eingeschränkt mit katholischen lehramtlichen Aussagen vergleichbar).
4. *Ökumenische Perspektiven*. Die Positionen anderer Kirchen und der Stand des zwischenkirchlichen Gesprächs werden dokumentiert.
5. *Theologische Erläuterungen*. Die neuere theologische Diskussion und mögliche Entwicklungen werden aufgezeigt.

Am Ende der Artikel stehen *Literaturangaben* zu einführenden Werken, zu Standardliteratur und Werken mit guter Bibliographie.

Anders als Härle und das katholische Lexikon knüpft die hier vertretene dogmatische Methode an eine spezifische *Situation* und die aus ihr heraus formulierten Begriffe an.

Zuerst wenden wir uns also der Frage zu, welche Aussagen die Bibel zu unserem Thema unter der Perspektive unserer erkenntnisleitenden Frage macht.

2. Historisch-kritischer Befund: Was sagt die Schrift zu unserem Problem?

Das Besondere unseres Vorgehens besteht darin, daß mit der erkenntnisleitenden Frage zunächst einmal nur erforscht und *wahrgenommen* wird, was die Schrift etwa in der Frage der Kindertaufe zu sagen hat. Die unterschiedlichen Aussagen zu *gewichten*, ursprüngliche und abgeleitete, helle und dunkle, zentrale und periphere Zeugnisse zu unterscheiden, geschieht dann erst in einem späteren Schritt (vgl. S. 117-131, insbesondere zum »Kanon im Kanon«). Im folgenden wir die Arbeitsweise zunächst vorgestellt, dann soll dieser Gang »zu den Quellen« auch theoretisch begründet werden, indem das Schriftprinzip in der evangelischen Theologie und die historisch-kritische Schriftauslegung als Basiswissenschaft der Theologie (vgl. S. 64-71) erläutert werden.

2.1 Die Arbeitsweise

(1) *Sammeln* Sie zunächst *alle Schriftstellen,* die nach Ihrer Meinung in der Frage der Kindertaufe von Bedeutung sein könnten. Die eingangs zitierten Lexika (vgl. S. 32-34) bieten bereits einen Überblick über Schriftstellen, die gegenwärtig bei der Begründung der christlichen Taufpraxis herangezogen werden (vgl. z.B. *Udo Schnelle,* Art. Taufe. 1. Biblisch, in: EKL 4, Sp. 663-665). Versuchen Sie aber auch selbst, die in Ihrem Problemzusammenhang wichtigen Stellen des Alten und Neuen Testaments aufzuspüren. Eine Bibelkonkordanz z.B. zeigt an, wieweit die Wörter »Taufe«, »taufen« im Neuen Testament verbreitet sind. Beachten Sie auch die Querverweise am Bibeltext. Die Einheits-, Lutherübersetzung (1984) und Gute Nachricht sind auf CD-ROM für alle Windows-Systeme erhältlich. Mit Suchprogrammen zu einzelnen Begriffen, Sammlung und Ausdruck der Bibeltexte können rasch übersichtliche Synopsen erstellt werden.

Konkordanzen, Bibelausgaben auf CD-ROM: *Gerhard Lisowsky,* Konkordanz zum Hebräischen Alten Testament, hrsg. von Hans Peter Rüger (Stuttgart (3. verb. Aufl.) 1993); *Alfred Schmoller,* Handkonkordanz zum Griechischen Neuen Testament (Stuttgart (verkl. Neuausgabe auf der Grundl. v. Nestle-Aland, 27. Aufl.) 1989); *Große Konkordanz zur Lutherbibel* (Stuttgart (3. durchgeseh. Aufl.) 1993) – oder eine andere deutsche Konkordanz; Die Bibel. ELBIKON für Windows auf CD-ROM (Einheitsübersetzung, Stuttgart 1996); CD-ROM Bibel Edition (Lutherbibel mit Apokryphen 1984, Handbuch und gedruckte Bibel, Stuttgart 1996); CD-ROM Bibel Edition (Gute Nachricht, Handbuch und gedruckte Bibel, Stuttgart 1997); *für Sprachenkenner:* BibleWorks for Windows (enthält den hebräischen (BHS), griechischen (LXX) Text des Alten und den griechischen Text (Nestle-Aland) des Neuen Testaments mit morphologischer Analyse; fünf deutsche Übersetzungen und zahlreiche weitere in modernen Sprachen; Stuttgart 1997).

(2) Bestimmen Sie die Stellen, die in der Taufgeschichte der Kirche immer wieder einen *besonderen Rang* hatten *(»Locus classicus«)*: die einschlägigen Kapitel in Dogmatiken über die Taufe bzw. Kindertaufe geben in der Regel wieder, welchen Bibelstellen zentrale Bedeutung in der systematisch-theologischen Argumentation zukommt (vgl. hierzu z.B. *Wilfried Härle,* Dogmatik, 551-557). Anhand des Bibelstellenregisters, das Dogmatiken beigegeben ist, erkennen sie rasch, welche Schriftstellen, die Sie für relevant halten, nicht berücksichtigt wurden.

Nach diesen beiden Arbeitsgängen kämen etwa folgende Stellen (weitere wären möglich) in Frage: Mk 16,15.16; Mt 28, 19 (der Taufbefehl Jesu); 1 Kor 1,16; Apg 16,15 und 16,33 (die Taufe ganzer Familien bzw. »Häuser«); Mk 10,13-16 parr. (die Segnung der Kinder); Röm 6,3f. (als Belegstelle für das, was in der Taufe geschieht).

(3) *Lesen* Sie die biblischen Belegstellen in ihrem Zusammenhang im Urtext (Hebräisch/Griechisch) oder in verschiedenen Übersetzungen und vergegenwärtigen Sie sich die zentralen Aussagen.

(4) Erschließen Sie sich nun die historisch-kritischen Forschungsergebnisse Ihrer Belegstellen. Mit dem Exegetischen Wörterbuch zum Neuen Testament (EWNT), dem Theologischen Handwörterbuch zum Alten Testament (THAT) oder einem Bibellexikon werden Sie einen ersten Überblick zum Forschungsstand bekommen und auch schon auf weiterführende Monographien und Aufsätze hingewiesen. In unserem Beispiel wären dies z.B. im Exegetischen Wörterbuch zum Neuen Testament die Artikel »babtizo – taufen« und »oikos – Haus« für die Taufe ganzer »Häuser«. Selbstverständlich bieten die Kommentare zu den jeweiligen Stellen wesentliche Anregungen. Den Evangelisch-katholischen Kommentar (EKK) möchte ich hier besonders empfehlen, da auch die Wirkungsgeschichte der biblischen Texte berücksichtigt wird.

Exegetische Lexika, Bibellexika, Kommentare: *Horst Balz, Gerhard Schneider (Hgg.) (EWNT),* Exegetisches Wörterbuch zum Neuen Testament. 3 Bde. (Stuttgart u.a. (2. verbes. Aufl. mit Literaturnachträgen) 1992); *Ernst Jenni (Hg. unter Mitarbeit von Claus Westermann) (THAT),* Theologisches Handwörterbuch zum Alten Testament. 2 Bde. (Gütersloh (5) 1994/95); *Calwer Bibellexikon* in 5. Bearbeitung, hrsg. mit Karl Gutbrod u. Reinhold Kücklich von Theodor Schlatter (Stuttgart 1961, (6) 1989); Neues Bibel-Lexikon, hrsg. von Manfred Görg und Bernhard Lang, Bd. A-G u. Bd. H-N (Zürich 1991/95); Biblischer Kommentar Altes Testament (BK), hrsg. v. Siegfried Herrmann u.a. (Neukirchen-Vluyn); Evangelisch-katholischer Kommentar zum Neuen Testament (EKK), hrsg. von Norbert Brox u.a. (Neukirchen-Vluyn, Zürich u.a.).

Einführungen: *Rolf Rendtorff,* Das Alte Testament. Eine Einführung (Neukirchen-Vluyn 1983, (5) 1995); *Georg Strecker, Udo Schnelle,* Einführung in die neutestamentliche Exegese (Göttingen (4., überarb. und erw. Aufl.) 1994) (Hilfsmittel zum Studium des Neuen Testaments; Literatur zur Methodenproblematik und zur Hermeneutik); *Ulrich Becker u.a.,* Neutestamentliches Arbeitsbuch für Religionspädagogen (Stuttgart (2) 1996); *Karl-Heinrich Bieritz,* Grundwissen Theologie: Die Bibel (Gütersloh 1996).

Es ist hier nicht der Platz, unterschiedliche hermeneutische Methoden und neuere Ansätze vorzustellen (vgl. dazu den Überblick bei *Georg Strecker, Udo Schnelle,* Einführung in die neutestamentliche Exegese, 138-174 (Lit.!) und *Stefan Alkier, Ralph Brucker (Hgg.),* Exegese und Methodendiskussion (TANZ 23) (Tübingen, Basel 1998)). Das ist im Zusammenhang mit der dogmatischen Methode auch gar nicht nötig. Ich plädiere allein dafür, mit ihr den Weg zu Ergebnissen *transparent und überprüfbar* zu machen, damit ein verstehendes Gespräch, eine konstruktive Auseinandersetzung überhaupt erst ermöglicht wird.

(5) Wie läßt sich nun der *historisch-kritische Befund* für das von uns gewählte Beispiel der Taufe und für die von uns untersuchten Stellen (Mk 16,15.16; Mt 28, 19; 1 Kor 1,16; Apg 16,15 und 16,33; Mk 10,13-16 parr.; Römer 6,3f.) *darstellen*? Wie könnte in einer systematisch-theologischen Klausur der exegetische Teil aussehen? Zu empfehlen ist ein chronologischer Überblick, durch den die Belegstellen *in den biblischen Traditionsstrom eingeordnet* werden; ich folge dabei sachlich dem Aufbau bei *Eduard Lohse,* Grundriß der neutestamentlichen Theologie (ThW 5) (Stuttgart u.a. 1974 (3., durchges. u. erg. Aufl.) 1984); vgl. auch *Hans Conzelmann,* Grundriß der Theologie des Neuen Testaments (Tübingen (6., verb. Aufl.) 1997), bearb. von Andreas Lindemann.

1. Jesus – *historisch-kritische Rekonstruktion* seiner Lehre (ca. 27-30 n. Chr.)
2. Kerygma der ersten Christenheit – *historisch-kritische Rekonstruktion* der Lehre der ältesten Gemeinden (ca. 30-49 n. Chr.)
3. Theologie des Paulus (ca. 49-56 n. Chr.)
4. Theologie der synoptischen Evangelien (ca. 70 n. Chr. Mk, 80-100 Mt, 70-90 Lk, 80-90 Apg)
5. Theologie des Johannesevangeliums und der Johannesbriefe (ca. 90 n. Chr.)
6. Die apostolische Lehre der Kirche (ab ca. 80-90 n. Chr.)

Wenn ich die Belegstellen in den biblischen Traditionsstrom einordne, so unterscheidet sich dieser Zugang zur Schriftauslegung von *zwei anderen Möglichkeiten der Schriftdeutung. Zunächst:* der altprotestantischen Methode, einzelne Schriftstellen aus dem Gesamten der Schrift wie »Steine« aus einem »Steinbruch« herauszubrechen, um mit Hilfe dieser *dicta probantia – Belegstellen* dogmatische Lehrsätze zu fundie-

ren.[32] *Dann:* Dieser Zugang unterscheidet sich aber auch von einer eigens von der Systematischen Theologie zu betreibenden »dogmatischen Schriftauslegung«. Der Systematiker Friedrich Mildenberger betont, für die normative Fragestellung müsse eine »*dogmatische* Auslegung der Schrift« eingeübt werden, »welche die ganze Schrift als Einheit aktuell und konsensfähig anwendet«.[33] Wie geschieht das? Indem die »dogmatische Funktion des Bekenntnisses« (der Alten Kirche, der Reformation und der Bekennenden Kirche) zur Geltung gebracht wird.[34] Denn die Bekenntnisse leiten zur »einheitlichen Anwendung der Schrift«[35] an. Niemand wird bestreiten wollen, daß Bekenntnisse für die evangelische Kirche von grundlegend orientierender Bedeutung sind. Jedoch scheint mir bei dieser »dogmatischen Schriftauslegung« die Gefahr zu bestehen, sich den exegetischen Ergebnissen gar nicht erst zu stellen. Die in der *Schrift* bezeugte Offenbarung Gottes in Jesus Christus ist nach evangelischem Verständnis norma normans (normierende Norm). Hier klingt es so, als werde die Schrift norma normata (normierte Norm), die vom Bekenntnis bestimmt wird (zu den Begriffen norma normans (Zeugnis der Schrift) und norma normata (nachfolgende kirchliche Tradition) vgl. auch S. 69f.).
Es geht im Rahmen der dogmatischen Methode darum, mit der erkenntnisleitenden Frage – zunächst einmal – den ganzen biblischen Traditionsstrom zu überschauen; für das Neue Testament und unser Beispiel: von den vermutlichen Worten und Taten des historischen Jesus bis hin zu späten neutestamentlichen Schriften. Die Gewichtung des exegetischen Befunds ist ein notwendiger, aber doch erst späterer Schritt. Im *diachronen* Sinne sollte die Aufmerksamkeit für die Wandlung des historisch bedingten Problembewußtseins und der situationsspezifischen Problemformulierung im Vordergrund stehen; das *synchrone* Moment, der Zusammenhang mit Fragen, die bis in die Gegenwart von Bedeutung sind, sollte zunächst zurückgestellt werden.

Die *inhaltlichen Ergebnisse der historisch-kritischen Schriftbetrachtung* werden vor allem in zweierlei bestehen:

32. Vgl. die bei *Heinrich Schmid* zitierten altprotestantischen Theologen etwa zur Inspiration der Schrift, dem ersten Lehrstück des Locus »De scriptura sacra«; *ders.,* Die Dogmatik der evangelisch-lutherischen Kirche, 40-47.
33. Vgl. *Friedrich Mildenberger, Heinrich Assel,* Grundwissen der Dogmatik. Ein Arbeitsbuch (Stuttgart u.a. 1982, (4., völlig neubearb. Aufl. gemeinsam mit H. Assel) 1995), 22 (Hervorhebung von mir!).
34. A.a.O., 84.
35. Ebd.

Sie werden zum einen feststellen, daß der *historische Jesus* nach übereinstimmender Erkenntnis der Exegeten die Taufe gar nicht eingesetzt und geboten hat. Da ein Sakrament in der kirchlichen Tradition erst dann gegeben ist, wenn es ausdrücklich von Christus eingesetzt und geboten ist, stellt sich die Frage: Wie ist dann die Taufe überhaupt als sakramentale Handlung in der Kirche zu begründen? Auf diese inhaltliche Frage werde ich bei dem dritten Arbeitsschritt »gewichten« zurückkommen (vgl. unten S. 117-131).
Sie werden zum anderen feststellen, daß im gesamten Neuen Testament nichts ausdrücklich zur Kindertaufe gesagt wird; das Verständnis der sog. oikos-Formel könnte dadurch ein besonderes Gewicht bekommen; die Formel lautet: »Als sie aber mit ihrem Hause getauft war ...« (Apg 16,15) und kehrt im Neuen Testament recht häufig wieder. In Kommentaren, (exegetischen) Lexika, Monographien und Aufsätzen wäre zu erforschen, wie die Formel heute verstanden wird und ob zu »ihrem Hause« ganz selbstverständlich auch Kinder gehören.
Es ist nun aber in formaler Hinsicht – über das Beispiel der Taufe hinaus – zu fragen: Wie ist systematisch-theologisch mit den oftmals sehr unterschiedlichen, ja widersprechenden Ergebnissen der exegetischen Forschung umzugehen? »Was tun im Hypothesendickicht?«[36] Im folgenden will ich einiges dazu anregen. Denn theoretisch hinterstellt ist dieser Gang »zu den Quellen« in der *Bedeutung des Schriftprinzips für die evangelische Theologie* und in der historisch-kritischen Schriftauslegung als Basiswissenschaft der Theologie. Beides soll näher erläutert werden.

2.2 Der theoretische Hintergrund – Die maßgebende Bedeutung der Schrift in der evangelischen Theologie

Unter »Schriftprinzip« verstanden die Theologen der lutherischen Konkordienformel (Formula Concordiae (FC) 1577, sie schloß eine Reihe innerreformatorischer Streitigkeiten ab), daß allein das Wort der Bibel »Regel und Richtschnur« sei, »nach welcher alle Lehr geurteilet« werden solle.[37] Die

36. Vgl. *Hans Küng*, a.a.O., 141.
37. Vgl. FC, Epit. (Epitome = Zusamenfassung der Konkordienformel) 1; BSLK (= Die Bekenntnisschriften der evangelisch-lutherischen Kirche mit Seiten- und Zeilenzahl) 767, 8-11; vgl. auch *Unser Glaube*. Die Bekenntnisschriften der evangelisch-lutherischen Kirche. Im Auftrag der Kirchenleitung der Vereinigten Evangelisch-lutherischen Kirche Deutschlands (VELKD) hrsg. vom Lutherischen Kirchenamt der VELKD. Bearbeitet von Horst G. Pöhlmann (Gütersloh 1986, (3., erw. Aufl.) 1991), 871 (diese Ausgabe wird nicht mit der Seitenzahl, sondern mit der Marginalziffer zitiert).

von der altprotestantischen Orthodoxie (etwa ab 1560) ausgebaute Schriftlehre betonte gegen die katholische Sicht vor allem die »sufficientia«, die »*Alleingenügsamkeit« der Schrift.* Danach bedurfte es in Glaubensfragen keiner ergänzenden Tradition, die Schrift enthält vielmehr alles, was zum Heil not tut, und sie enthält es allein. Ergänzt wird die Alleingenügsamkeit durch die *»perspicuitas«*, die *Deutlichkeit der Schrift* – ein letztentscheidendes und somit über der Schrift stehendes kirchliches Lehramt ist demnach nicht nötig, um sie verbindlich auszulegen.

Eine »theologische Landkarte«, so wie sie in Repetitorien der Dogmatik zum übersichtlichen Lernen gebraucht wird,[38] kann historische Zusammenhänge und zentrale Begriffe gut vor Augen führen. Zu achten ist dabei aber neben den genannten Eigenschaften der Schrift, die sufficientia und perspicuitas, auch auf die anderen beiden Kennzeichen: auctoritas, *die Schrift hat sich als Kanon »selbst imponiert« und durchgesetzt,* sie ist also kein Produkt lehramtlich-kirchlicher Entscheidung, und efficacia, *die Schrift ist als Werk des Heiligen Geistes dessen wirksame Vermittlung.*

Zuvor soll jedoch zum besseren Verständnis der breiteste Hauptstrom des vorreformatorischen Schriftverständnisses, nämlich die *Lehre vom vierfachen Schriftsinn,* kurz erläutert werden.

Abb. 6
Die Lehre vom vierfachen Schriftsinn[39]

Entstehung: *Origenes* (185-254) entwickelte folgende Lehre vom Verständnis der Schrift:
- die einfachen Gläubigen erbaut der körperliche (somatische) oder geschichtliche Sinn,
- die Fortgeschrittenen der seelische (psychische) und
- die Vollkommenen der geistige (pneumatische) Sinn.

Seit der Alten Kirche wurde unterschieden:
Buchstabe oder geschichtlicher Sinn und höheres (geistiges, mystisches) Verständnis, das auf dem geschichtlichen Sinn aufbauen mußte.

38. Vorbild für meine »theologische Landkarte« war die Übersicht bei *Christofer Frey u.a. (Hgg.),* Repetitorium der Dogmatik, 31. Vgl. auch die Einteilung des Lehrstücks »De scriptura sacra« bei *Heinrich Schmid,* Die Dogmatik der evangelisch-lutherischen Kirche, 40.
39. Vgl. dazu *Wolfgang Beinert,* Art. Heilige Schrift, in: ders. (Hg.), Lexikon der katholischen Dogmatik, 241-245 (das Schaubild 242).

Johannes Cassianus († um 430) baute dies zur Lehre vom vierfachen Schriftsinn aus, die bis zum Ende des Mittelalters weit verbreitet war:

Bezeichnung	*lateinischer Name*	*Bedeutung*	*Beispiel:* »Jerusalem«
Literalsinn	littera, historia	Wörtliche, historische Auslegung	Stadt in Israel
Allegorischer Sinn	allegoria	Auslegung auf den Glauben = dogmatische Interpretation	Bild der Kirche
Tropologischer Sinn	tropologia, sensus moralis	Auslegung auf die christliche Liebe = moraltheol. Interpretation	Bild der menschlichen Seele
Anagogischer Sinn	anagogia	Auslegung auf die Hoffnung = eschatologische Interpretation	Bild der himmlischen Herrlichkeit

Merkvers der Theologiestudenten im Mittelalter:

»Littera gesta docet, quid credas allegoria.
Moralis quid agas, quod tendas anagogia.«

»Der Buchstabe lehrt, was geschehen ist;
die Allegorie, was zu glauben ist;
der moralische Schriftsinn, was zu tun ist;
der anagogische Schriftsinn, was zu hoffen ist.«

Diese Art der Interpretation ermöglichte es, die Bibel für verschiedene Situationen der christlichen Existenz (für Glaube, Liebe und Hoffnung) zu erschließen. Sie ist auch heute noch unter diesem Aspekt – als *Ergänzung* der historisch-kritischen Methode – von großer Bedeutung.[40] Der Gefahr

40. Vgl. *Ulrich Wilckens,* Schriftauslegung in historisch-kritischer Forschung und geistlicher Betrachtung, in: Wolfhart Pannenberg, Theo Schneider (Hgg.), Ver-

einer willkürlich-subjektiven Interpretation entgingen die Kirchenväter, indem sie die Auslegung an die kirchliche Glaubensregel (regula fidei – das Taufbekenntnis als Summe der in den Gemeinden herrschenden Glaubenssätze) und vor allem an den Wortsinn der Schrift banden.
Die Reformatoren hingegen lehnten den vierfachen Schriftsinn, wie die folgende Abbildung zeigt, entschieden ab, da die Mehrdeutigkeit der Schrift die eindeutige Auslegung durch Papst und Bischöfe, das Lehramt, zu erfordern schien.

Abb. 7
»Theologische Landkarte« – Die Lehre von der Heiligen Schrift

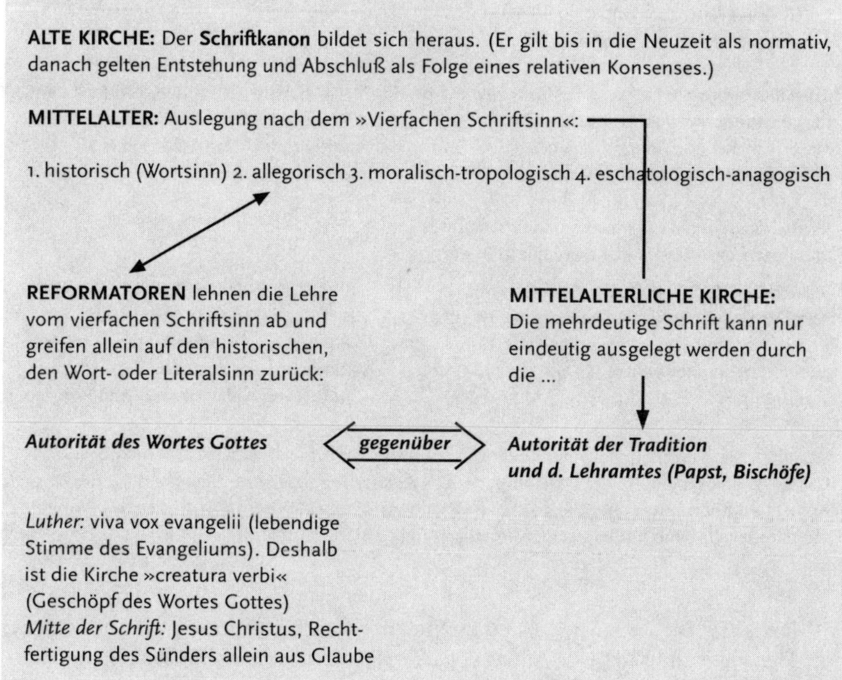

bindliches Zeugnis II. Schriftauslegung – Lehramt – Rezeption (DiKi 9) (Freiburg, Göttingen 1995), 13-71 und *Joachim Zehner,* Schriftauslegung und Lehramt. Bündelung der neueren ökumenischen Diskussion. Perspektiven aus evangelischer Sicht, in: ThLZ 123 (1/8) 1998, Heft 10.

ALTPROTESTANTISCHE ORTHODOXIE (ab 1560)

Die Schrift genügt in sich selbst.

Die Heilige Schrift ist ihr eigener Interpret
- Inspiration (2 Tim 3,16);
- Gott ist ihr Urheber, die Autoren sind Instrumente seines Geistes;
- sie wird durch das in ihr sprechende Zeugnis verstanden;
- ihr Kennzeichen (affectiones):
- auctoritas (Autorität)
- sufficientia (Alleingenügsamkeit)
- claritas, perspicuitas (Deutlichkeit, Klarheit)
- efficacia (Heilswirksamkeit)

Die KATHOLOGISCHE KIRCHE nach dem Trienter Konzil (1545-1563)

Die Schrift ist ohne Tradition unvollständig.
Sie ist ohne Lehramt zweideutig.

Zur Tradition:
- Die Apostel empfingen sie selbst von Christus bzw.
- sie wurde ihnen vom Heiligen Geist selbst diktiert.

Die Heilige Schrift wird in das »depositum fidei« eingegliedert.

Krise des reformatorischen Schriftprinzips mit der EUROPÄISCHEN AUFKLÄRUNG (seit dem 18. Jahrhundert): Wort Gottes und Bibel sind zu unterscheiden. Die Bibel wird allmählich zur historischen Erforschung freigegeben. 18. und 19. Jahrhundert: der historische Jesus als ethisches Vorbild wird zum »Kanon im Kanon«, zur Mitte der Schrift.

Nachaufklärerische Kritik der aufklärerischen und historischen Einseitigkeit, vor allem in der

WORT-GOTTES-THEOLOGIE (seit 1918)
Karl Barth: Theologische Kritik der historischen Kritik. Das *Wort Gottes* ist *in* der Schrift bezeugt, ist nicht gleich der Schrift. Es wird bezeugt und verkündigt.[42]

ZWEITES VATIKANISCHES KONZIL (1962-1965): das Lehramt steht nicht über dem Wort Gottes, sondern dient ihm (Dei Verb.10).[41]
Wort Gottes = Schrift und Tradition

Schlagen Sie die Ihnen vielleicht noch unbekannten Begriffe wie »depositum fidei«, »Wort-Gottes-Theologie« in einem Lexikon nach. Die Abkürzung »Dei verb. 10« steht für die Dogmatische Konstitution über die göttliche Offenbarung »Dei Verbum« Artikel 10 des epochemachenden Zweiten Vatikanischen Konzils (1962-1965).

41. DH 4214. Die Konzilstexte sind zu finden in den Bänden 12-14 des Lexikons für Theologie und Kirche (2. Auflage, vgl. S. 33) oder bei *Heinrich Denzinger,* Enchiridion symbolorum definitionum et declarationum de rebus fidei et morum – Kompendium der Glaubensbekenntnisse und kirchlichen Lehrentscheidungen. Lateinisch-Deutsch. Hrsg. von Peter Hünermann (Freiburg u.a. (37) 1991) = DH.
42. Zu Barths Schriftverständnis vgl. *Karl Barth,* Die Kirchliche Dogmatik, Bd. 1, zweiter Halbband: Die Lehre vom Wort Gottes (Zürich 1940, (7) 1983), 505ff. sowie *ders.,* Die Kirchliche Dogmatik, Bd. 1, erster Halbband: Die Lehre vom Wort Gottes (Zürich 1932, (10) 1981), 124f.

Um die Autorität der Schrift zu sichern, *identifizierten* die Theologen der altprotestantischen Orthodoxie die Schrift mit dem Wort Gottes. Sie grenzten sich vom tridentinischen Katholizismus und der Notwendigkeit eines Lehramtes ab, indem sie die *Lehre von der Verbalinspiration* entwickelten. Jedes Wort der biblischen Autoren galt als von Gott inspiriert und hatte somit teil an der Vollkommenheit und Irrtumslosigkeit Gottes selbst. Die Schrift wurde zum »papierenen Papst«.

Das so verstandene *protestantische Schriftprinzip* geriet – wie die Abbildung 7 zeigt – in eine *Krise*, als mit der Aufklärung und der historischen Schriftforschung im 18. Jahrhundert Wortsinn und historisches Geschehen auseinandertraten; als die eigene Lehre nicht mehr wortwörtlich mit den biblischen Inhalten gleichgesetzt werden konnte.[43]

Heute wird die Schrift in evangelischer und katholischer Theologie gemeinsam als geschichtliches und menschliches Dokument historisch-kritisch erforscht. Das Schriftwort und das Wort Gottes sind nicht zu identifizieren. Wohl aber *ereignet sich* Gottes Wort für den Glaubenden im Wort der Schrift oder der Verkündigung. Das Wort Gottes ist *in* der Schrift *bezeugt* (vgl. Abb. 7). Die Bibel ist demnach auf immer erneute Auslegung angewiesen, um sie das sagen zu lassen, was sie sagen will. Diese Auslegung geschieht heute vor allem durch die historisch-kritische Methode, die sich am Wortsinn orientiert. *Historisch-kritische Schriftauslegung* umfaßt ein ganzes Bündel verschiedener methodischer Verfahrensweisen. Man kann sagen: Historisch-kritische Exegese wird von den meisten evangelischen und von vielen katholischen Theologinnen und Theologen als die »theologische Basiswissenschaft«[44] verstanden. Basiswissenschaft deshalb, weil sie die Schrift erforscht, deren *Zeugnis* auch heute normierende Norm (norma normans) ist. Die wissenschaftliche Bearbeitung der nachfolgenden kirchlichen Tradition, normierte Norm (norma normata), ist davon zu unterscheiden. Jede christliche Rede von Gott wird sich auf

43. Vgl. dazu *Wolfhart Pannenberg,* Die Krise des Schriftprinzips, in: ders., Grundfragen systematischer Theologie. Gesammelte Aufsätze (1962, Göttingen (3) 1979), 11-21.

44. Vgl. *Josef Blank,* Exegese als theologische Basiswissenschaft, in: ThQ 159 (1979), 2-23. Vgl. auch *Hans Küng,* Dogma gegen Bibel? Historisch-kritische Exgese als Provokation für die Dogmatik, in: ders., Theologie im Aufbruch, 110-113. Zur Bedeutung der historisch-kritischen Methode für evangelische Theologie vgl. *Ulrich Wilckens,* Schriftauslegung in historisch-kritischer Forschung und geistlicher Betrachtung, in: Wolfhart Pannenberg, Theo Schneider (Hgg.), Verbindliches Zeugnis II. Schriftauslegung – Lehramt – Rezeption (DiKi 9) (Freiburg, Göttingen 1995), 13-71.

der Grundlage exegetischer Forschung prüfen lassen müssen. *Die historisch-kritisch ausgelegte Schrift kann als ursprüngliches Zeugnis von Jesus Christus auch heute »Regel und Richtschnur« sein.* Die »Basis« ist allerdings noch nicht das Ganze; Kirchengeschichte, moderne Entwürfe, Bewährung des Glaubenswissens vor den nichttheologischen Wissenschaften müssen folgen. Aber alles geht nicht ohne die hier gewonnene Grundlage.

Einige Grundregeln für die Erarbeitung der exegetischen Positionen[45]

1. Orientieren Sie sich *nicht an Extrempositionen* in der exegetischen Forschung. Harmonisieren Sie nicht ungleiche exegetische Befunde.
2. Die Bibel ist *kein »Steinbruch«*: Schriftaussagen dürfen nicht aus dem lebendigen Zusammenhang gerissen werden, um schriftfremde Theologumena zu begründen. Die Schrift ist kein Beleg-Reservoir für theologisch-dogmatische und – heute viel häufiger – andere (human-)wissenschaftliche Systembildungen.
3. Bemühen Sie sich selbstkritisch um eine kontextuelle Exegese, d. h. um den *Lebenskontext biblischer Schriften*.
4. Versuchen Sie, den gesamten *biblischen Traditionsstrom, vom Alten zum Neuen Testament hin*, zu *überschauen*.
5. Die exegetische Arbeit ersetzt nicht Ihre *systematisch-theologische Reflexion*.

Im Verhältnis des Exegeten zum Systematiker sollte es keine Vor- oder Nachordnung, Über- oder Unterordnung geben, sondern *wechselseitige Zusammenarbeit*: Der Systematiker braucht die Vorarbeit des Exegeten und Historikers; der Exeget braucht die hermeneutische Vorarbeit und kritische Begleitung des Systematikers.

45. Ich orientiere mich im wesentlichen an: *Karl-Josef Kuschel*, Geboren vor aller Zeit? Der Streit um Christi Ursprung (München, Zürich 1990), 225-227.

Fragen/Aufgaben:

1. Warum wurde die Lehre vom vierfachen Schriftsinn von den Reformatoren kritisiert; was ist ihre bleibende Bedeutung?
2. Was versteht man unter »Schriftprinzip«?
3. Warum ist es notwendig, zwischen der Wahrnehmung des Schriftbefundes und dessen Gewichtung für die eigene Argumentation zu unterscheiden?
4. Vergleichen Sie die Lehraussagen der lutherischen Bekenntnisschriften zur Bedeutung der Schrift (FC, Epit. 1; BSLK 767, 8-11) mit der Erklärung des Zweiten Vatikanischen Konzils in der Offenbarungskonstitution (Dei verbum 10; LThK 13, 526-529). Wo liegen Gemeinsamkeiten, wo Unterschiede?

3. Historisch-kritischer Befund: Was sagt die Tradition zu unserem Problem?

Systematische Theologie als Rechenschaft des Glaubens vor der Gegenwart ist auf ein umfassendes *Verstehen der Vergangenheit* angewiesen. Denn die Vergangenheit prägt uns bis heute. Die große Tradition der Kirchengeschichte muß erschlossen werden, wir leben nicht nur in unserem »Zeitdorf«. Es kann dabei alles herangezogen werden, was heute sachlich noch prägend und bedeutsam sein und als Antwort auf die erkenntnisleitende Frage wichtig werden könnte.

3.1 Einige Bemerkungen zum Ziel und zur Art und Weise dieses Durchgangs

Johann Gerhard, Abraham Calov, David Hollaz, bedeutende Theologen der altprotestantischen Orthodoxie (der Zeit zwischen etwa 1560 und 1720), haben in großartiger Weise die Lehrbildungen der Kirche und Theologien früherer Jahrhunderte im Sinne der reformatorischen Erkenntnisse verarbeitet und zusammengefaßt.[46] Die *übersichtliche, klare, differenzierte*

46. Auszüge aus den Werken der genannten Theologen und weiterführende Angaben finden sich bei *Heinrich Schmid,* Die Dogmatik der evangelisch-lutherischen Kirche dargest. u. aus d. Quellen belegt. Neu hrsg. und durchgesehen von Horst G. Pöhlmann (1. Aufl. 1843; Gütersloh (11) 1990); zur Bedeutung der altprotestantischen Orthodoxie 5-20.

Zusammenfassung christlicher Lehre wurde daher häufig zum Ausgangspunkt dogmatischen Denkens.[47]
Trotzdem ist dieses parataktische Nebeneinander von historisch gewordenen, traditionellen dogmatischen Grundbegriffen problematisch. Wie bei der Schrift so wird auch hier die Tradition zum »Steinbruch« für die eigene Systembildung. Auch zum Denken der Kirchenväter, Kirchenlehrer, Theologen, zu den Konzilsbeschlüssen und den prägenden Frömmigkeitsformen früherer Gemeinden ist ein *historisch-kritisches Verhältnis* zu gewinnen. Theologie muß möglichst umfassend aus ihrer historischen Genese verstanden werden. Dogmatik wird Kirchengeschichte nicht allein im Sinne einer Dogmengeschichte, einer Geschichte der verbindlich gewordenen Lehre rezipieren können. Kirchengeschichte ist vielmehr auch eine Teildisziplin der allgemeinen Geschichtswissenschaft, die mit deren Methoden arbeitet und sich mit der Geschichte des Christentums von den Anfängen bis zur Gegenwart beschäftigt.[48] Nicht nur zur Schriftauslegung, auch zu den Darstellungen der Kirchengeschichte sollte ein historisch-kritisches Verhältnis entwickelt werden.
Allerdings ist es das Vorrecht jeder wissenschaftlichen Disziplin an der Universität, nach ihrer spezifischen Intention zu arbeiten. Evangelische Theologie wird fragen, »wieweit historische Vollzüge, Entwicklungen und Ansichten gelungene oder mißlungene Bezugnahmen, Umsetzungen oder Revisionen biblischer Theologumena, biblischer Lebensordnungen und Frömmigkeitsgestalten sind«.[49] Mit Gerhard Ebeling verstehe ich »*Kirchengeschichte als Geschichte der Auslegung der Heiligen Schrift*«.[50] Dabei wird das, was nach übereinstimmendem Urteil als gelungene Bezugnahme verstanden wird, in der Systematischen Theologie eine besondere Funktion und Bedeutung gewinnen.
Zunächst sind darum die bis heute fortwirkenden Bekenntnisse so etwas wie *Orientierungsmarken* auf dem Weg der Kirche, des einzelnen und der Theologinnen und Theologen durch die Jahrhunderte.

47. *Christofer Frey* z.B. setzt in der dogmatischen Reflexion bei den Bekenntnissen der Kirche oder den theologischen Sätzen der Tradition an; sein Studienbuch Dogmatik möchte den »Leser anleiten, *vom Aufsprengen der Begriffe* [insbesondere der altprotestantischen Orthodoxie] *her dogmatisch zu denken*« (vgl. *Christofer Frey*, Dogmatik. Ein Studienbuch (Gütersloh (3., erg. und überarb. Aufl.) 1993), 55 und auch 18).
48. Vgl. hierzu die Definition bei *Christoph Markschies*, Arbeitsbuch Kirchengeschichte (Tübingen 1995), 1.
49. *Christoph Markschies*, a.a.O., 150.
50. Vgl. *Gerhard Ebeling*, Kirchengeschichte als Geschichte der Auslegung der Heiligen Schrift, SGV 189 (Tübingen 1947) = *ders.*, Wort Gottes, Studien zu einer Hermeneutik der Konfessionen, KiKonf 7 (Göttingen (2) 1966), 9-27 (Hervorhebung von mir!).

Dann hat die Tradition über die Bekenntnisse hinaus *bis heute prägende Bedeutung* für die Gestalt der Kirche und das Denken und Handeln der Christen. Im Kirchenbau wird dies besonders deutlich, zeigen sich doch hier bestimmte theologische Grundentscheidungen sozusagen in ihrem physischen Niederschlag; man erkennt, ob man eine evangelische, eine katholische oder eine orthodoxe Kirche betritt. Am Beispiel der Architektur wird wohl am markantesten deutlich, wie die Tradition verbunden mit der zeitgenössischen Gesamtkultur fortwirkt: »Erhaltene Gebäude sind *Bruchstücke umfassender Lebensprozesse,* daher in der Regel von wenigstens gleichem Informationswert wie die theologische Literatur der Zeit«.[51] So ist z.B. der abgebildete Grundriß einer Berliner Kirche für den Kenner leicht der Theologie eines reformierten Predigers wie Friedrich Schleiermacher (1768-1834) zuzuordnen, während die mittelalterliche Klosterkirche aus dem 11. Jahrhundert viel über das die Zeit und den Kirchenraum prägende Sakramentsverständnis auszusagen vermag.

Abb. 8
Die Benediktiner-Klosterkirche St. Michael in Hildesheim, 11. Jahrhundert und die evangelische Markus-Kirche in Berlin, 19. Jahrhundert

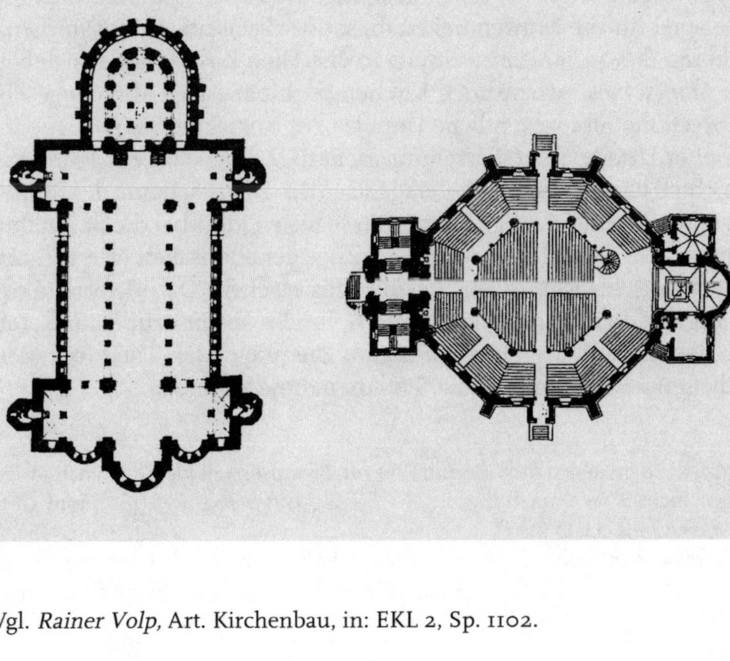

51. Vgl. *Rainer Volp,* Art. Kirchenbau, in: EKL 2, Sp. 1102.

Die versammelte Gemeinde wird in der Klosterkirche auf den Altarraum und die Gegenwart Christi in der Eucharistie ausgerichtet; der Klerus, der die kultische Handlung vollzieht, und die Laien sind in Apsis und Kirchenschiff getrennt. Die Kirche des 19. Jahrhunderts hat die feiernde Gemeinde zum Mittelpunkt, wozu auch Kanzel und das gepredigte Wort gehören. Die Trennung von Priestern und Kirchenvolk ist aufgehoben. Apsis und Alterraum wirken an das Oktaeder des Gottesdienstraumes wie angehängt. Die sakramentale Gegenwart Christi im Abendmahl steht der reformierten Theologie entsprechend nicht mehr im Zentrum.

Ziel des zweiten Schritts historischer Vergewisserung ist es demnach, die historisch-kritisch erschlossene, kirchengeschichtliche Tradition in systematisch-theologischer Weise als Wegweiser und als de facto bis heute prägende Theoriebildung unter der Perspektive unserer erkenntnisleitenden Frage für unsere Gegenwart neu zu verstehen. Wichtig ist dabei, möglichst viele Stimmen zu hören, die *für die herausgearbeitete Problematik* von Bedeutung sind. Auch dabei sind Nachprüfbarkeit und Transparenz gefragt, ohne sich freilich auf eine bestimmte Schule oder ein bestimmtes Zeitalter festlegen zu müssen. Weder die altprotestantische Orthodoxie noch mein gegenwärtiger »Lieblingstheologe« oder meine »Lieblingstheologin« sollten mein systematisch-theologisches Urteil ausschließlich bestimmen.

Auch das Verhältnis des Kirchenhistorikers und des Systematikers sollte durch wechselseitige Zusammenarbeit gekennzeichnet sein (vgl. zur Exgese S. 70; ein Beispiel für die Notwendigkeit dieser wechselseitigen Zusammenarbeit, es geht um den »arianischen Streit« in der Alten Kirche, findet sich bei *Christoph Markschies,* Arbeitsbuch Kirchengeschichte, 134). Kirchengeschichtliche Forschung gibt wesentliche Impulse zur Korrektur überkommener, eingefahrener Urteile. Neue Forschungsrichtungen wie etwa zur Frömmigkeitsgeschichte[52] können für unsere Frage nach der Durchsetzung der Kindertaufe in der Alten Kirche wichtige Erkenntnisse bieten, die über die Beurteilung der Kindertaufe als Zwangsmaßnahme im Zuge der politischen Anerkennung des Christentums im Römischen Reich[53] hinausgehen. Die historisch-kritische Sichtung des dogmengeschichtlichen Befundes kommt zudem unserem Ansatz entgegen, aus der Situation heraus die prägenden Theorieelemente zu erschließen und so zur eigenen Stellungnahme zu finden.

52. Vgl. dazu grundsätzlich *Berndt Hamm,* Frömmigkeit als Gegenstand theologiegeschichtlicher Forschung, in: ZThK 74 (1977), 464-497 (Lit.!) und *Christoph Markschies,* a.a.O., 123f.
53. So im wesentlichen *Karl Barth,* Kirchliche Dogmatik. Die Lehre von der Versöhnung IV, 4 (Fragment). Das christliche Leben. Die Taufe als Begründung des christlichen Lebens (Zürich 1967, (Studienausgabe) 1991), 185.

3.2 Der Weg der Vergewisserung – Systematisch-theologische Leitlinien und Stationen

Wenn wir die Kirchengeschichte auch im Sinne eines »ungeheuren Zustrom(s) an Erfahrung«[54] und einer Horizonterweiterung verstehen, so sind doch für eine systematisch-theologische Auswertung einige *Leitlinien und Orientierungspunkte* nötig, um sich nicht in den Weiten der 2000jährigen Geschichte zu verlieren. Daß die erkenntnisleitende Frage dabei so etwas wie ein »Kompaß« sein wird, hatten wir bereits gesagt.

Leitlinien

Drei Leitlinien sind zu verfolgen; in den kirchengeschichtlichen Ereignissen sind sie miteinander verwoben, es ist aber sinnvoll, sie für die Darstellung zu unterscheiden:[55]
(1) Die *dogmengeschichtliche Linie*, die diejenige kirchliche Lehre aufsucht, die als Bekenntnis oder in bekenntnisähnlicher Form *verbindliche Geltung* in der evangelischen Kirche erhalten hat. Dies ist die Entscheidung der Alten Kirche über die Einheit von Gott dem Schöpfer und Gott dem Erlöser (Trinitätslehre), über die Gottheit Christi (Christologie), weiterhin die reformatorische Grundentscheidung für die Rechtfertigung des Sünders allein aus Glauben um Christi willen und schließlich die Erkenntnis der Bekennenden Kirche (Barmen) über die für alles kirchliche Reden und Handeln allein maßgebliche Offenbarung Gottes in Jesus Christus.

(2) Die *theologiegeschichtliche Linie* mit *prägenden Schriften* von Kirchenvätern und Theologen wie Origenes, Augustin, Thomas von Aquin, Luther, Schleiermacher.

Zur Dogmen- und Theologiegeschichte: *Adolf von Harnack,* Lehrbuch der Dogmengeschichte, 3 Bde. (Tübingen (4) 1909/10) mehrfache Nachdrucke, zuletzt Tübingen 1990); *Reinhold Seeberg,* Lehrbuch der Dogmengeschichte, 4 Bde. in 5 Tl. (Leipzig (3.4.) 1922-1933, ND Darmstadt 1974); *Wolf-Dieter Hauschild,* Art. Dogmengeschichts-

54. Vgl. *Gerhard Ebeling,* Studium der Theologie. Eine enzyklopädische Orientierung, 81.
55. Zu dieser Unterscheidung vgl. *Christoph Markschies,* Arbeitsbuch Kirchengeschichte, 10. Vgl. auch die Literaturübersicht zu den einzelnen Forschungsrichtungen der Kirchengeschichte a.a.O., 156-160.

schreibung, in: TRE 9, 116-125; Handbuch der Dogmen- und Theologiegeschichte, unter Mitarbeit v. Gustav A. Benrath u.a. hrsg. v. Carl Andresen, 3 Bde. (Göttingen 1989, ND der Studienausgabe); ****Wolf-Dieter Hauschild,* Lehrbuch der Kirchen- und Dogmengeschichte, Bde. 1 und 2: Alte Kirche und Mittelalter, Reformation und Neuzeit (Gütersloh 1995/97); *Wolfgang A. Bienert*, Dogmengeschichte (GKT 5,1) (Stuttgart u.a. 1997); *zur Quellenfindung und zu wichtigen Quellenreihen* vgl. *Christoph Markschies*, Arbeitsbuch Kirchengeschichte, 44-84; *speziell zum evangelischen Dogmenverständnis* vgl. *Wolfhart Pannenberg*, Was ist eine dogmatische Aussage?, in: ders., Grundfragen systematischer Theologie. Gesammelte Aufsätze (Göttingen (3) 1979), 159-180; *Wilfried Joest*, Fundamentaltheologie. Theologische Grundlagen- und Methodenprobleme (ThW 11) (Stuttgart u.a. (3. durchges. und erg. Aufl.) 1988).

(3) Die *kirchengeschichtliche Linie* mit den Forschungsrichtungen etwa zur Frömmigkeits- und Sozialgeschichte. Sie ist besonders wichtig für eine historisch-kritische Einordnung verbindlicher Lehrentscheidungen und des Denkens prägender theologischer Lehrer (vgl. hierzu die Literaturübersicht bei *Christoph Markschies*, Arbeitsbuch Kirchengeschichte, 156-160).

Stationen

Diese drei Leitlinien sind in sechs Stationen zu verfolgen. Stationen, die von großem Gewicht sind, weil in den Zeiträumen, die sie markieren, heute noch wichtige Grundentscheidungen gefällt oder spezifisch theologische Denk- und Arbeitsformen entwickelt worden sind:[56]

(1) *Die Alte Kirche:* Die dort gefallenen Entscheidungen (insbesondere in der Trinitätslehre und in der Christologie, Nizäa 325, Chalkedon 451) stellen die gemeinsame Basis der drei großen Konfessionen, der katholischen, orthodoxen und evangelischen Kirche dar. Es entsteht die Auctoritas der Kirchenväter als Auslegung der Schrift und der apostolischen Väter unter dem Einfluß platonischer Philosophie.

56. Zur Frage der Periodisierung der Kirchengeschichte, auf die ich hier nicht eingehen kann, vgl. als erste Information *Christoph Markschies*, Arbeitsbuch Kirchengeschichte, 7-19 und aus systematisch-theologischer Perspektive zum »Paradigmenwechsel im Christentum« *Hans Küng*, Das Christentum. Wesen und Geschichte. Die religiöse Situation der Zeit (München 1994).

Auslegungen des Apostolikums bzw. Nizänums: *Karl Barth,* Credo. Die Hauptprobleme der Dogmatik dargestellt im Anschluß an das Apostolische Glaubensbekenntnis (München 1935); *John N. D. Kelly,* Altchristliche Glaubensbekenntnisse. Geschichte und Theologie (engl. 1950, Göttingen 1972, (2) 1993); *Josef Ratzinger,* Einführung in das Christentum. Vorlesungen über das Apostolische Glaubensbekenntnis (München 1968); *Wolfhart Pannenberg,* Das Glaubensbekenntnis. Ausgelegt und verantwortet vor den Fragen der Gegenwart (Gütersloh 1972, (6) 1995); *Jan M. Lochmann,* Das Glaubensbekenntnis. Grundriß der Dogmatik im Anschluß an das Credo (Gütersloh 1982); *Karl Lehmann, Wolfhart Pannenberg (Hgg.),* Glaubensbekenntnis und Kirchengemeinschaft. Das Modell des Konzils von Konstantinopel (381) (Diki 1) (Freiburg, Göttingen 1982); ****Hans Küng,* Credo. Das Apostolische Glaubenbekenntnis – Zeitgenossen erklärt (München, Zürich (2) 1992; TB 1995); *Reinhart Staats,* Das Glaubensbekenntnis von Nizäa-Konstantinopel. Historische und theologische Grundlagen (Darmstadt 1996).

Orthodoxe Theologie, Quellen/Einführungen: *Jannis Karmiris,* Dogmata et symbolica monumenta orthodoxae catholicae ecclesiae, 2 Bde. mit deutschem Hilfsbuch (Graz (2) 1968); ****Karl C. Felmy,* Orthodoxe Theologie. Eine Einführung (Darmstadt 1990).

(2) *Das Mittelalter:* An die Stelle der patristischen Auctoritas, des bloßen Anführens kirchlicher Autoritäten, tritt nun eine spezielle Art der Argumentation. Im Mittelalter wurden die ersten Universitäten gegründet, Theologie spielte dort eine herausragende Rolle. Scholastische Theologie entsteht in Anbindung an die wieder entdeckte aristotelische Philosophie. Viele Voraussetzungen u.a. für das Verständnis der Theologie als Wissenschaft sind damals gelegt worden (vgl. dazu *Ulrich G. Leinsle,* Einführung in die scholastische Theologie (Paderborn 1995)).

(3) *Die Reformation:* Diese Station ist aufgrund der reformatorischen Grundentscheidungen des solus christus (allein Christus), dem das sola scriptura (allein die Schrift), sola fide (allein der Glaube) und sola gratia (allein die Gnade) entspricht, immer aufzusuchen.

Reformatorische Bekenntnisschriften und -texte/Quellen: Die Bekenntnisschriften der evangelisch-lutherischen Kirche (Göttingen (11) 1992) (BSLK); ***Unser Glaube. Die Bekenntnisschriften der evangelisch-lutherischen Kirche, hrsg. v. Lutherischen Kirchenamt im Auftrag der VELKD. Bearb. v. Horst G. Pöhlmann (Gütersloh 1986, (3) 1991) (die Taschenbuchausgabe enthält die vollständigen und ungekürzten Texte der altkirchlichen Bekenntnisse, des Augsburger Bekenntnisses, der Apologie, der

Schmalkaldischen Artikel, des Traktats über die Gewalt und den Primat des Papstes, des Kleinen und Großen Katechismus und einen Auszug aus der Konkordienformel); *Wilhelm Niesel (Hg.)*, Bekenntnisschriften und Kirchenordnungen der nach Gottes Wort reformierten Kirche (Zürich (3) 1948, ND 1985) (BSKORK); Heidelberger Katechismus, hrsg. von Otto Weber (Gütersloh (5) 1996); Reformiertes Zeugnis heute. Eine Sammlung neuerer Bekenntnistexte aus der reformierten Tradition, hrsg. von Lukas Vischer (Neukirchen-Vluyn 1988).

Reformatorische Bekenntnisschriften und -texte/Einführungen: ***Leif Grane*, Die Confessio Augustana. Einführung in die Hauptgedanken der lutherischen Reformation (Göttingen 1970, (5) 1996); *Friedrich Mildenberger*, Theologie der Lutherischen Bekenntnisschriften (Stuttgart 1983); *Jan Rohls*, Theologie reformierter Bekenntnisschriften. Von Zürich bis Barmen (Göttingen 1987); *Horst G. Pöhlmann u.a.*, Theologie der lutherischen Bekenntnisschriften (Gütersloh 1996); *Gunther Wenz*, Theologie der Bekenntnisschriften der evangelisch-lutherischen Kirche. Eine historische und systematische Einführung in das Konkordienbuch. 2 Bde. (Berlin, New York 1996/98).

(4) *Die altprotestantische Orthodoxie (etwa 1560-1720):* Die gesamte kirchliche Tradition wird hier noch einmal zusammenfassend und in überragender Klarheit verarbeitet.

Die Lehre von den Heils- oder Gnadenmitteln (de mediis salutis) etwa mit ihren Lehren vom Wort Gottes als Gesetz und Evangelium, den Sakramenten Taufe und Abendmahl sowie der Kirche sind eine zusammenfassende Wiedergabe der reformatorischen Theologie und Rückgriff auf die Lehrbildungen seit der Alten Kirche. Zentrale dogmatische Einsichten der lutherischen Orthodoxie sind gesammelt in dem von vielen Generationen benutzten, beliebten und heute immer wieder aufgelegten Lehrbuch von Heinrich Schmid; den einzelnen Loci (Themen) der Schmidschen Dogmatik sind kurze Übersichten vorangestellt (§ 50, S. 319), die zeigen, in welchem Zusammenhang und mit welchen Prämissen Taufe traditionell behandelt wird:

Abb. 9
»Theologische Landkarte«
De mediis salutis – Über die Heilsmittel[57]

»Der Heilige Geist bedient sich **äußerer und sichtbarer Mittel**, durch die er die oben beschriebenen Wirkungen auf die Menschen [Glaube, Rechtfertigung und Heiligung] hervorbringt und diesen das Heil in Christo aneignet; und nur da dürfen wir eine Wirkung mit Gewißheit als vom Hl. Geist stammend betrachten, wo sie durch solche äußere Mitteln an uns gekommen ist« (319).

Diese Mittel sind:
Wort Gottes
Wirksamkeit: übernatürliche Kraft, da der Heilige Geist zum menschlichen Wort hinzutritt.
Einteilung:

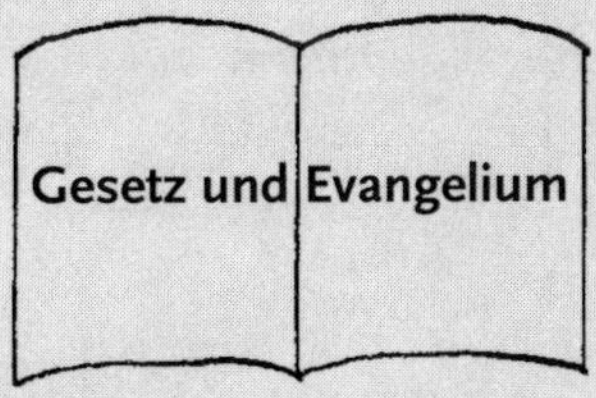

(I. Teil der Lehre)

und Sakramente
»Eine heilige, von Gott angeordnete Handlung, in der mittelst eines äußeren und sichtbaren Zeichens die Heilsgnade dem Menschen zugeteilt oder der Mensch, wenn er sie schon besitzt, derselben vergewissert wird« (332).
Voraussetzungen: 1. Einsetzung durch Jesus 2. ausgeteilt und empfangen entsprechend der Anordnung 3. nur an die, die zur Kirche gehören oder durch das Sakrament in diese aufgenommen werden.

57. Vgl. *Heinrich Schmid,* Die Dogmatik der evangelisch-lutherischen Kirche dargest. u. aus d. Quellen belegt, 319-369. In diesem Zusammenhang ist auch auf die sehr guten Schaubilder von *Christofer Frey* zu verweisen, die seinem Studienbuch zur Dogmatik (*ders.,* Dogmatik. Ein Studienbuch mit 17 großformatigen Arbeitsblättern in einer Mappe (Gütersloh 1977, 3., erg. und überarb. Aufl. 1993) und seinem Repetitorium der Dogmatik (*ders. u.a. (Hgg.),* Repetitorium der Dogmatik mit einem Anhang zur Ethik (Bochum 1992, (5) 1995)) beigegeben sind.

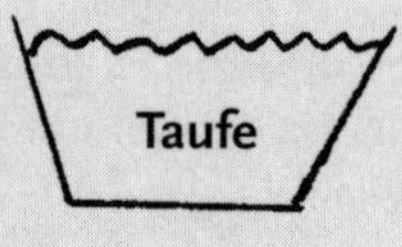

(II. Teil der Lehre)

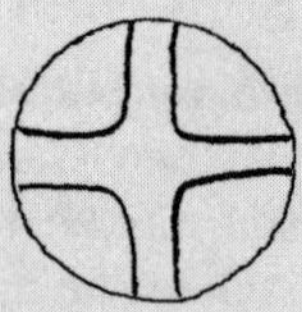

Abendmahl

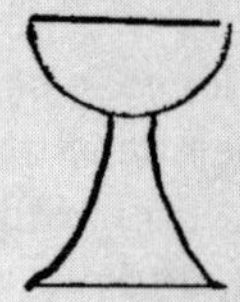

»Alle diejenigen, die durch diese Mittel des Heiles in Christo teilhaftig geworden sind, bilden eine Gemeinschaft, die wir die

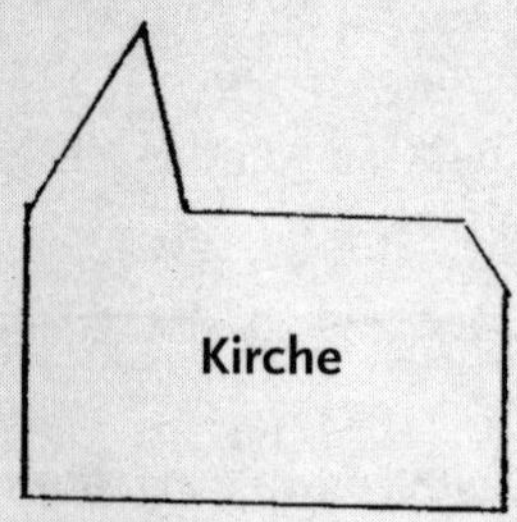

nennen« (319). (III. Teil der Lehre)

Quellensammlungen Reformation und altprotestantische Orthodoxie: *Heinrich Schmid,* Die Dogmatik der evangelisch-lutherischen Kirche dargest. u. aus d. Quellen belegt. Neu hrsg. und durchges. von Horst G. Pöhlmann (1. Aufl. 1843; Gütersloh (11) 1990); ****Emanuel Hirsch*, Hilfsbuch zum Studium der Dogmatik. Die Dogmatik der Reformatoren und der altevangelischen Lehrer quellenmäßig belegt und verdeutscht (1937, Berlin (4) 1964); *Heinrich Heppe, Ernst Bizer (Hgg.),* Die Dogmatik der evangelisch-reformierten Kirche, dargestellt und aus den Quellen belegt (Neukirchen 1958).

(5) *Die Aufklärung:* Die europäische Philosophie der Aufklärung des 18. Jahrhunderts hat die Entwicklung von Christentum und Kirche wohl am tiefgreifendsten beeinflußt. Dadurch sind alle Grundentscheidungen früherer Jahrhunderte noch einmal in ein neues Licht getreten.

Auf den fünf »Säulen« des aufgeklärten Denkens:
- Autoritätskritik,
- Vernunftsoptimismus,
- Fortschrittsprozeß,
- Mündigkeit des autonomen Menschen und
- der allein praktischen Funktion der Religion

beruht bis heute – trotz aller Kritik an der (aufklärerischen) Kritik – unser europäisches Selbstverständnis.

(6) *Die Theologie des 19. Jahrhunderts:* Unter dem Anstoß von außen, der Aufklärung, bilden sich außerordentlich vielfältige Theolog*ien*. Besonders hervorzuheben ist die Schleiermachersche Theologie, die Vorläufer wichtiger systematisch-theologischer Entwürfe des 20. Jahrhunderts ist, sei es, daß man sie mit der dialektischen Theologie in der ersten Hälfte unseres Jahrhunderts leidenschaftlich ablehnt, sei es, daß man heute wieder an sie anknüpft.[58]

Darstellungen der Theologiegeschichte nach der Aufklärung und im 19. Jahrhundert: *Karl Barth,* Die protestantische Theologie im 19. Jahrhundert. Ihre Vorgeschichte und ihre Geschichte (Zürich 1947, (6) 1994); *Friedrich Mildenberger,* Geschichte der evangelischen Theologie im 19. und 20. Jahrhundert (ThW) (Stuttgart u.a. 1981); *Hendrikus Berkhof,* 200 Jahre Theologie. Ein Reisebericht (Neukirchen-Vluyn 1985); ****Wolfhart Pannenberg,* Problemgeschichte der neueren evangelischen Theologie in Deutschland. Von Schleiermacher bis zu Barth und Tillich (Göttingen 1997); *Jan Rohls,* Protestantische Theologie der Neuzeit. Bd. 1: Die Voraussetzungen und das 19. Jahrhundert (Tübingen 1997).

3.3 Wie es geht – ein Durchgang am Beispiel der Kindertaufe

Überblick

Wie kann dieser systematisch-theologische Gang durch die Kirchengeschichte konkret aussehen, was heißt dies angewandt auf eines unserer anfangs genannten Beispiele? Es muß für diesen Durchgang vorausge-

58. So z.B. *Falk Wagner,* Zur gegenwärtigen Lage des Protestantismus (Gütersloh (2) 1996); vgl. auch die Übersicht zu heutigen systematisch-theologischen Denkansätzen S. 93-99.

schickt werden, daß es sich hier nicht um ein in allen Stationen oder in jeder Linienführung zu absolvierendes Maximalprogramm handelt. Vielmehr ist nötig, je nach dem durch die Problempräzisierung gesetzten Schwerpunkt das Bedeutsame auszuwählen. Im folgenden Abschnitt gebe ich Hilfsmittel an die Hand, die die Auswahl der wichtigen Zeugen ermöglichen und erleichtern. Wie wurde also die Kindertaufe im Laufe ihrer Geschichte gerechtfertigt, was wurde schon früher gegen sie eingewandt? Ein differenzierteres Bild soll dadurch entstehen, daß wir neben der heutigen breiten Front aus Gegnern (Pietisten, Baptisten, säkularen Zeitgenossen und auch vielen Theologen an Hochschulen) die Befürworter und Gegner der Vergangenheit zu Wort kommen lassen. Grundregel der Interpretation ist, die Zeugnisse zunächst einmal »in optimam partem« zu deuten und zu erschließen; wichtig ist nicht nur, *was* gesagt wird, sondern auch, *wie* es in seinem konkreten historischen Kontext gemeint sein könnte.[59]

(1) Eine *erste Station* wäre gewiß die Tauf*praxis* der Alten Kirche. Die Schriften eines der bedeutendsten lateinischen Kirchenväter, Tertullian (ca. 160-220), sind eine reiche Quelle für das Christentum seiner Zeit. Seine Schrift »de baptismo« (Lehre von der Taufe, BKV = Bibliothek der Kirchenväter, Tertullian 1, 274-299 (Kempten 1869-1888, (2) 1911-1938)), die er vor seiner Bekehrung zum Montanismus verfaßt hat, enthält einen scharfen Angriff auf die damals schon verbreitete Praxis der Kindertaufe. Hier wurden bereits viele auch heute noch gebrauchte Argumente vorgebracht. Weitere Quellen für die altkirchliche Taufpraxis finden sich z.B. bei *Kurt Aland,* Die Säuglingstaufe im Neuen Testament und in der alten Kirche. Eine Antwort an Joachim Jeremias (TEH 86) (München 1961, (2) 1963) (über Tertullian S. 36-44). Neuere Forschungen zur Frömmigkeitsgeschichte sind heranzuziehen, etwa zur Frage, warum christliche Eltern schon damals ihre Kinder haben taufen lassen. Andererseits kannte die Alte Kirche auch die Praxis, die Taufe bis zum Lebensende zu verschieben.

59. Um dieser Regel zum Durchbruch zu verhelfen, hat es sich in meinen Lehrveranstaltungen als sinnvoll erwiesen, in einer etwa 45 minütigen Podiumsdiskussion Theologiestudierende selbst einmal eine kirchengeschichtliche Rolle übernehmen zu lassen; zur Auswahl standen Tertullian, Augustin, Luther, Zwingli, Calvin, ein Täufer, ein Trienter Konzilstheologe, Kant oder Schleiermacher. Die Podiumsdiskussion hatte ein festes Thema, vier bis fünf wieder zum Leben erweckte Persönlichkeiten der Kirchengeschichte als Teilnehmer und wurde von einem(r) Moderator(in) geleitet. Die Intensität der Vorbereitung auf das Proseminar und die Gesprächsfähigkeit der Studierenden wurde dadurch sehr gefördert.

(2) Die *zweite Station* ist – wie bei sehr vielen dogmatischen Fragen – die *Theologie Augustins* (354-430). Der Bischof von Karthago argumentierte im Streit mit den Anhängern des Pelagius, daß allein die Taufe die Erbsünde tilge. Er formulierte theologisch klar, was in der damaligen Taufpraxis implizit mit gewußt wurde, und belegte somit die Heilsnotwendigkeit der Kindertaufe (vgl. *Aurelius Augustin*, Das Handbüchlein. De Fide, Spe et Charitate. Übertragen und erläutert von Paul Simon (Paderborn (2) 1962), Nr. 42-53 und Augustins Schrift »De baptismo«). In diesen Schriften wurden wesentliche Grundbegriffe der Sakramentstheologie und Grundmerkmale einer Tauftheologie entwickelt.

(3) Mit dem *Reformationszeitalter* kamen die theologischen Grundentscheidungen für die Kindertaufe in der Auseinandersetzung mit den Täufern noch einmal auf den Prüfstand. Luthers (BSLK 700, 47ff.), Zwinglis (Rechenschaft vom Glauben: Fidei Ratio ad Carolum V. (3. Juli 1530)[60]) und Calvins (Institutio IV, 16, 1-32; vgl. auch im Heidelberger Katechismus die Fragen 70, 73 und vor allem 74) Begründung der Kindertaufe sind zusammen mit den Argumenten ihrer Gegner (vgl. die Texte des Täufers Balthasar Hubmaier, 1485-1528[61]) zu untersuchen.

Folgende ***Lexika, Handbücher, Gesamtdarstellungen*** geben grundlegende Informationen zu den mit der Reformation entstehenden anderen ***Konfessionen*** und ***Freikirchen:*** Handbuch religiöse Gemeinschaften: Freikirchen, Sondergemeinschaften, Sekten, Weltanschauungen, missionierende Religionen des Ostens, Neureligionen, Psycho-Organisationen, für den VELKD-Arbeitskreis Religiöse Gemeinschaften im Auftrage des Lutherischen Kirchenamtes hrsg. v. *Horst Reller* (Gütersloh 1978, (4., völlig überarb. u. erw. Auflage) 1993); *Hanfried Krüger u.a. (Hgg.)*, Ökumene-Lexikon. Kirchen – Religionen – Bewegungen (Frankfurt/M. (2) 1987); ****Reinhard Frieling u.a.*, Konfessionskunde (GKT 5,2) (Stuttgart u.a. 1998).

60. Ein Auszug des Textes ist abgedruckt in: Kirchen- und Theologiegeschichte in Quellen. Ein Arbeitsbuch hrsg. von Heiko A. Oberman u.a., Bd.III: Die Kirche im Zeitalter der Reformation. Ausgewählt und kommentiert von H. A. Oberman (Neukirchen-Vluyn (3) 1988), 171f. (Lit.!).
61. Texte dieses ersten Fachtheologen unter den Täufern finden sich in: Kirchen- und Theologiegeschichte in Quellen. Bd. III, 123-126.

(4) Den besten Vergleich mit der katholischen Sicht bietet in diesem Falle nicht Thomas von Aquin (1224-1274), sondern das große, auf Reformation und neue Herausforderungen reagierende *Reformkonzil in Trient* (1545-1563). Hier präzisierte die katholische Kirche ihre Lehre im Blick auf die täuferischen und reformatorischen Anfragen (DH 1514 und DH 1625-1627).

Katholische Lehrentscheidungen, Quellentexte: *Heinrich Denzinger,* Enchiridion symbolorum definitionum et declarationum de rebus fidei et morum – Kompendium der Glaubensbekenntnisse und kirchlichen Lehrentscheidungen. Lateinisch-Deutsch. Hrsg. von Peter Hünermann (Freiburg u.a. (37) 1991); Katechismus der Katholischen Kirche (München u.a. 1993).

Katholische Fundamentaltheologie, Dogmatik, Darstellungen der Konzilsgeschichte zur Erläuterung der Lehrentscheidungen: *Ludwig Ott,* Grundriß der katholischen Dogmatik (Freiburg u.a. 1959, (10., mit Literaturnachträgen) 1981); *Hubert Jedin,* Kleine Konziliengeschichte (Freiburg (3) 1981); ****Wolfgang Beinert,* Dogmatik studieren. Einführung in dogmatisches Denken und Arbeiten (Regensburg 1985; eine ausgezeichnete Einführung, Lit.!); *Hans Waldenfels,* Kontextuelle Fundamentaltheologie (Paderborn (ND der 2., durchgeseh. und erg. Aufl. 1988) 1994); Glaubenszugänge. Lehrbuch der katholischen Dogmatik, 3 Bde., hrsg. v. Wolfgang Beinert (Paderborn 1995); *Otto H. Pesch,* Das Zweite Vatikanische Konzil. Vorgeschichte, Verlauf, Ergebnisse, Nachgeschichte (Würzburg (4) 1996); *Gerhard L. Müller,* Katholische Dogmatik. Für Studium und Praxis der Theologie (Freiburg u.a. 1996).

(5) Die großkirchliche Bestätigung der Kindertaufe wurde nicht mehr »von innen«, sondern mit der *Aufklärung* »von außen« hinterfragt. Immanuel Kants (1724-1804) klassische und in ihren Grundgedanken das Allgemeinbewußtsein bis heute prägende Schrift »Die Religion innerhalb der Grenzen der bloßen Vernunft« (1793/94) wäre hier zu lesen (vgl. insbesondere den Abschnitt »Vom Afterdienst Gottes in einer statutarischen Religion«, in: *Immanuel Kant,* Die Religion innerhalb der Grenzen der bloßen Vernunft. Hrsg. von Wilhelm Weischedel (1794, Frankfurt/M. 1982), 838-879).

(6) Im *19. Jahrhundert* reagierte vor allem Friedrich Schleiermacher (1768-1834) mit seiner Glaubenslehre auf die Kritik von »innen« und »außen« (vgl. *Friedrich Schleiermacher,* Der christliche Glaube nach den Grundsätzen der evangelischen Kirche im Zusammenhange dargestellt (Berlin (2) 1831 (1960), § 108,4 und § 138). Sowohl vom Herrenhuter Pietismus als

auch von der Aufklärung geprägt, gibt der Berliner Theologe eine eigene Antwort auf die uns interessierende Frage.
Damit könnten anhand weniger Quellentexte Bestreitungen der Kindertaufe (Tertullian, Täufer, Kant) und Begründungsversuche (Augustin, Luther, Zwingli, Calvin, Schleiermacher) aus Kirchen- und Geistesgeschichte erschlossen werden. Vielleicht werden auch die zu untersuchenden *biblischen Belegstellen vermehrt,* weil man mit Tertullian etwa 1 Kor 7,14 (die Heiligung des ungläubigen Mannes/der ungläubigen Frau durch den gläubigen Ehepartner) auf die Kinder bezieht und so die Notwendigkeit ihrer Taufe leugnet oder weil man die Kindertaufe mit der reformierten Tradition in Analogie zur alttestamentlichen Beschneidung begründet (Gen 17,14 und Kol 2,11-13 als Belegstellen in Frage 74 des Heidelberger Katechismus). Wenn wir uns den kirchengeschichtlichen Befund vergegenwärtigen, dann merken wir, wie z.B. augustinische Denkkategorien und Grundbegriffe *unsere Taufpraxis heute prägen.* So wie die mittelalterliche Klosterkirche in Hildesheim steingewordene Theologie darstellt, so hat augustinisches Denken in der Praxis und dem Handlungsvollzug der Taufe Gestalt gewonnen. Die entscheidende Frage für den, der noch nicht den kirchengeschichtlichen Überblick hat, lautet aber: *Wie finde ich heraus, wer zu den bis heute prägenden und bedeutsamen Zeugen gehört?*

Zur Vorgehensweise

Verschiedene Wege bieten sich an; der zunächst genannte ist wohl der einfachste und am leichtesten gangbare.

(1) *Über Lexika, Lehrbücher, Repetitorien, Quellensammlungen:* Die Lexika (RGG, LThK, TRE, EKL, LeKD) bieten in den Artikeln zur Taufe (oft mit eigenen dogmengeschichtlichen Abschnitten) die Hauptzeugen der Tradition und nennen weiterführende Stellen. Das gilt auch für Monographien bzw. Lehrbücher zum Thema, so z.B. *Ulrich Kühn,* Sakramente (HST 11) (Gütersloh 1985, (2) 1990); für die katholische Theologie: *Franz Courth,* Die Sakramente. Ein Lehrbuch für Studium und Praxis der Theologie (Freiburg u.a. 1995). Hilfreich sind weiterhin die auf Vollständigkeit der maßgeblichen Zeugen angelegten Repetitorien, insbesondere das von Christofer Frey u.a., Repetitorium der Dogmatik (mit einem Anhang zur Ethik) (Bochum 1992, (2) 1993) mit einem eigenen Abschnitt »Problembearbeitung«. Sehr übersichtlich ist auch das katholische Lehrbuch von *Ludwig Ott,* Grundriß der katholischen Dogmatik (Freiburg u.a. 1959, (10., mit Li-

teraturnachträgen) 1981). Dogmatiken wählen manchmal sehr selektiv aus und bieten für die wenigen zitierten Zeugen der Tradition oft keine weiterführenden Stellenangaben. Katholische Theologen geben eine Quellensammlung mit Texten zur Theologie heraus (vgl. *Wolfgang Beinert, Gerfried W. Hunold, Karl H. Weger (Hgg.),* Texte zur Theologie (Köln 1989ff.); erschienen sind die Bände: Religionskritik, Jesus der Offenbarer, Gotteslehre, Schöpfungslehre, Christologie, Ekklesiologie I und II, Mariologie, Heiliger Geist, Gnadenlehre I und II, Sakramentenlehre. Entsprechende Textsammlungen liegen für die evangelische Theologie vor: »Rechtfertigung« als Grundbegriff evangelischer Theologie. Hrsg. von Gerhard Sauter (TB 78) (Gütersloh 1989); »Versöhnung« als Thema der Theologie. Hrsg. von Gerhard Sauter unter Mitarbeit von Heinrich Assel (TB 92) (Gütersloh 1997). Die in Lexika und Repetitorien/Kompendien aufgefundenen Informationen sind jedoch sehr knapp. Wer fundiert urteilen will, der sollte Quellentexte lesen und neueste kirchengeschichtliche Forschungsergebnisse konsultieren. Nur so bekommt man den vollen Ertrag und kann eingefleischte (Vor-)Urteile korrigieren.

(2) *Über Spezialuntersuchungen:* Man sollte sich aber nicht mit der in Artikeln und Repetitorien angegebenen offiziellen »Ahnenreihe« zufrieden geben, sondern selber schöpferisch forschen und fragen, wer für die eigene Problemstellung weiteren Ertrag bieten könnte. Der Kantsche Text und Schleiermachers Glaubenslehre werden üblicherweise nicht genannt. Hinweise für weitere hilfreiche Zeugen bieten Monographien (die nicht nur dem Fach Dogmatik oder Kirchengeschichte entstammen müssen, so z.B. *Christian Grethlein,* Taufpraxis heute. Praktisch-theologische Überlegungen zu einer theologisch verantworteten Gestaltung der Taufpraxis im Raum der EKD (Gütersloh 1988)) und die in den Übersichten zu neuen kirchengeschichtlichen Forschungsrichtungen angegebenen Werke (vgl. *Christoph Markschies,* Arbeitsbuch Kirchengeschichte (Tübingen 1995), 156-160). Für unseren besonders interessanten Forschungszeitraum der Alten Kirche empfiehlt sich weiterhin die große Bibliographie L'Année Philologique. Bibliographie critique et analytique de l'antiquité gréco-latine (Paris, 1 [1924/1928] TRE: AnPh).

(3) *Über die im jeweiligen Problemzusammenhang zentralen Bibelstellen:* Interessant ist dabei, wie bestimmte biblische Vorstellungen – etwa die Schriftstelle mit der oikos-Formel – in der Alten Kirche verstanden wurden (vgl. dazu die Angaben in: Centre d'analyse et documentation Patristiques, Biblia Patristica. Index des citations et allusions Bibliques dans la littérature patristique Vol. I-V (Paris 1975-1991)). Auch die Bibelstellenregister in

Dogmatiken können weiterhelfen. Die RGG^3 enthält zu allen Artikeln der biblischen Bücher Auslegungsgeschichte.

(4) *Über zentrale dogmengeschichtliche Begriffe:* Mit dogmatischen Themen sind oft Begriffe verbunden, die in einer bestimmten Zeit geprägt wurden. Bestimmte theologische Vorstellungen (Theologumena) können anhand der Begriffsregister in ihre Entstehungszeit bzw. in die Zeiten, in denen sie erneut überprüft wurden, zurückverfolgt werden (vgl. dazu die umfassenden Register im Lexikon der katholischen Dogmatik, 580-594, *Otto Weber,* Grundlagen der Dogmatik, Bd. 2 (Neukirchen-Vluyn 1962, (7) 1987), Sachregister 793-804, lat. und griech. Termini 805-808 und *Carl Andresen,* Handbuch der Dogmen- und Theologiegeschichte, Bd. 3 (Göttingen 1984), 613-652). Die Auswahl der Begriffe und der Umfang der Register sind unterschiedlich; man sollte also verschiedene Register konsultieren, um den gesuchten Begriff auch zu finden. Viele Werkausgaben wiederum (z.B. von Thomas von Aquin, Zwingli, Luther) und auch die lutherischen Bekenntnisschriften (BSLK) sind mit umfangreichen Begriffsregistern erschlossen.

Fragen/Aufgaben

1. Warum sind Dogmen- und Theologiegeschichte zu unterscheiden? Was bietet die Frömmigkeitsgeschichte für die systematisch-theologische Bewertung der Tradition?
2. Stellen Sie die »Stationen« und Hauptzeugen der Kirchengeschichte zusammen, die für unser Beispiel aus der Diakonie (vgl. oben S. 45-48) besonders wichtig sind?
3. In welcher Zeit wurde der Begriff »Zwischenzustand« theologisch geprägt, was ist mit diesem Begriff gemeint? Schlagen Sie dazu im Sachregister des Lexikons der katholischen Dogmatik nach.
4. Welcher Theologe hat den Begriff »verbum visibile« – (»sichtbares Wort«) gebraucht? Was bedeutet er im Blick auf die Taufe? Nutzen Sie die Übersicht der Fachtermini bei Otto Weber, Grundlagen der Dogmatik. Bd. II.

4. Die systematisch-theologische Fachdiskussion

Erst jetzt erreichen wir auf unserem Weg die eigentlich dogmatische Fachdiskussion. Warum so spät? Wir haben methodisch Mühe verwandt, um die *eigene Ausgangsituation* und die eigene Problemlage zu klären. Die Aufgabe bestand darin, zentrale Begriffe zu bestimmen und eine erkenntnisleitende Frage zu formulieren. So ausgerüstet haben wir versucht, den *historisch-kritischen Befund der Schrift und der Kirchengeschichte* in Wahrnehmung von Korrelation und Konfrontation zu erschließen. Konsequent und methodisch geleitet wurde die *eigene Fragestellung* verfolgt. Wir sind den Weg abgegangen, der etwa dem organischen Aufbau einer Examensklausur entspricht oder formallogisch bei der Urteilsbildung in der gemeindlichen Praxis eingeschlagen werden müßte.
Die *dogmatische Fachdiskussion* sollte jetzt mit ihren Beiträgen herangezogen werden. *Verdichtet* findet sich in dieser Diskussion auch unser bisheriger Weg wieder: von einer gegebenen Problemsituation her werden geleitet von Schrift und Tradition Lösungsvorschläge erarbeitet. Nur: die dogmatische Diskussion hat ihre spezifische Fragestellung, die nicht die unsere sein muß bzw. sich von der unseren unterscheiden kann.

4.1 Systematische Theologie im 20. Jahrhundert – eine Orientierung

Wie erarbeitet man nun die dogmatische Fachdiskussion unter der Perspektive einer *eigenen* erkenntnisleitenden Frage? Hier gilt es zunächst, Orientierung zu gewinnen in dem ganzen Feld systematisch-theologischer Entwürfe. Im folgenden wird dazu ein Überblick geboten, der sich an prägnanten Momenten theologischer Grundströmungen des 20. Jahrhunderts ausrichtet. Damit wird nicht der vermessene Anspruch erhoben, abschließend eine letztgültige Systematik dogmatischer Entwürfe nach Schleiermacher vorzulegen. Mir schwebt auch keine »Typologie ... [des] dogmatischen Denkens«[62] vor. Diese setzt nach meinem Verständnis schon das gesamte, fertige »Lehrgebäude« voraus, das mit wenigen Merkmalen im Ganzen skizzenhaft erst vor Augen geführt werden soll. Ich versuche, »*Orientierungswissen*« zu vermitteln, indem ich auf den *Impuls am Anfang, die Frage oder die Fragen, die Ausgangslage und -problematik* des jeweili-

62. Vgl. dazu *Wolfgang Beinert*, Dogmatik studieren. Einführung in dogmatisches Denken und Arbeiten (Regensburg 1985), 97-130 (»Kleine Typologie heutigen dogmatischen Denkens«).

gen Theologen bzw. der jeweiligen Theologin eingehe. Damit stehe ich noch am besser greifbaren Anfang des jeweiligen systematisch-theologischen Denkens und nicht an dessen komplexem Ende mit dem fertigen Entwurf. Eine Aussage zu verstehen, heißt zu erschließen, auf welche Frage sie eine Antwort sein will (Hans-Georg Gadamer). In der Systematischen Theologie des 20. Jahrhunderts scheinen mir dafür vor allem drei Formen des Bezuges von Frage und Antwort von besonderer Bedeutung.
Am Ende dieses Abschnitts will ich dann zeigen, wie unser Beispiel der Kindertaufe in der aktuellen Fachdiskussion weiterverfolgt werden könnte.

Theologie als Antwort auf die Krise des Krieges

Es ist nicht schwer zu bestimmen, wann die Theologie des 19. zu Ende und die des 20. Jahrhunderts begonnen hat. Jene endet und diese beginnt mit dem Ersten Weltkrieg. Der Epochenumbruch ist vor allem verbunden mit dem Namen *Karl Barth*, später auch dem *Paul Tillichs*. Die aktuelle dogmatische Fachdiskussion im deutschsprachigen Raum beginnt tatsächlich im Jahre 1914.
Für den *Schweizer reformierten Theologen* kann dieser Umbruch ziemlich genau datiert werden: er beginnt mit einem »Aufruf«, dem »Manifest der 93 deutschen Intellektuellen« am Anfang des Weltkriegs;[63] unter den Wissenschaftlern sind Karl Barths »bis dahin gläubig verehrte theologische Lehrer«. Eine »Götterdämmerung« erlebt der Schweizer Pfarrer, als er studierte, wie Harnack, Herrmann, Rade, Eucken und andere sich zu der neuen Lage stellten, wie Religion und Wissenschaft »restlos sich in geistige 42 cm Kanonen« verwandelt hatten.[64] Wenn in einer so entscheidenden Phase des Krieges die Lehrer der Kirche versagen, dann kann – so Barth – etwas mit ihrer ganzen Theologie nicht stimmen. 1918, als die wilhelminische Politik, Kultur und Gesellschaft vollends zusammenbricht, ist für ihn auch der damalige Kulturprotestantismus am Ende. Barths Auslegung des Römerbriefs erscheint. Gott wird als der ganz An-

63. Text bei *Wilfried Härle,* Der Aufruf der 93 Intellektuellen, in: ZThK 72 (1975), 207-224.
64. Zit. nach *Eberhard Busch,* Karl Barths Lebenslauf. Nach seinen Briefen und autobiographischen Texten (München 1975, (3) 1978), 93; vgl. dazu neuerdings auch die großartige, historisch einordnende Darstellung der Theologie Barths bei *Karl-Josef Kuschel,* Geboren vor aller Zeit? Der Streit um Christi Ursprung (München, Zürich 1990), 71-153 (»Christologie – ›abfließendes Gletscherwasser‹ nicht ›stehende Lagune‹: Karl Barth«).

dere, jenseits von Kultur und Gesellschaft verstanden. Gottes Offenbarung ist – wie Barth später in seiner Kirchlichen Dogmatik schreibt – gerade die Krise menschlicher Religion.

Einen ähnlich tiefgreifenden Umbruch erlebt *der deutsche lutherische Theologe Paul Tillich* – er ging noch als Kriegsfreiwilliger begeistert an die Front; mit den grausamen Materialschlachten von Verdun bricht auch für ihn eine Welt zusammen, und er erkennt die Notwendigkeit, neu zu beginnen. Theologisch anders als Barth will Tillich jedoch durch seine Methode der Korrelation von menschlicher Frage und göttlicher Antwort in der Offenbarung menschliche Kultur und göttliche Offenbarung aufeinander beziehen. Vor allem Barths Denken setzt sich in der Weimarer Republik und vor allem durch seine entschiedene Kritik des Dritten Reichs immer mehr durch. Nach 1945 wird auch die Theologie des 1933 nach Amerika emigrierten Paul Tillich in Deutschland stark rezipiert.

Beide, Barth und Tillich, haben *prägenden Einfluß* auf die *theologische,* weniger auf die strukturell-kirchliche Entwicklung in Deutschland. Nach dem Zweiten Weltkrieg ist es gerade ihr Denken, das in der Pfarrerschaft und in vielen öffentlichen Äußerungen der EKD Niederschlag findet. Der Vergleich kann gewagt werden: Ihr Denken wird zum »theologischen Betriebssystem« in der EKD; immer wieder kann man auf von ihnen inspirierte Vorstellungen treffen.

Auch wenn sich danach und daneben, wie zu zeigen ist, andere theologische Denksysteme entwickelt haben, so ist es doch richtig, von der Dominanz dieser beiden in der deutschsprachigen Theologie zu reden. Wer viele theologische, insbesondere politische Aufassungen etwa in Denkschriften der EKD verstehen will, muß die Grundzüge der Theologie dieser beiden Theologen kennen. *Daneben* sind vor allem die lutherischen, konservativen Theologen Paul Althaus (1888-1966; Hauptwerk: »Die christliche Wahrheit«) und Werner Elert (1885-1954, Hauptwerk: »Der christliche Glaube«) zu nennen. *Danach* hat sich in Anknüpfung und kritischer Weiterführung, aber auch in entschiedener Ablehnung vieles entwickelt. Barth und Tillich lieferten jedoch im gewissen Sinne die Grundlagen, auf denen »weiterführende Software« aufgebaut werden kann oder bei denen es eine »Inkompatibilität« gibt.

Die herausragende Bedeutung dieser beiden Theologen (neben Althaus und Elert) im theologischen Selbstverständnis der Evangelischen Kirche in Deutschland spiegelt sich z.B. in dem auf 16 Bände angelegten »Handbuch Systematischer Theologie« (HST), hrsg. von *Carl H. Ratschow* (Gütersloh 1979ff.) wider. Die Diskussion im 20. Jahrhundert wird dort in der Regel folgendermaßen erschlossen: nach den Hauptlinien reformatorischer Theologie werden die Dogmatiken von Paul Althaus (oder Werner Elert), Paul Tillich und Karl Barth (oder Otto Weber) vorgestellt, um schließlich das behandelte Thema in gegenwärtiger Verantwortung aufzugreifen. Bisher erschienen sind die Bände »Theologie« (Oswald Bayer), »Gesetz und Evangelium« (Albrecht Peters), »Jesus Christus« (Carl H. Ratschow), »Schöpfung« (Christian Link), »Der Mensch« (Albrecht Peters), »Kirche« (Ulrich Kühn), »Sakramente« (Ulrich Kühn), »Rechtfertigung« (Albrecht Peters), »Glaube« (Martin Seils), »Hoffnung und Vollendung« (Friedrich Beißer), »Die Religionen« (Carl H. Ratschow), »Das Wunderbare« (Ulrich Mann).

Mit Barth und Tillich war eine Theologie entstanden, die deutlich zeigte, wie theologisches Denken vor allem dann verstanden wird, wenn man sich die geistesgeschichtliche Herausforderung und Fragestellung vergegenwärtigt. Deshalb sind beide Theologen am besten zu erschließen und zu verstehen, wenn man sich ihnen biographisch nähert (vgl. dazu *Eberhard Busch,* Karl Barths Lebenslauf. Nach seinen Briefen und autobiographischen Texten (München 1975, (3) 1978) und *Gerhard Wehr,* Paul Tillich in Selbstzeugnissen und Bilddokumenten (Reinbek bei Hamburg 1979)).

Weitere leichtverständliche Einführungen in die Systematische Theologie: *Heinz Zahrnt,* Die Sache mit Gott. Die protestantische Theologie im 20. Jahrhundert (München 1966, (2) 1990); Lust an der Erkenntnis. Die Theologie des 20. Jahrhunderts. Ein Lesebuch hrsg. und eingel. v. Karl-Josef Kuschel (München, Zürich 1986, überarb. NA 1994).

Theologie als Antwort auf innertheologische Streitfragen

Neben den – vor allem – zeitgeschichtlichen Fragen und Antworten sind aber auch die innertheologischen Fragen und die Antworten zu beachten: Um welches Problem geht es dem Autor, der Autorin, welche Ausgangsfrage wird gestellt?[65] Die als geistesgeschichtliche Erfahrung thematisierte Theismus-Kritik am allmächtigen, absoluten Gott, die in die *Gott-ist-tot-Theologie* mit unterschiedlichen Begründungen[66] mündete, wurde für manche Theologen zum Impuls, den christlichen, *trinitarischen* Gottesbegriff biblisch neu zu begründen. Als Beispiel führe ich hier Eberhard Jüngels Denken an:

Abb. 10
Skizze zur Neubegründung der Trinitätslehre bei Eberhard Jüngel[67]

A. Gegenwartsanalyse und Problem:
»Gott ist tot.« Das heißt: Gott ist weltlich nicht notwendig (19). Der *theistische* Gottesgedanke und sein Axiom von der Absolutheit Gottes erwecken den Widerstand des Menschen. Absolute Wesen bedrohen die menschliche Freiheit (51)!

B. Scheinlösungen:
Jesus ist nur noch der göttlich inspirierte Mensch; die Kirche ist die Glaubensgemeinschaft unter dem Eindruck der Persönlichkeit Jesu.

C. Lösungsweg bei Jüngel und ...:
»Gott ist Liebe« (1 Joh 4,8). Dem entspricht – konsequent gedacht – der trinitarische Gottesbegriff (430).

65. Vgl. die oben S. 50f. angegebenen Fragen, die der Orientierung über komplexe Forschungsrichtungen oder umfangreiche Werke dienen.
66. Vgl. dazu als erste Information *Dietrich Ritschl,* Art. Gott-ist-tot-Theologie, in: EKL 2, Sp. 250f.
67. Vgl. *Eberhard Jüngel,* Gott als Geheimnis der Welt. Zur Begründung der Theologie des Gekreuzigten im Streit zwischen Theismus und Atheismus (Tübingen 1976, (3) 1978). Die im Text angegebenen Seitenzahlen beziehen sich auf diese Auflage. Vgl. zu diesen Denkschritten auch die Analyse von *Karl-Josef Kuschel,* Geboren vor aller Zeit? Der Streit um Christi Ursprung, 562-566.

... seine Denkschritte:

1. Schritt: Der Weg beginnt bei der Auferweckung des Gekreuzigten: Gott identifiziert sich mit dem Leben *und* mit dem Tod Jesu (409).

2. Schritt: Diese Identifikation setzt die Selbstunterscheidung Gottes voraus (498).

3. Schritt: Der Tod selbst ist ein Moment *in* Gott. Gott selber ist die Einheit von Tod und Leben zugunsten des Lebens = eine Umschreibung des Wesens der Liebe = Gott ist Liebe (409)!

4. Schritt: Liebe impliziert das Gegenüber von Liebenden und Geliebten, Gott der Vater und Gott der Sohn (430).

5. Schritt: Der Begriff »Vater« ist ein Relationsbegriff und nötigt zu einer Unterscheidung Gottes von Gott. Als Sohn des ewigen Schöpfers und gnädigen Vaters ist Jesus Sohn von Ewigkeit (509).

6. Schritt: Gott kommt nur über den Menschen zu sich selbst (526).

Konsequenzen für die klassische Gotteslehre:

1. Gottes Sein ist im Werden; Gott kommt über den Menschen und die Welt zu sich selbst (526).
2. Begründet man die Trinitätslehre, die Unterscheidung zwischen Gott und Gott, im Kreuz Christi, dann sind

Absolutheits-, Apathie- und Unveränderlichkeitsaxiom
für den christlichen Gottesbegriff untauglich (511).

In dieser zweiten Form geht es demnach darum, ein Werk aus seiner bestimmenden theologischen Fragestellung heraus zu verstehen. Umfassender, auf einen ganzen theologischen Entwurf abzielend, ist die Antwort in der folgenden und letzten Form.

Theologie als Antwort auf Impulse nichttheologischer Wissenschaften oder Reaktion auf bisher vernachlässigte theologische Themen

Eine dritte Form der Antwort auf geistesgeschichtliche Umbrüche oder theologische Fragen besteht darin, Systematische Theologie als Ganzes aus einer leitenden Vorstellung oder einer Generalperspektive heraus zu entwickeln.[68]

68. Vgl. zu dieser Form der Einordnung *Dietrich Ritschl u.a.*, Art. Systematische Theologie, in: EKL 4, Sp. 635f.

(1) *Der monothematische Ausbau eines Großthemas der Tradition; z.B. aus der Perspektive*

- *der Hoffnung:*
  Nachdem es mit dem Aufkommen sozialistischer Gesellschaftsformen und -utopien den Anschein hatte, daß das Thema der Hoffnung im Marxismus (vor allem bei Ernst Bloch, Das Prinzip Hoffnung (1959)) besser zur Geltung gebracht werde als im Christentum, sollte eine christliche Theologie entworfen werden, die die Hoffnung als ihr Leitthema hat: spes quaerens intellectum – Hoffnung sucht das Verstehen *(Jürgen Moltmann; programmatisches Werk: Theologie der Hoffnung. Untersuchungen zur Begründung und zu den Konsequenzen einer christlichen Eschatologie (München 1964, (12) 1985, TB 1997);*
- *des christlich-jüdischen Dialogs:*
  Ausgangspunkt ist die geschichtliche Erfahrung des Holocausts, aus der heraus eine Theologie entworfen wird, die ein partnerschaftliches Verhältnis zum jüdischen Volk begründen will. Implizit oder ausdrücklich wird ein missionarisches Verhältnis aufgegeben, dabei bleibt jedoch das je eigene Zeugnis möglich und dringlich *(Paul M. van Buren, Friedrich-Wilhelm Marquardt, Peter von der Osten-Sacken u.a.; einführend: Peter von der Osten-Sacken, Art. Christlich-jüdischer Dialog, in: EKL 1, Sp. 685-692);*
- *des Gottesdienstes:*
  Eine Systematische Theologie kann aus den rituellen und sprachlichen Formen des Gottesdienstes entwickelt werden, weil in ihm die Gesamtheit christlichen Glaubens und christlicher Ethik im rituellen Brennpunkt (»ritual focus«) zum Ausdruck kommt; Liturgie, Lehre und Leben gehören wesensgemäß zusammen *(Geoffrey Wainwright; Hauptwerk: Doxology. The Praise of God in Worship, Doctrine and Life. A Systematic Theology (1980, New York (2) 1984);* der katholische Theologe Alex Stock geht ebenfalls von der liturgischen Tradition aus, setzt aber einen anderen Akzent, indem er die in Kult *und* Kultur sinnlich wahrnehmbare, poetisch »ins Werk gesetzte« Gestaltungskraft des Christentums untersucht *(Alex Stock, Poetische Dogmatik. Christologie Bd. 1: Namen; Bd. 2: Schrift und Gesicht (Paderborn u.a. 1995/96).*
- *eines universalen Verständnisses von Geschichte und darin der Offenbarung Gottes:*
  Der Ansatz liegt in einem neuen Verständnis der Offenbarung Gottes. Anders als nach dem Verständnis der Offenbarung im Wort Gottes erfolgt Offenbarung durch die Geschichte, und zwar auf indirekte Weise in der Universalgeschichte. Im geschichtlichen Ereignis der Auferstehung Jesu verwirklicht sich das Ende der Geschichte im Vorgriff auf das Endge-

schehen und gewinnt dadurch Endgültigkeitscharakter bei einer noch offenen Zukunft *(Wolfhart Pannenberg; programmatisch: Offenbarung als Geschichte (in Verbindung mit Rolf Rendtorff, Ulrich Wilckens, Trutz Rendtorff) (1961 Göttingen [5. Aufl., mit einem Nachwort] 1982).*

– *aufgrund von Impulsen aus der Exegese, insbesondere der Neuaufnahme der durch Ernst Käsemann gestellten Frage nach dem historischen Jesus:*
  Der Jesus der Geschichte wird zum Materialprinzip und kritischen Korrektiv traditionellen und gegenwärtigen christlichen Redens; »dieser Weg zurück ›vor‹ die neutestamentlichen Zeugnisse, also zu Jesus Christus selbst, ist bei allem Wissen um die eigene geschichtliche Situiertheit möglich, ja gerade ihretwegen notwendig und ist in der Kirchengeschichte, zumal in Zeiten der inneren Reform und Konzentration, auch immer wieder gegangen worden« *(Hans Küng, Dogma gegen Bibel? Historisch-kritische Exegese als Provokation für die Dogmatik, in: ders., Theologie im Aufbruch. Eine ökumenische Grundlegung (München, Zürich 1987), 110; programmatisch: Christsein (München 1974, (11) 1983, TB 1993)).*
– *als Biblische Theologie in dogmatischer Perspektive:*
  Ausgangspunkt ist hier der Versuch, eine Systematische Theologie zu entwerfen, die der Einheit von Altem und Neuem Testament Rechnung trägt *(Friedrich Mildenberger; Hauptwerk: Biblische Dogmatik. Eine Biblische Theologie in dogmatischer Perspektive. Bde. 1-3 (Stuttgart 1991-93)).*
– *aus grundlegend ökumenischer Perspektive:*
  Grundimpuls ist die Erkenntnis des Gemeinsamen der getrennten Kirchen, indem aufgezeigt wird, wie »in der Struktur des Gebetes oder der Verkündigung über dasselbe Thema gemeinsame Aussagen zu machen [sind], die in der Struktur der dogmatischen Lehre unmöglich sind« *(Edmund Schlink; Hauptwerk: Ökumenische Dogmatik. Grundzüge. Mit Geleitworten von Heinrich Fries und Nikos A. Nissiotis (Göttingen 1983, (2) 1993), VI).*

Im gewissen Sinne gehören zu diesem unter (1) genannten ersten Komplex auch systematisch-theologische Arbeiten, die ein klassisches Thema der Tradition behandeln, dabei aber die anderen weder aus dem Auge verlieren noch dominieren:

– *Schöpfung: Christian Link, Schöpfung (HST 7/1 u. 2) (Gütersloh 1991);*
– *Sünde: Christof Gestrich, Die Wiederkehr des Glanzes in der Welt. Die christliche Lehre von der Sünde und ihrer Vergebung in gegenwärtiger Verantwortung (Tübingen 1989, (2) 1995);*
– *Heiliger Geist: Michael Welker, Gottes Geist. Theologie des Heiligen Geistes (Neukirchen-Vluyn 1992, (3) 1993).*

(2) *Antworten aus einer Perspektive, die bisher in der christlichen Tradition oder in der gegenwärtigen systematischen Theologie zu wenig oder gar nicht eingenommen wurde, z.B:*

- *aus der Perspektive von Frauen (feministische Theologie):*
  Über Jahrhunderte wurde Theologie aus männlicher Sicht und unter den Bedingungen patriarchaler Gesellschaftsstrukturen betrieben; heute sind Perspektivwechsel, Analyse und Überwindung des Patriarchats notwendig *(Dorothee Sölle, Elisabeth Moltmann-Wendel u.a.; einführend: Elisabeth Gössmann u.a.,* Wörterbuch der feministischen Theologie (Gütersloh 1991; *Lucia Scherzberg, Grundkurs Feministische Theologie (Mainz 1995); Luise Schottroff u.a.,* Feministische Exegese. Forschungserträge zur Bibel aus der Perspektive von Frauen (Darmstadt 1995).
- *aus der Perspektive von Armut und Unterdrückung in der dritten Welt (politische Befreiungstheologien):*
  Die soziale und wirtschaftliche Situation in der »dritten Welt« verlangt nach einem theologisch anderen Ansatz als in der »ersten Welt«. Die Erfahrung von Armut und Unterdrückung ist der lebensgeschichtliche Ausgangspunkt und Bezugspunkt der Theologie, die das Evangelium im Kern als Befreiung von gesellschaftlichen Mißständen versteht *(Gustavo Gutiérrez, Leonardo Boff, u.a.; Standardwerk: Gustavo Gutiérrez, Theologie der Befreiung. Mit der neuen Einleitung des Autors und einem neuen Vorwort von Johann Baptist Metz (Mainz 1973, (10., erw. u. neubearb. Aufl.) 1992)).*
- *aus der Perspektive des Neuprotestantismus:*
  Die neuprotestantische Linie eines Friedrich Schleiermachers, Richard Rothes und Ernst Troeltschs, die mit der dialektischen Theologie in der ersten Hälfte des 20. Jahrhunderts abrupt unterbrochen wurde, soll in unserer Gegenwart konsequent weiter ausgezogen werden *(einführend: Falk Wagner, Zur gegenwärtigen Lage des Protestantismus (Gütersloh (2) 1996); die von Friedrich Wilhelm Graf und Trutz Rendtorff herausgegebenen Troeltsch-Studien).*

(3) *Aus philosophischen Anstößen heraus, die das Ganze der Dogmatik in ein neues Licht setzen, z.B:*

- *aus der Existenzanalyse des Philosophen Martin Heidegger (1889-1976):*
  das Weltbild des Neuen Testaments ist ein mythisches und Aufgabe einer systematisch-theologischen Deutung ist es, das hinter der mythischen Vorstellung liegende Existenzverständnis zur Sprache zu bringen *(Rudolf Bultmann; programmatisch: Neues Testament und Mythologie. Das Problem der Entmythologisierung der neutestamentlichen Verkündigung. Nachdruck der 1941 erschienen Fassung, hrsg. von Eberhard Jüngel (München (3) 1988));*

- *aus der intensiven Beachtung hermeneutischer Fragestellungen:* die reformatorische Behauptung, daß das Wort (der Verkündigung) tut, was es sagt, muß hermeneutisch und sprachanalytisch begründet und entfaltet werden. Dabei wird gezeigt, wie schon Jesu Verkündigung des Reiches Gottes von bestimmten »Sprachbewegungen« und »Sprachereignissen« unablösbar ist *(mit unterschiedlicher Akzentsetzung Ernst Fuchs, Gerhard Ebeling, Eberhard Jüngel; einführend: Ingolf U. Dalferth, Art. Sprache und Theologie, in: EKL 4, Sp. 425-434);*
- *aus dem Denken des amerikanischen Mathematikers, Naturwissenschaftlers und Philosophen Alfred North Whitehead (1861-1947):* Grundimpuls der vor allen in den USA beheimateten Prozeßtheologie ist die Überzeugung, daß die Wirklichkeit besser mit Kategorien zu beschreiben ist, die das Werden und die Relation im Gegensatz zu statischem Sein und neutraler Unabhängigkeit betonen; alles Wirkliche ist Prozeß, alles Statische eine Abstraktion; Prozeßtheologie findet Anwendung in der Verhältnisbestimmung zur Naturwissenschaft, zu den Religionen und zu Ökologie- und Befreiungsbewegungen. Mit dieser Weltsicht kann Pluralismus nicht als eine Bedrohung des christlichen Glaubens, sondern als Ausdruck eines von Christus als Kraft schöpferischer Transformation selbst bewirkten Prozesses verstanden werden *(John B. Cobb, Schubert Ogden u.a.; einführend: Michael Welker, Art. Prozeßtheologie, in: EKL 3, Sp. 1363-1366);*
- *von der sprachanalytischen Philosophie Ludwig Wittgensteins (1889-1951), John L. Austins (1911-1960) und von neuerer Wissenschaftstheorie her:* Erkenntnisgewinn erwächst der Theologie, indem sie Sprache und Sprachgewohnheiten analysiert; Gegenstand der Theologie ist nicht Gott, sondern das *Reden von Gott.* Damit ist im Grunde jeder Bereich christlicher Dogmatik Gegenstand sprachanalytischen Denkens; geschlossene dogmatische Entwürfe oder Thesen werden nicht mehr vorgebracht, vielmehr geht es darum, die Entdeckungs- und Begründungszusammenhänge zu analysieren, aus denen dogmatische Sätze entstehen *(in unterschiedlicher Bezugnahme und Akzentsetzung: Gerhard Sauter, Dietrich Ritschl, George Lindbeck, Joachim Track, Christofer Frey, Oswald Bayer, Ingolf Dalferth; als erste Information: Heimo Hofmeister, Art. Analytische Philosophie, in: EKL 1, Sp. 131-134).*
- *aus dem Denken des amerikanischen Naturwissenschaftlers und Wissenschaftstheoretikers Charles Sanders Peirce (1839-1914):* »Semiotik« – die Lehre von den Zeichen war ein Teilbereich des umfassenden Schaffens des Amerikaners. Der Zeichenbegriff ist phänomenologisch gewonnen und demzufolge allgemein. Texte, menschliche Hand-

lungen, die Natur können somit als Zeichen verstanden werden. Der Zeichenbegriff enthält keine ontologische Implikationen und schließt immer die triadische Dynamik zwischen Zeichen, Bezeichnetem und Interpretant mit ein. Zeichentheorie kann wesentliche Impulse für die Theologie geben, da »alle Erfahrungs- und Bewußtseinsprozesse als Zeichenfolgen interpretiert werden müssen« *(in unterschiedlicher Bezugnahme und Akzentsetzung: Hermann Deuser, Wilfried Härle, Eilert Herms; einführend: Hermann Deuser, Art. Peirce II. Religionsphilosophisch und theologisch, in: TRE 26, 170-176 (Zitat 171); ders., Christliche Religion – Zeichen unter Zeichen? in: Gib mir ein Zeichen. Zur Bedeutung der Semiotik für theologische Praxis- und Denkmodelle, hrsg. v. Wilfried Engemann, Rainer Volp (APrTh 1) (Berlin, New York 1992), 31-43).*

Der Impuls am Anfang, die Frage oder die Fragen, die Ausgangslage und -problematik des jeweiligen Theologen bzw. der jeweiligen Theologin halfen bei dieser Einordnung. Bevor ich Vorschläge mache, um unser Beispiel auf die komplexe Diskussion des 20. Jahrhunderts zu beziehen, sollen Gesamtdarstellungen angeführt werden, die nicht nur unterschiedliche Perspektiven zum Gegenstand des christlichen Glaubens einnehmen, sondern den Versuch machen, die spezifische Eigenart, das Besondere, das *Wesen des Christentums* herauszuarbeiten.

Literatur zur Erstinformation bzw. programmatische Schriften oder Hauptwerke gebe ich im folgenden Text an. ***Überblicksdarstellungen systematisch-theologischer Entwürfe allgemein:*** *Gerhard Sauter u.a.*, Art. Dogmatik I-IV (im deutschsprachigen Raum, in den nordischen Ländern, in Großbritannien, in Nordamerika), in: TRE 9, 41-116; *Friedrich W. Kantzenbach*, Programme der Theologie. Denker, Schulen, Wirkungen (München (3) 1984); *Johannes B. Bauer (Hg.)*, Entwürfe der Theologie (Graz u.a. 1985); ****Hermann Fischer*, Systematische Theologie. Konzeptionen und Probleme im 20. Jahrhundert (GKT 6) (Stuttgart u.a. 1992); Theologen der Gegenwart, hrsg. von David F. Ford. Deutsche Ausgabe ediert und übersetzt von Christoph Schwöbel (Paderborn 1993); *Dietz Lange u.a.*, Art. Theologiegeschichte des 19./20. Jahrhunderts. 1. Protestantische Theologie, in: EKL 4, Sp. 774-823; *Herbert Vorgrimler*, Art. Theologiegeschichte des 19./20. Jahrhunderts. 2. Katholische Theologie, in: EKL 4, Sp. 823-835; *Peter Plank*, Art. Theologiegeschichte des 19./20. Jahrhunderts. 3. Orthodoxe Theologie, in: EKL 4, Sp. 835-842; *Peter B. Hinchliff, John Macquarrie*, Art. Theologiegeschichte des 19./20. Jahrhunderts. 4. Anglikanische Theologie, in: EKL 4, Sp. 843-853.

Darstellungen zum Wesen des Christentum: *Adolf von Harnack*, Das Wesen des Christentums (1899/1900, Gütersloh (2) 1985); *Ernst Troeltsch*, Was heißt »Wesen des

Christentums«? (1903), in: ders., GS, Bd. II (Tübingen 1913), 386-451; *Gerhard Ebeling,* Das Wesen des christlichen Glaubens (1959, Freiburg 1993); *Karl Rahner,* Grundkurs des Glaubens. Einführung in den Begriff des Christentums (Freiburg u.a. 1976, Sonderausgabe 1984); *Hans Küng,* Das Christentum. Wesen und Geschichte. Die religiöse Situation der Zeit (München 1994).

4.2 Die Auswertung der systematisch-theologischen Diskussion für das Beispiel der Kindertaufe

Erste Orientierung in der »Hausdogmatik«

Ein erster Schritt sollte sein, sich zunächst einen groben Überblick über die systematisch-theologische Diskussion als Ganzes und damit über die Probleme, die mit dem Thema der Kindertaufe verbunden werden, zu verschaffen. Dies kann über eine sogenannte »Hausdogmatik« geschehen. Denn ein dogmatisches Lehrbuch sollten Sie ihr Eigen nennen und »im Hause« haben. An eine solche »Hausdogmatik« ist der Anspruch zu stellen, daß sie die Sicht der Tradition und die neuere Diskussion übersichtlich und klar referiert und in ihrem Umfang leicht handhabbar ist. Bei den einzelnen Schritten der dogmatischen Methode muß immer wieder auf sie zurückgegriffen werden. Als »*Hausdogmatik*« eigenen sich besonders gut:

- *Otto Weber,* Grundlagen der Dogmatik. 2 Bde. (Neukirchen-Vluyn 1955/62, (7) 1987) (aus reformierter Tradition).
- *Wilfried Joest,* Dogmatik. 2 Bde. (Göttingen 1984/86, (4., durchges. Aufl.) 1995/96) (aus lutherischer Tradition).
- *Wilfried Härle,* Dogmatik (Berlin, New York 1995) (aus lutherischer Tradition, ein sehr gutes, neueres Lehrbuch, leider werden Tradition und Fachdiskussion wenig umfangreich referiert).

Alle angegebenen Lehrbücher enthalten Abschnitte über die Problematik der Kinder- bzw. Säuglingstaufe. Von einer »Hausdogmatik« sind die dogmatischen Entwürfe (seit dem Aufkommen des Neuprotestantismus, etwa seit Schleiermacher) zu unterscheiden, über die in den EKD-Richtlinien grundlegende Kenntnisse gewünscht werden.[69] Schleiermachers Glaubenslehre etwa ist aufgrund ihres Alters, Karl Barths Kirchliche Dogmatik aufgrund ihres Umfangs von beinahe 10.000 Seiten als »Hausdogmatik« ungeeignet.

Eine weitere Möglichkeit zur ersten Auswertung der Fachdiskussion besteht darin, sich durch das *Begriffsregister* neuerer Dogmatiken (meistens Bibelstellen, Autoren, Begriffe, vgl. die Übersicht S. 182) einzuarbeiten. Schlagen Sie die in unserem Zusammenhang zentralen Schriftstellen (z.B. Röm 6,3f., Mk 10,13-16 parr., Apg 16,15) und Begriffe wie »Taufe«, »Kindertaufe« nach. Monographien (insbesondere die Handbücher der Systematischen Theologie (HST)) und Aufsätze informieren detailliert über die systematisch-theologische Fachdiskussion. Eine erste und neuere Literaturübersicht zu einzelnen Themen der Dogmatik bietet neben den *Literaturangaben in den Beigaben* dieses Arbeitsbuches *Wilfried Härle,* Dogmatik (Berlin, New York 1995), 650-669. Das Kompendium der Dogmatik von Pöhlmann referiert zu jedem einzelnen Locus (das sind die einzelnen Themen der Dogmatik wie Gotteslehre, Schöpfungslehre, Christologie etc.) die Schwerpunkte der gegenwärtigen Diskussion (vgl. *Horst G. Pöhlmann,* Abriß der Dogmatik. Ein Kompendium (5., verb. und erw. Aufl.) 1990) (zur Säuglingstaufe 308-311).

Prägende Positionen

Ein *zweiter Schritt* könnte sein, sich mit dem Wissen aus den »Hausdogmatiken« und aus den anderen einführenden Beiträgen Vertreter auszuwählen, die *im besonderen Maße die (Kinder-)Taufpraxis (z.B. gottesdienstliche Agenden) und die Taufdiskussion im Raum der EKD geprägt* haben. Zu nennen sind *für die Taufpraxis: Werner Elert,* Der christliche Glaube. Grundlinien der lutherischen Dogmatik. Mit einem Geleitwort von Wolfgang Trillhaas (1940, Erlangen (6) 1988), 447-452. Karl Barth hat mit seiner Kritik der Kindertaufe nachhaltig das *Bewußtsein der Pfarrerschaft* geprägt. Er unterschied die Geisttaufe als Handeln Gottes, die in einem Menschen den Glauben wirkt,

69. In den »*Empfehlungen zum Ersten Theologischen Examen*« befürworten die Ausbildungsreferentenkonferenz und der Fakultätentag, sich in *einen* dogmatischen Entwurf seit dem Aufkommen des Neuprotestantismus (etwa mit Friedrich Schleiermacher, 1768-1834) einzuarbeiten und ein gegenwärtig besonders relevantes dogmatisches Problem zu bearbeiten. Das in diesem Kapitel gebotene »Orientierungswissen« kann, so hoffe ich, die Wahl eines Entwurfs erleichtern. Die »EKD-Richtlinien« zur Dogmatik werden vorgestellt S. 164-166.

von der Wassertaufe als Tun des Menschen, der sich zu Gottes Handeln in Christus bekennt. Die Unmündigentaufe ist demzufolge abzulehnen (vgl. *Karl Barth,* Die Kirchliche Dogmatik. Die Lehre von der Versöhnung IV,4 (Fragment). Das christliche Leben. Die Taufe als Begründung des christlichen Lebens (Zürich 1967), 1. 212f. u. ö., zur Erläuterung und sachlichen Weiterführung vgl. auch die Aufsätze *Eberhard Jüngels* zur Barthschen Taufproblematik in: ders., Barth-Studien (ÖTh 9) (Zürich u.a. 1982), 246ff.).

Weiterführende, das eigene Erkenntnisinteresse stützende Entwürfe

Ein *dritter Schritt* wäre die *Auswahl prägnanter und für die eigene erkenntnisleitende Frage hilfreicher Positionen.* Damit meine ich eine oder mehrere der oben unter 3. vorgestellten Entwürfe (vgl. S. 93-98), etwa die Perspektive feministischer Theologie oder etwa die von Peirce geprägte semiotische Sicht. Es gibt nun verschiedene Möglichkeiten, die laufende systematisch-theologische Diskussion, die *Gesprächsbeiträge nach Elert und Barth* für die eigene Untersuchung zu erschließen. Eine der besten ist es,

(1) den *Grundimpuls und die Fragen,* die bei den systematisch-theologischen Entwürfen des 20. Jahrhunderts am Anfang standen, auf die eigene erkenntnisleitende Frage und das eigene Problem zu beziehen. Man sollte sich dabei nicht von der oftmals anderen Problemstellung eines Entwurfs vereinnahmen lassen, sondern bewußt das eigene Problem in Beziehung zum jeweiligen Ansatz bringen.

Wie kann das praktisch aussehen? Ich empfehle als *Lese- und Erschließungsverfahren* die sogenannte »SQ3R-Methode«:

S = survey:	ich verschaffe mir einen Überblick über den Text (Gliederung, Schwerpunkte etc.) bzw. den Entwurf;
Q = question:	ich stelle Fragen an den Text (die Fragen, die *ich* mit ihm beantworten will);
R = read:	ich lese den Text aufmerksam und mache mir Notizen;
R = recite:	ich trage mir oder anderen den Inhalt des Textes in eigenen Worten vor;
R = review:	ich überprüfe (mit anderen) die Richtigkeit des von mir Erkannten.

(2) *Einführende Informationen* über den gewählten Ansatz bekommt man durch die aktuellen und überschaubaren Sachartikel im EKL (z.B. zur Analytischen Philosophie, zu Sprache und Theologie), sowie zur Sache und zu

Personen durch die TRE. Insbesondere die in der TRE angegebenen Biographien helfen, das Denken der Theologinnen und Theologen einzuordnen (vgl. außerdem die in diesem Buch angegebenen theologiegeschichtlichen Werke und Überblicksdarstellungen S. 75f., 81, 98f.).

(3) *Charakteristische Positionen und Lösungsvorschläge zu gegenwärtigen dogmatischen Problemen* finden sich für alle Loci der Dogmatik im Überblick dargestellt bei *Friedrich Mildenberger, Heinrich Assel,* Grundwissen der Dogmatik. Ein Arbeitsbuch (Stuttgart u.a. (4., völlig neu bearb. Aufl.) 1995), 13 (vgl. dort auch das Register der Autoren und Texte, 334-336).

(4) Die aktuellsten Informationen zur Fachdiskussion schließlich bekommen Sie durch das *persönliche Gespräch mit Wissenschaftlern,* die sich aktuell mit der Problematik befassen und auch dazu publiziert haben. In den Vorlesungsverzeichnissen sind die Forschungseinrichtungen mit Adresse angeführt (*deutsche Universitätsadressen* im Internet sind in der Regel folgendermaßen aufgebaut: *http://www.uni-NAME.de*). Über das Internet können Sie sogar europaweit die *Forschungseinrichtungen und Institute* der Theologischen Fakultäten aufrufen (Adresse: *http://www.wifak.uni-wuerzburg.de;* für weitere Informationen zum Gebrauch des Internets s. S. 173-179). Nehmen Sie Kontakt zu den Mitarbeiterinnen und Mitarbeitern dort auf und besprechen Sie Ihre Problematik mit ihnen. Lassen Sie sich von ihnen weiterführende Literatur, insbesondere neuere Zeitschriftenaufsätze (vgl. die Vorstellung der Zeitschriften S. 53-55) nennen, vielleicht können Sie z.B. eine Kopie eines noch nicht publizierten Beitrags erhalten.

Fragen/Aufgaben

1. Machen Sie sich über die Begriffe »dialektische Theologie« und »Prozeßtheologie« kundig; schreiben Sie in wenigen Sätzen und in eigenen Worten deren Intention auf.
2. Stellen Sie für eines der im Eingangskapitel genannten Beispiele (S. 43-48) oder zu einem selbstgewählten Beispiel die Sie interessierenden wissenschaftlichen Forschungsrichtungen zusammen. Bestimmen Sie die Einstiegsliteratur.
3. Machen Sie sich mit der gewandelten Programmatik der Befreiungstheologie vertraut und lesen Sie in der Neuauflage von *Gustavo Gutiérrez*, Theologie der Befreiung (Mainz 1973, (10., erw. und neubearb. Aufl.) 1992) die Seiten 11-59.
4. Was ist der Sinn einer »Hausdogmatik«?

5. Erkenntnisse anderer Wissenschaften

Um das Beispiel der Kindertaufe und die kirchliche Taufpraxis zu untersuchen, haben wir *bisher in diesem Schritt der Problembearbeitung* folgendes geleistet: die klassischen Belegstellen des Neuen Testaments wurden erschlossen und ein Weg der historisch-kritischen Auslegung angeregt; Quellentexte zentraler »Stationen« der Kirchengeschichte konnten den Horizont erweitern und z.B. das überkommene Sakramentsverständnis aus seiner historischen Entstehung verständlich machen; moderne systematisch-theologische Entwürfe haben aufgezeigt, welche theologischen Leitvorstellungen unsere Taufpraxis in der Gegenwart im besonderen Maße prägen (z.B. die Tauftheologie Werner Elerts) und wodurch diese Praxis heute theologisch in Frage gestellt wird (z.B. durch Karl Barths Tauflehre). Andererseits wurde erläutert, welche für unser Beispiel hilfreiche Neuansätze aufgegriffen werden können.

Nun gehen wir über den theologischen Rahmen hinaus, um die Erkenntnisse nichttheologischer Wissenschaften zu untersuchen. Unter *»nichttheologischen Wissenschaften«* sind im Rahmen der dogmatischen Methode die Wissenschaften zu verstehen, die *neben* den theologischen Disziplinen für die analysierte Situation und das herausgearbeitete Problem bedeutsam sind. Dies können sein: Philosophie, Natur-, Geistes-, Humanwissenschaften und die Religionswissenschaft. Ich gehe zunächst auf das Verhältnis der Theologie zu den anderen Wissenschaften ein, dann soll eine mögliche Anwendung auf unser Beispiel vorgestellt werden (vgl. S. 111-115).

5.1 Das Verhältnis der Wissenschaften in der Geschichte

Ein kurzer Rückblick auf die *Geschichte des Verhältnisses der Wissenschaften* untereinander ist zum besseren Verstehen sinnvoll. Das im 19. Jahrhundert gespannte Verhältnis der Theologie insbesondere zu den sich stark entwickelnden Naturwissenschaften war keineswegs der geschichtliche Normalzustand, vielmehr war das Verhältnis über Jahrhunderte – von Ausnahmen abgesehen – entspannt und in einem festen Ordnungsgefüge an den Universitäten konstruktiv aufeinander bezogen. Man muß heute daran erinnern: Es war ganz wesentlich ein religiöses Interesse, das die Naturwissenschaften beförderte.[70] Der Christ und Wissenschaftler »las im Buch

70. Vgl. hierzu den grundlegenden Beitrag von *Jürgen Hübner,* Art. Naturwissenschaft und Theologie, in: EKL 3, Sp. 648-656.

der Natur«, um Gottes Gedanken »nachzubuchstabieren«. Erklären kann dieses Phänomen der Offenbarungsbegriff, in dem bis in die Aufklärung hinein das Moment einer natürlichen (im »Buch der Natur«) und übernatürlichen Offenbarung (im »Buch der Schrift«) verbunden waren:

Abb. 11
»Theologische Landkarte« – Offenbarung

(vgl. dazu *Horst G. Pöhlmann,* Abriß der Dogmatik. Ein Kompendium (Gütersloh (5., verbes. u. erw. Aufl.) 1990), 41-46 mit Belegen)

Begriff im Neuen Testament:
»apokalyptein« = etwas bisher Verhülltes sichtbar machen, Wegziehen eines Schleiers; »phaneroun« = sichtbar machen.
Subjekt ist Gott; **Inhalt:** seine Gnade, die er in Jesus Christus, dem einzigen Heilbringer (Apg 4,12; Joh 14,6; 1 Kor 3,11), erschließt (Röm 1,17 u. ö.) , aber auch sein Zorn (Röm 1,18ff.).

Unterscheidungen (insbesondere) der altprotestantischen Orthodoxie (44f.):

1. Revelatio generalis = die allgemeine, d. h. an alle ergehende oder natürliche Offenbarung –

- notitia insita = angeborene Erkenntnis Gottes, im inneren Zeugnis des Gewissens,
- notitia acquisita = erworbene Erkenntnis Gottes, aus der Naturerkenntnis.

a) Pädagogische Funktion: Sie läßt Menschen nach der Offenbarung des wahren Gottes fragen: z.B. Thomas von Aquin – »praeambula ad articulos fidei«.

b) Hermeneutische Funktion: Sie bringt Menschen zum Verstehen dessen, was sie glauben: Sie stellt den universalen Anspruch dar, der mit dem Wort »Gott« verbunden ist.
Leistungsfähigkeit: Natürliche Gotteserkenntnis macht zwar verständig, aber nicht selig. Sie gewährt keinen Einblick in das übernatürliche Geheimnis des Glaubens; das Licht der Vernunft ist nach dem Sündenfall verdunkelt.

2. Revelatio specialis et supernaturalis = die besondere, d. h. durch das Wort ergehende oder übernatürliche Offenbarung: **einzige »Quelle« der Theologie.**

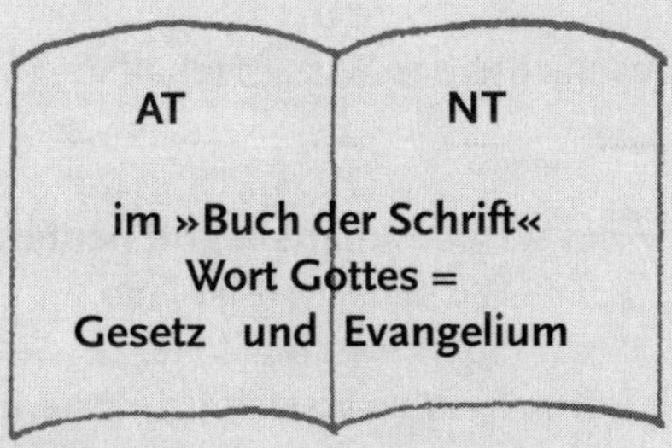

a) revelatio immediata = die unmittelbare Offenbarung, die die Verfasser der Heiligen Schrift hatten, die Inspiration.
b) revelatio mediata = die mittelbare Offenbarung, die wir heute durch die Schrift haben.

Quenstedt definiert revelatio supernaturalis: »eine von außen kommende göttliche Tat, durch die Gott sich der Menschheit durch sein Wort zu ihrer heilbringenden Unterweisung öffnet« (44).
Spannung: Gott offenbart sich (sese) Gott offenbart etwas (ad informationem).

Institutionell spiegelte sich das Verhältnis der Theologie zu anderen Wissenschaften im bis heute noch weithin prägenden Aufbau der im Mittelalter gegründeten Universitäten wider (1119 Bologna, 1175 Paris, 1226 Oxford und Cambridge, 1348 Prag, 1365 Wien, 1385 Heidelberg). Deren Ordnung stellte die Wissenschaften voran, die den ganzen Menschen mit seiner *Seele* (Theologie), seinem *Leib* (Medizin) und seinem *Gut* (Jura) betrafen. Die philosophische Grundbildung geschah in den freien Künsten (Arithmetik, Geometrie, Astronomie, Musik, Dialektik, Rhetorik). Historische Vorläufer dieser Universitäten waren die gelehrten Schulen Griechenlands, des Römischen Reichs und des Islams, aber auch die Klöster und geistlichen Schulen der Kirche, in denen wissenschaftliche Tradition bewahrt wurde.

Für die heutige Ausdifferenzierung der Fächer war ein Prozeß verantwortlich, der vor allem mit der Aufklärung einherging und vor allem die Philosophie betraf. Am *Wissenschaftsbegriff*, der seinen Ursprung in der griechischen Antike hat, will ich ihn erläutern:

Abb. 12
Geschichte des Wissenschaftsbegriffs

Ein **Wissenschaftsbegriff heute**:
»Wissenschaft ist jede
– *methodisch* geleitete,
– auf *intersubjektive Verständigung* gerichtete
– Untersuchung von *Gegenständen*,
– die diese Gegenstände ... *systematisch* beschreibt und,
– wenn möglich, umfassend *erklärt* oder *versteht*.«
Wissenschaft ist »bezogen auf die gegebene oder mögliche *logische Ordnung* sie betreffender Aussagen«.

(vgl. *Wolfgang Göbel*, Art. Wissenschaft, in: WBC, 1368 (Hervorhebung von mir!)).

Stationen:

1. Platon (428-348 v. Christus): Wissenschaft sucht die bleibend gültige Erkenntnis unveränderlicher, ewiger Inhalte, der Ideen. Sinneswahrnehmung hat keinen wissenschaftlichen Wert, sondern ist Anlaß für die sich im Begriff vollziehende Erkenntnis des wahrhaften Seins als des Allgemeinen (Abbild – Urbild).

2. Aristoteles (384-322): W. sucht das wahrhafte Sein, das Allgemeine und seine Erkenntnis, den Begriff. *Aber:* Das wahre Sein ist der Welt, der Sinnlichkeit *immanent;* Wesen und Erscheinung sind nicht für sich darstellbar. W. verfährt in zwei zu unterscheidenden Erkenntnisvorgängen:

- **induktive** Forschung **vom Besonderen zum Allgemeinen**: mit Hilfe der formalen Logik *ordnet* W. das gesammelte historische und naturkundliche Erfahrungswissen über die Phänomene;
- **deduktive** Syllogistik, **vom Allgemeinen zum Besonderen**: W. *erklärt* die Fakten, indem diese auf allgemeine Prinzipien (z.B. Satz vom ausgeschlossenen Widerspruch, Satz von der Existenz eines unbewegten Bewegers), oberste wahre Sätze, Axiome zurückgeführt werden. Des Wesen jedes Dings liegt in seiner Zielbestimmung.

3. Neuzeitliche Problemlage:

- ***Immanuel Kant (1724-1804):*** W. kann allein das Empirisch-Besondere erforschen; denn der aristotelische Schritt vom Besonderen *zum Allgemeinen* ist der Vernunft nicht möglich (Kritik der Vernunft, Ende der Metaphysik, Erkenntnis durch Anschauung und Begriff). Gottesgedanke und sittliche Forderung sind »intelligible Bruchstücke« innerhalb einer naturgesetzlich zu erkennenden Sinnenwelt.
  Folge: *Emanzipation der Philosophie* und aller in ihr eingeschlossenen Einzelwissenschaften von der Theologie. *Weitere Entwicklung:*
- **Philosophie ist nicht mehr Inbegriff der Wissenschaft.**
  Einzelwissenschaften lösen sich aus der Philosophie und verselbständigen sich.
  Folge: *Emanzipation der Einzelwissenschaften* von der Philosophie. Naturwissenschaften und Geschichtswissenschaften verwenden als methodisches Prinzip die begrenzte, aber zu weiteren Entdeckungen hin offene Erfahrung. Ihre Ergebnisse werden nicht mehr in einer auf das Letzte und Ganze gehenden spekulativen Erkenntnis verankert.

Heute ist demnach nicht mehr die Philosophie *die* Wissenschaft, mit der die Theologie hauptsächlich im Gespräch ist. Was in der Vergangenheit noch zur Philosophie gehörte, ist nun eigenständige Wissenschaft. Zum Verständnis der theologischen *Entwicklung in der Vergangenheit* (vor allem: in der Antike die platonische Philosophie, im Mittelalter und der altprotestantischen Orthodoxie Aristoteles und in der Neuzeit Kant) hat aber die Philosophie noch eine herausragende Bedeutung (vgl. dazu einführend: *Wolfhart Pannenberg,* Theologie und Philosophie. Ihr Verhältnis im Lichte ihrer gemeinsamen Geschichte (Göttingen 1996). Leider behandelt Pannenberg nicht die wissenschaftstheoretischen und sprachanalytischen Richtungen der modernen Philosophie). Heute fällt der Philosophie an sich noch »die Aufgabe einer zusammenfassenden, reflektierenden Orientierung über das bewußte Leben zu«.[71] Wissenschaften spezialisieren sich immer mehr, Philosophie hat heute vor allem die Aufgabe, unterschiedliche Wissenschafts- und Erfahrungsbereiche zu integrieren. Sie erarbeitet dabei aber keine umfassenden philosophischen Systementwürfe mehr, sie schafft nicht mehr fertige Welt- und Deutungsbilder. *Systematische Theologie muß auswählend Bezug nehmen auf die jeweils bedeutsame Wissenschaft.* Dazu verhilft die dogmatische Methode. Sie kann eine handlungsorientierte Anleitung zur interdisziplinären Arbeit sein.

Die heutige Gesprächssituation ist neben der Ausdifferenzierung der Einzelwissenschaften gekennzeichnet durch die *Klärung vieler Konflikte des 19. Jahrhunderts.* Naturwissenschaftler vor allem bauen auf ihre Erkenntnisse nicht mehr eine ganze Weltanschauung auf; sie sind sich insbesondere durch die neue Physik (Relativitäts- und Quantentheorie) mit ihrer Loslösung von bloß mechanistischen Denkmodellen ihrer Grenzen bewußt geworden. »Die Natur ist noch mehr und anders, als naturwissenschaftliche Erkenntnisse und Theorien erfassen.«[72] Klassische Problemfelder des 19. Jahrhunderts sind wissenschaftlich konstruktiv bearbeitet worden (vgl. dazu auch die Literaturangaben zur Schöpfungslehre S. 183), so etwa die Fragen:[73]

- nach der Entstehung und der Endlichkeit der Welt;
- nach der Vereinbarkeit von Schöpfungserzählungen und naturwissenschaftlicher Forschung;
- nach dem Verhältnis von wissenschaftlicher Welterforschung und mythischer Weltdeutung (Möglichkeit der Wunder, Wirklichkeit der Auferstehung, Existenz eines Jenseits).

Vieles spricht dafür, daß heute ein Dialog auf der *Basis der Gleichberechtigung* und im Bewußtsein der gemeinsamen Weltverantwortung möglich ist. Apologetische Abgrenzung wird heute vor allem von *biblizistischen Gruppen* gesucht, wobei biblische Aussagen über Naturzusammenhänge als objektiv richtig und verbindlich vorausgesetzt werden. Abgrenzung geschieht aber auch, wenn in der klassischen *römisch-katholischen Theologie* die Harmonie von Theologie und Naturwissenschaft postuliert wird und wissenschaftliche Erkenntnisse, »wenn sie richtig sind, prinzipiell geof-

71. Vgl. *Wolfhart Pannenberg,* Theologie und Philosophie, 364 (unter Bezugnahme auf den Münchner Philosophen Dieter Henrich). Obwohl sich Philosophie in diesem Jahrhundert – bis auf ganz wenige Ausnahmen (z.B. Alfred North Whitehead) – von dieser umfassenden Aufgabe zurückgezogen hat. Dies kritisiert Pannenberg scharf (a.a.O., 16-19).
72. Vgl. *Jürgen Hübner,* Art. Naturwissenschaft und Theologie, Sp. 654.
73. A.a.O., Sp. 649f.

fenbarter Wahrheit nicht widersprechen« dürfen; »anderenfalls seien sie zu korrigieren oder zu verwerfen«.[74]

Bezugnahme auf andere Wissenschaften in der evangelischen Systematischen Theologie des 20. Jahrhunderts – zwei Beispiele: Karl Barth und Wolfhart Pannenberg

Wie offen die Theologie dann für die neuen Erkenntnisse ist, hängt vom jeweiligen theologischen Ansatz ab, etwa dem *Karl Barths*, der Theologie und z.B. die Naturwissenschaft sorgfältig unterscheidet und ihre Eigenständigkeit betont oder dem *Wolfhart Pannenbergs*, der intensiv die Ergebnisse der nichttheologischen Wissenschaften in Sinne seines theologischen Programms rezipiert. Am neuzeitlich so bedeutend gewordenen Arbeitsgebiet der Anthropologie (der Lehre vom Menschen) und für die Lösungswege von Karl Barth und Wolfhart Pannenberg sollen die Grundzüge der Verhältnisbestimmung aufgezeigt werden:

Abb. 13
Die Bedeutung der nichttheologischen Wissenschaften in der theologischen Anthropologie:

Welcher Weg führt zur Erkenntnis des »wirklichen« Menschen?

1. Der Weg von Karl Barth[75]		**2. Der Weg von Wolfhart Pannenberg**[76]
Zugang, Erkenntnisweg	Der Mensch Jesus als das offenbare Wort Gottes ist **allein** die Quelle der Erkenntnis theologischer Anthropologie (III,2,1)	Gegen Barth: dies sieht aus wie eine willkürliche Setzung des frommen Bewußtseins, führt ins kulturelle Abseits; Religion wird privat, verfehlt,

74. Vgl. die Übersicht zur Verhältnisbestimmung durch biblizistische Gruppen, klassische römisch-katholische Theologie, Teilhard de Chardin, Prozeßtheologie, Karl Barth (KD III/1) und Gerhard Ebeling bei *Jürgen Hübner*, Art. Naturwissenschaft und Theologie, Sp. 652-655 (Zitat Sp. 653).
75. Vgl. *Karl Barth*, Kirchliche Dogmatik III, 2. Die Lehre von der Schöpfung (Zollikon-Zürich 1948) und *ders.*, Kirchliche Dogmatik IV, 1. Die Lehre von der Versöhnung (Zollikon-Zürich 1953).
76. Vgl. *Wolfhart Pannenberg*, Anthropologie in theologischer Perspektive (Göttingen 1983).

		die Allgemeingültigkeit der Religion aufzuzeigen: **Nicht das Wort Gottes allein, sondern auch dessen Verifikation an der menschlichen Lebenswirklichkeit** (Anthropologie, 11-23).
Bedeutung nichttheologischer Anthr.	**spekulative Theorie:** Feind der Theologie, erkenntnistheoretisch unmöglich. (III,2, 23-28) **exakte Wissenschaft:** ein gutes Werk, insofern sie sich an ihre Grenzen hält. Naturwissenschaft, idealistische Ethik, Existentialphilosophie beschreiben aber ein »Symptom des wirklichen Menschen«! (III,2, 238-241)	Mit Hilfe der Humanwissenschaft wird die religiöse Dimension menschlicher Lebenswirklichkeit in ihrer logischen strukturellen Eigenart herausgearbeitet. Der Allgemeingültigkeitsanspruch der Religion wird so deutlich. Eine kritische Aneignung der Befunde ist möglich, wenn der Gott der Bibel der Schöpfer aller Wirklichkeit ist. Kein »anthropologischer Gottesbeweis«, wohl aber der Aufweis der **Notwendigkeit von Religion!** (Anthropologie, 11-23)
Wer ist der »wirkliche Mensch«?	Die phänomenale Vielfalt läßt keine empirische Antwort zu, **Jesus** ist der wirkliche Mensch, ohne Anthropologie direkt aus der Christologie ablesen zu können (Sündlosigkeit)! (III,2, 54-63)	Der wirkliche Mensch wird bestimmt durch die an humanwissenschaftlichen Erkenntnissen **verifizierte biblische Anthropologie**: Gottebenbildlichkeit – Weltoffenheit Sünde – Gebrochenheit, Verkehrung menschlicher Identität (Anthropologie, 40ff.77ff.185ff.)
Fazit:	Wenn nichtth. Wissenschaft vom »wirklichen Menschen« **herkommt**, im Lichte dieses Lichts arbeitet, dann ist theologische Anthropologie offen gegenüber jeder solchen allgemeinen Wissenschaft vom Menschen (III,2, 241).	**Parallel** zur Formulierung theologischer Anthropologie wird in kritischer Aneignung der nichtth. Wissenschaft gesagt, wer der Mensch wirklich ist (Anthropologie, 11-23).

Die Systematische Theologie Wolfhart Pannenbergs hat im deutschsprachigen Bereich die Ergebnisse nichttheologischer Wissenschaft m. E. am intensivsten aufgenommen (vgl. *ders.,* Systematische Theologie, Bde. 1-3 (Göttingen 1988-1993). Für die katholische Theologie kann besonders auf die Werke von *Hans Küng* (Christsein (München 1974, TB 1993); Existiert Gott? Antwort auf die Gottesfrage der Neuzeit (München 1978, TB 1995); Ewiges Leben? (München 1982, (5) 1990) sowie seine Beiträge zur religiösen Situation der Zeit: Das Judentum (München, Zürich 1991), Das Christentum. Wesen und Geschichte (München, Zürich 1994) verwiesen werden. *Syste-*

matisch-theologische Monographien zum Verhältnis der Theologie zu den anderen Wissenschaften sind außer den in den Beigaben angegebenen Werken am besten unter dem Stichwort der jeweiligen Wissenschaft im EKL zu finden. Die *Entscheidungen des katholischen Lehramtes* zu Fragen, in die sehr stark auch nichttheologische Wissenschaften involviert sind, können gut anhand des Personen- und Sachverzeichnisses sowie durch den Systematischen Index des »Denzingers« (*Heinrich Denzinger,* Enchiridion symbolorum definitionum et declarationum de rebus fidei et morum – Kompendium der Glaubensbekenntnisse und kirchlichen Lehrentscheidungen. Lateinisch-Deutsch. Hrsg. von Peter Hünermann (Freiburg u.a. (37) 1991) erschlossen werden. *Kirchenamtliche Äußerungen der EKD* sind zu finden in der Veröffentlichung Kirchenkanzlei der Evangelischen Kirche in Deutschland (Hg.), Die Denkschriften der EKD (Gütersloh 1987ff.).

5.2 Wie es praktisch geht – ein Durchgang am Beispiel der Kindertaufe

Moderne systematisch-theologische Entwürfe berücksichtigen meist schon in großem Umfang die Erkenntnisse anderer Wissenschaften. Diese Informationen werden jedoch aus einem bestimmten Erkenntnisinteresse aufbereitet und sind für die im eigenen Fall zugrundliegende Situation nicht immer brauchbar. Im Rahmen der dogmatischen Methode soll eine *Kommunikation* zwischen der Theologie und den anderen Wissenschaften ermöglicht werden, die *aus dem präzise bestimmten Problem und der jeweiligen Situation* entspringt. Wichtig ist auch, daß die Sicht einer anderen Wissenschaft möglichst in ihrer eigenen Erfassung von Wirklichkeit deutlich wird. Deshalb ist es notwendig – ob vermittelt durch theologische Rezeption oder in direkter Konfrontation –, sich in einem *eigenen* Methodenschritt die Ergebnisse nichttheologischer Wissenschaften zu vergegenwärtigen. *Wie aber erschließe ich die Erkenntnisse der relevanten anderen Wissenschaften?*

Vom Problem zu den relevanten Wissenschaften

Am Grundsatzprogramm einer politischen Organisation hatten wir das Problem festgemacht; dort fand sich, wie wir sahen, folgender Satz: »Die zwangsweise Mitgliedschaft in der Kirche auf Grund der Taufe unmündiger Kinder ist aufzuheben, da sie den allgemeingültigen vereinsrechtlichen Bestimmungen widerspricht und da dem sogenannten Elternrecht das unveräußerliche Recht des Kindes auf freie Entfaltung der Persönlichkeit entgegensteht.« Eine *Analyse dieses Satzes* hatte bereits bei der *Problem-*

präzisierung (vgl. oben S. 32) den Weg zu relevanten nichttheologischen Wissenschaften gewiesen: (Verfassungs-)Recht, neuzeitliche Philosophie, Entwicklungs- und Sozialpsychologie. *Mit Hilfe eines Lexikonartikels,* insbesondere eines Beitrags, der einen empirischen Zugang zum Phänomen wählt (vgl. z.B. *Christian Grethlein,* Art. Taufe 4. Wandel der Taufpraxis in Deutschland, in: EKL 4, Sp., 677-680) wird man zusätzliche Anregungen bekommen und weiterführende Literatur erschließen können. Denn nicht immer sind die relevanten Wissenschaften so leicht am Beispiel ablesbar. Manchmal erschließt erst ein Blick auf die im theologischen Sachzusammenhang verhandelten nichttheologischen Erkenntnisse die ganze Breite der Problematik (vgl. dazu die Hinweise S. 34f.).

Das Auffinden und Auswerten der Informationen

In unterschiedlicher Intensität sind die Erkenntnisse anderer Wissenschaften bereits von der Theologie berücksichtigt. Insgesamt liegt aber – außer dem Bezug zur Philosophie – leider nur wenig *für die Dogmatik* aufbereitete empirische Information vor. Die Aufgabe ist es daher, von dem präzise bestimmten Problem her genau auf die wichtigen Informationen nichttheologischer Wissenschaften zurückzufragen. Der Weg wird über *Gespräche mit Experten* in Forschungszentren und (vor allem) über große *Nachschlagewerke der nichttheologischen Wissenschaften* (mit Literaturhinweisen) gehen, die vom Anspruch her etwa der TRE vergleichbar sind; es müssen aber nicht nur solche umfangreichen Lexika sein. Ich führe in der knappen Literaturübersicht auch *einführende Werke aus der Theologie* auf, die das Verhältnis zu anderen Wissenschaften behandeln. Darüberhinaus sind die *Standardlehrbücher* der jeweiligen Fächer von Bedeutung. Sie sind in den neuesten Auflagen jedenfalls in der Lehrbuchsammlung einer Universität zu finden.

Zu den einzelnen Wissenschaften:

(1) Die mit der *neuzeitlichen Philosophie* besonders wichtige Frage nach der Mündigkeit wird bei der Tauftheologie fast aller systematisch-theologischer Entwürfe berücksichtigt (vgl. z.B. *Wilfried Härle,* Dogmatik (Berlin, New York 1995), 551-557). Die kirchengeschichtliche »Station« der Aufklärung hat uns zudem für den Sachverhalt zugerüstet. Auch heutige Philosophie reflektiert in besonderem Maße – wie etwa der Philosoph Peter Sloterdijk – die Grenzen menschlicher Autonomie (vgl. *ders.,* Weltfremdheit (Frankfurt/M. 1993), 275 u. ö.).

Allgemein einführende Literatur für die Philosophie: *Ernstpeter Maurer, Diogenes Allen,* Philosophie für Theologen (Theologische Bücherei 91) (Gütersloh 1995); *** *Wolfhart Pannenberg,* Theologie und Philosophie. Ihr Verhältnis im Lichte ihrer gemeinsamen Geschichte (Göttingen 1996); *Wilfried Härle,* Systematische Philosophie. Eine Einführung für Theologiestudenten (Gütersloh (2) 1987); *Heimo Hofmeister,* Philosophisch denken. Eine Einführung (Göttingen (2) 1997); *Joachim Ritter, Karlfried Gründer (Hgg.),* Historisches Wörterbuch der Philosophie (HWP) bisher 9 Bände (Basel, Darmstadt 1971ff.).

(2) *Entwicklungs- und sozialpsychologische Aspekte* werden durch praktisch-theologische Untersuchungen geboten. Empirische Daten etwa belegen, daß trotz der Bedeutung des Gedankens der Mündigkeit die Bereitschaft der Eltern, Kinder taufen zu lassen, hoch ist (neuerdings wieder: Fremde Heimat Kirche. Die dritte EKD-Erhebung über Kirchenmitgliedschaft, hrsg. v. Klaus Engelhardt u.a. (Gütersloh 1997), 369-371; vgl. zum folgenden *Christian Grethlein,* Taufpraxis heute. Praktisch-theologische Überlegungen zu einer theologisch verantwortbaren Gestaltung der Taufpraxis im Raum der EKD (Gütersloh 1988), 67-142). Sozialpsychologische Untersuchungen weisen nach, daß ein Grund dafür in der Bedeutung eines (Schwellen-)Rituals liegt. Ein Ritual kann emotional stabilisieren und Sinn und Geborgenheit vermitteln, wenn die neue Elternrolle oder die Aufgaben einer größer werdenden Familie Unsicherheiten in vielfacher Form mit sich bringen. Weitaus wichtiger ist jedoch der Gedanke der »Generationenvorsorge«. Taufgrund ist bei den der Kirche fernstehenden Menschen nicht die Entschiedenheit des eigenen Glaubens; vielmehr möchten Eltern aus dem Motiv der Fürsorge heraus dem Kind unbedingt alle Lebenschancen gewähren und somit auch die Möglichkeit einer religiösen Bindung.

Für die Psychologie: *Walter Rebell,* Psychologisches Grundwissen für Theologen. Ein Handbuch (München (2) 1992); *Niels Birbaumer u.a. (Hgg.),* Enzyklopädie der *Psychologie* (Göttingen 1981ff.); *Fritz Oser, Paul Gmünder,* Der Mensch. Stufen seiner religiösen Entwicklung. Ein strukturgenetischer Ansatz (Gütersloh (3) 1992); *Siegfried R. Dunde (Hg.),* Wörterbuch der Religionspsychologie (Gütersloh 1993); *Michael Utsch,* Religionspsychologie. Voraussetzungen, Grundlagen, Forschungsüberblick (Stuttgart 1997).

Für die Soziologie: *Siegfried R. Dunde (Hg.),* Wörterbuch der Religionssoziologie (Gütersloh 1994); *Anton A. Bucher,* Einführung in die empirische Sozialwissenschaft. Ein Arbeitsbuch für TheologInnen (Stuttgart 1994).

(3) Zur *rechtlichen Problematik* unseres Beispiels enthalten die theologischen Beiträge jedoch wenig (zur Frage der Kirchenmitgliedschaft und ihrer Begründung vgl. *Wolfgang Huber,* Auf dem Weg zu einer Kirche der offenen Grenzen, in: Taufe und Kirchenzugehörigkeit. Studien zur Bedeutung der Taufe für Verkündigung, Gestalt und Ordnung der Kirche, hrsg. v. Christine Lienemann-Perrin (München 1983), 488-514). Es ist demnach nötig, unmittelbar Erkenntnisse anderer Wissenschaften zu erschließen. Dafür kann es gut sein, daß man zunächst einen Vertreter der anderen Wissenschaft im Gespräch konsultiert. Vielleicht wird erst ein Jurist die Information geben können, daß der rechtliche Hintergrund des Satzes aus dem Parteiprogramm vor allem (von den vereinsrechtlichen Aspekten einmal abgesehen) in Artikel 4 (Abs. 1) des Grundgesetzes zu finden ist. Es heißt dort: »Die Freiheit des Glaubens, des Gewissens und die Freiheit des religiösen und weltanschaulichen Bekenntnisses sind unverletzlich.« Neuere Kommentare zum Grundgesetz geben die Rechtsprechung der Bundesverfassungsgerichts wieder und erläutern die rechtlich verbindliche Auslegung. Es ist in einem solchen Kommentar zu erfahren, daß Artikel 4 Abs. 1 das Recht jedes Bürgers umfasse, »frei über seine Zugehörigkeit zu einer Religions- und Weltanschauungsgemeinschaft zu entscheiden«; andererseits wird auch das Recht der Eltern festgeschrieben, »ihren Kindern die von ihnen für richtig gehaltene religiöse oder weltanschauliche Überzeugung zu vermitteln ... und ganz allgemein das Recht, seinem Glauben gemäß zu handeln« (vgl. *Karl-Heinz Seifert, Dieter Hömig (Hgg.),* Grundgesetz für die Bundesrepublik Deutschland (Baden-Baden 1982, (5) 1995), 58f. (dort die Belege aus der Rechtsprechung).

Für das Recht: *Helmut Coing,* Grundzüge der Rechtsphilosophie (Berlin, New York (5) 1993); *Wolfgang Huber,* Gerechtigkeit und Recht. Grundlinien christlicher Rechtsethik (Gütersloh 1996).

Für die Politik: *Otto Brunner, Werner Conze, Reinhart Koselleck (Hgg.),* Geschichtliche Grundbegriffe. Historisches Lexikon zur politisch-sozialen Sprache in Deutschland (GGB), 8 Bde. (Stuttgart 1979-1997).

Notieren Sie sich während Ihrer Untersuchung die für das gewählte Beispiel relevanten Erkenntnisse anderer Wissenschaften, um sie für die eigene Urteilsbildung zu verwenden. Es geht aber zunächst einmal darum *wahrzunehmen, ohne gleich zu werten.* Meine inhaltlichen Angaben sind nur

Anregungen, ohne den Anspruch, möglichst viele oder gar alle in diesem Zusammenhang sinnvollen Aspekte aufzulisten.
Um die *Literaturangaben zu vervollständigen*, führe ich weitere Wissenschaftsbereiche an. Das Verhältnis zur Religionswissenschaft und zu den Religionen schließt dabei die Frage nach dem Absolutheitsanspruch des Christentums mit ein.

Für die Naturwissenschaften: *Viggo Mortensen*, Theologie und Naturwissenschaft (Gütersloh 1995); *Jürgen Hübner*, Art. Naturwissenschaft und Theologie, in: EKL 3, Sp. 648-656; *Gerhard Sauter*, Theologie und Naturwissenschaften im Gespräch, in: VF 41 (1996), 85f. (vgl. auch die Literaturangaben S. 183 zur Schöpfungslehre).

Für die Religionswissenschaften: *Hubert Cancik u.a. (Hgg.)*, Handbuch religionswissenschaftlicher Grundbegriffe. 5 Bde. (Stuttgart 1988-96); *Franz König, Hans Waldenfels (Hgg.)*, Lexikon der Religionen. Phänomene – Geschichte – Ideen (Freiburg u.a. 1987, (3) 1995); *Fritz Stolz*, Grundzüge der Religionswissenschaft (Göttingen (2) 1997).

Zum Absolutheitsanspruch des Christentums: *Ernst Troeltsch*, Die Absolutheit des Christentums und die Religionsgeschichte (1902), (Gütersloh 1969), 11-131; *Carl H. Ratschow*, Die Religionen, (HST 16) (Gütersloh 1979); *Paul F.* Knitter, Ein Gott – viele Religionen. Gegen den Absolutheitsanspruch des Christentums (1985, dt. München 1988); *Reinhold Bernhardt*, Der Absolutheitsanspruch des Christentums. Von der Aufklärung bis zur pluralistischen Religionstheologie (Gütersloh 1990, (2., durchges. und erg. Aufl.) 1993); *Joachim Zehner*, Der notwendige Dialog. Die Religionen in katholischer und evangelischer Sicht (Gütersloh 1992).

5.3 Zusammenfassung

Wie verhalten sich im Rahmen der dogmatischen Methode Systematische Theologie und nichttheologische Wissenschaften zueinander?

Keineswegs sind die anderen Wissenschaften nur »Hilfswissenschaften«, deren Ergebnisse einfach nur nutzbringend angewendet werden sollen. Die Exegese und die Kirchengeschichte müssen ja, um ihre Aufgabe erfüllen zu können, auf »Hilfswissenschaften«, auf andere Disziplinen (Philologien, Geographie, Archäologie) zurückgreifen.[77] Dabei kann natürlich auch

77. Vgl. z.B. *Christoph Markschies*, Arbeitsbuch Kirchengeschichte (Tübingen 1995), 85-102 (»§ 6 Hilfswissenschaften«).

die Theologie in deren Rahmen als »Hilfswissenschaft« angewandt werden. In der Systematischen Theologie sind die *anderen Wissenschaften gleichrangig* in der Erklärung (Naturwissenschaften) und verstehenden Deutung (Philosophie, Geistes- und Humanwissenschaften, Religionswissenschaft) der *vorgefundenen Wirklichkeit.* Hier trifft die Verpflichtung zur Wahrheit, zu wahrer Erkenntnis, wie sie in allen Disziplinen besteht, aufeinander. Systematische Theologie muß ihre Verpflichtung zur Wahrheit in Korrelation, aber auch in Konfrontation mit den Ergebnissen der anderen Disziplinen erfüllen. Von der Sache her ist die Theologie demnach offen hin zu allen nichttheologischen Wissenschaften:

> *»Weil er [der christliche Glaube] sich in der letztlich entscheidenden Hinsicht von Wahrheit angegangen und der Wahrheit verbunden weiß, gehört die Konfrontation und Einigung mit dem gesamten Wahrheitsbewußtsein [auch dem anderer Wissenschaften] unabdingbar zu seiner Lebendigkeit.« (Gerhard Ebeling, Studium der Theologie. Eine enzyklopädische Orientierung (Tübingen 1975), 85).*

Das bedeutet nicht, daß hier ein kritikloses Verhältnis besteht; von der Theologie kann nicht die Aufgabe ihrer sachlichen Vorgaben verlangt werden. Wie die Ergebnisse anderer Wissenschaften in einem »Begründungszusammenhang« zu gewichten sind, wird im nächsten Schritt gezeigt werden. An dieser Stelle ging es um ein möglichst vorurteilsfreies Wahrnehmen der Erkenntnisse anderer Disziplinen, die »für unseren Fall« bedeutsam sind.

Fragen/Aufgaben

1. Warum hat der christliche Glaube die Erforschung der Natur motiviert?
2. Worin unterscheiden sich die biblizistische, die klassisch römisch-katholische und die im Rahmen der dogmatischen Methode vorgeschlagene Verhältnisbestimmung der Wissenschaften voneinander?
3. Nach welchem Prinzip waren die Wissenschaften an der mittelalterlichen Universität angeordnet?

3. Arbeitsschritt –
Gewichten der Ergebnisse

1. Vorbereitungen

Nach der Problempräzisierung und -bearbeitung geht es im dritten Arbeitsschritt im Rahmen der dogmatischen Methode um das »*Gewichten*« des bisher Gefundenen. Das Schaubild zeigt den bisherigen Weg und die nächsten Schritte »Gewichtung« und »Eigene Stellungnahme«.

Abb. 14

1. Schritt: Problemfindung

Situation:
Fachdisk. + nichttheol. Disk. in Korrelation
= Problempräzisierung und erkenntnisleitende Frage

2. Schritt: Problembearbeitung

historisch-kritischer Befund:
– Schrift
– Tradition
Fachdiskussion und andere Wissenschaften

3. Schritt: Gewichtung

Das eigene Vorverständnis
Begründungszusammenhang
– Schrift (maßgebend)
– Tradition (verstärkend)
– andere Wissenschaften (verifizierend)

4. Schritt: Eigene Stellungnahme

Ganz am Anfang des dritten Schritts »Gewichten« wird man die Bedeutung des Problems einschätzen, indem man für sich – unbefangen von der genauen Analyse der Gründe – das *eigene Vorverständnis* formuliert und gegenüber dem anfangs gefundenen präzisiert: Gehört die Problematik für mich zu den zentralen Fragen des Glaubens oder zu den weniger zentralen? In unserem *Beispiel der Kindertaufe* kann diese Frage allerdings unterschiedlich beantwortet werden. Zwei Antworten erscheinen möglich: *Nicht zentral;* denn entscheidend ist die Nachfolge, das christliche Tun im Alltag und nicht ein bloßes Ritual am Anfang des Lebens. *Zentral;* denn hier kommen ganz persönliches Christwerden und Christsein mit der Botschaft Jesu zusammen; es ist zudem im Neuen Testament kein bloßes Ritual, der Zusammenhang von Taufe und Leben wird außerdem bisher in den Gemeinden zuwenig beachtet.
Formulieren Sie – bevor Sie im einzelnen gewichten – Ihren Eindruck vom bisherigen Stand der Dinge: Worauf wird das Ergebnis der Untersuchung bei Ihnen hinauslaufen? Unbefangen von den einzelnen Argumenten vergewissern Sie sich – mit dem bisher Erarbeiteten im Hintergrund – im Blick nochmals auf Ihr eigenes »Vor-Urteil«.
Bevor Sie dann das bisher Gefundene gewichten, sammeln Sie möglichst übersichtlich die einzelnen Argumente. Es geht zunächst einmal darum, sich um der Übersicht willen die genaue erkenntnisleitende Frage zu vergegenwärtigen und weiterhin die Argumente aus

- der Schrift,
- der Tradition (insbesondere der Bekenntnistradition) und
- den anderen Wissenschaften

in einer eigenen Graphik und *in Stichworten pro und contra* vor Augen zu führen. Ich führe nach der erkenntnisleitenden Frage *einige* der möglichen Argumente an.

Abb. 15
Argumente, die für bzw. gegen die Kindertaufe sprechen.

Erkenntnisleitende Frage:
Wie ist heute angesichts neuzeitlicher Betonung der Mündigkeit des Menschen die Säuglingstaufe theologisch noch zu begründen und gesellschaftlich zu verantworten?

aus dem Schriftbefund:

Für die Kindertaufe sprechen:
- oikos-Formel läßt urchristl. Taufpraxis offen;
- Mk 10,13-16 parr.; der Segen, der auf

Gegen die K. sprechen:
- Taufbefehl Mt 28,19f. ist Gemeindebildung und geht nicht auf Jesus zurück;

den Kindern ruht, ist Jesus besonders wichtig; er beruft sie zum Reich Gottes;
- paulinische Verständnis (Röm 6,3f.), daß wir *durch die Taufe* Anteil gewinnen an der Heilswirkung des Todes Jesu Christi und in einem neuen Leben wandeln.

aus dem Traditionsbefund und der systematisch-theologischen Diskussion:

pro	*contra*
– Sakramentsbegriff: sichtbares Zeichen der vorausgehenden unsichtbaren Gnade (Augsburger Bekenntnis);	– der bewußte Akt der Buße und der Bekehrung ist ein notwendiger Bestandteil der Taufe;
– Heidelberger Katechismus: Kinder gehören wie die Alten in den Bund Gottes; ihnen wird der Heilige Geist zugesagt;	– Unterricht, eigenes Bekenntnis und Erleben der Taufe unabdingbar;
– auch Kinder sind zum Reich Gottes berufen und können daher getauft werden (Werner Elert);	– Gottes Heilswille kann sich auch ohne Taufe auswirken (Karl Barth);
– mit der katholischen und orthodoxen Kirche gemeinsame Taufpraxis;	
– K. ist eine lange, fast allgemeine Tradition der Christenheit.	– die Kindertaufe diente und dient auch heute in der Volkskirche pri mär der Bestandssicherung.

aus anderen Wissenschaften:

pro	*contra*
– stellvertretendes Handeln der Eltern in allen Bereichen in der Absicht, die Entwicklung des Kindes in jeder Hinsicht positiv zu fördern;	– Autonomievorstellung verlangt eigene Entscheidung;
– »Generationenvorsorge«;	– in der volkskirchlichen Praxis eher ein unreflektiertes Ritual ohne wirkliche Aufnahme in das Gemeindeleben.
– »Schwellenritual«.	

Mit der *ersten Zusammenführung* sind die Argumente zwar geordnet worden, sie sind aber noch nicht in ihrem Gewicht für die eigene Stellungnahme bestimmt. Das soll nun geschehen. Zuvor jedoch einige Informationen zur Aufgabe als solcher.

»Gewichten« bedeutet, die bisher gewonnenen Erkenntnisse in einen *theologisch angemessenen Begründungszusammenhang* zu bringen. Damit wird die eigene Stellungnahme als letzter Schritt vorbereitet. »Gewichten« heißt insofern, die Gründe für die eigene Stellungnahme einem möglichen Gesprächspartner transparent zu machen. Ich spreche dabei im spezifischen Sinne von einem »Begründungszusammenhang«.[78] Drei Bereiche gehören in diesen Zusammenhang; sie wiegen als Gründe für die eigene Stellungnahme unterschiedlich schwer:

1. der Schriftbezug *(maßgebend)*;
2. der Bezug zur Bekenntnistradition *(verstärkend)*;
3. der Bezug zum Allgemeinbewußtsein in einer durch andere Wissenschaften reflektierten Form *(verifizierend)*.

Warum aber ein Begründungs*zusammenhang*? Ist in der evangelischen Theologie nicht allein die Schrift maßgebend? Sind in der Praxis der Gemeinden nicht gerade die Gründe, die vom Bewußtsein der Zeit ausgehen, von besonderem Gewicht? Der Systematische Theologe Martin Kähler (1835-1912) hatte bereits Ende des letzten Jahrhunderts in seiner wissenschaftstheoretischen Grundlegung (*ders.*, Die Wissenschaft der christlichen Lehre von dem evangelischen Grundartikel aus im Abrisse dargestellt (1883, ND der 3. Aufl. v. 1905), hrsg. von Martin Fischer (Neukirchen 1966, ND 1994)) der Sache nach einen Begründungszusammenhang vorgeschlagen.[79] Er wollte damit der *Gefahr* begegnen, die bei der Gewinnung theologischer Aussagen

78. Der Begriff wird in der wissenschaftstheoretischen Diskussion in einem bestimmten Sinne vor allem von *Gerhard Sauter* gebraucht, vgl. *ders., Alex Stock*, Arbeitsweisen Systematischer Theologie. Eine Anleitung (ST(M) 2) (München/Mainz 1976, (2. durchges. Aufl.) 1982), 39.114; vgl. auch *Gerhard Sauter u.a.*, Wissenschaftstheoretische Kritik der Theologie (München 1973), 308ff. Vgl. zur Begründungsproblematik in der evangelischen Theologie, die nicht einheitlich gesehen wird, auch *Wolfhart Pannenberg*, Was ist eine dogmatische Aussage?, in: ders., Grundfragen systematischer Theologie. Gesammelte Aufsätze (Göttingen 1967, (3) 1979), 159-180.

79. Mit dem Begriff »Begründungszusammenhang« kann m.E. auch die Art und Weise bezeichnet werden, wie in der Alten Kirche Glaubensaussagen argumentativ fundiert wurden. Der katholische Theologe Hermann Pottmeyer schreibt im Blick auf die Wahrheitkriterien der Alten Kirche: »So treten zur Schriftgemäßheit als dem erstrangigen Kriterium des Bleibens in der Wahrheit als nachgeordnete Kriterien der synchrone und diachrone Konsens der Gesamtkirche, ausgewiesen durch Rezeption und Tradition, der Konsens des Bischofskollegiums, ausgewiesen als allgemeine Übereinstimmung in der Lehre oder auf einem Konzil und die Lehre der Päpste hinzu. Als wichtige Kriterien des gesamtkirchlichen Konsenses gelten das übereinstimmende Zeugnis der Kirchenväter, der Liturgien, der Theologen und der Charismen oder Heiligen« (vgl. *Hermann J. Pottmeyer*, Bleiben in der Wahrheit. Verbindlichkeit des Glaubenszeugnisses der Kirche aus katholischer Sicht, in: Wolfhart Pannenberg, Theo Schneider (Hgg.), Verbindliches Zeugnis II. Schriftauslegung – Lehramt – Rezeption (DiKi 9) (Freiburg, Göttingen 1995), 135-156 (Zitat 150).

entsteht, wenn einseitig *biblizistisch, traditionalistisch oder modernistisch* argumentiert wird. Für uns heißt dies, daß Schrift, Tradition und andere Wissenschaften in einem theologisch ausgewogenen Verhältnis zueinander stehen sollen und als Begründungs*zusammenhang* wirken.
Nachdem das Vorverständnis formuliert ist und die Argumente gesammelt sind, müssen die einzelnen Argumente überprüft und somit gewichtet werden. Dem folgt dann im nächsten Kapitel die eigene Stellungnahme, die präzise die Ergebnisse auf den Punkt bringen soll und die erkenntnisleitende Frage beantwortet.

2. Der Schriftbezug

Es ist nun notwendig, argumentativ zu verdeutlichen, wie *Sie* sich auf die drei Bereiche Schrift, (Bekenntnis-)Tradition und anderen Wissenschaften beziehen. Welches Gewicht räumen Sie den einzelnen Argumenten, dem in der Problembearbeitung Gefundenen, ein. Für den Schriftbezug stellen sich zwei Aufgaben: a) Fragen, die sich aus der *historisch-kritischen Bibelauslegung* ergeben, müssen *theologisch* geklärt werden; b) nachdem wir versuchten, in der Phase der Problembearbeitung den ganzen Traditionsstrom alt- und neutestamentlicher Theologie zu überschauen, muß jetzt eine klare Entscheidung getroffen werden, was *für Sie* das sachliche Zentrum der Schrift, der »*Kanon im Kanon*« ist. Was heißt das genau?

(1) Die *historisch-kritische Methode* analysiert und interpretiert den biblischen Text in den Bedingungen seiner Zeit. Dabei können erhebliche Probleme zutage treten. Man wird in unserem Taufbeispiel damit konfrontiert, daß der historische Jesus die Taufe (Mt 28,19) – folgt man der Exegese – gar nicht geboten hat. Der Taufbefehl ist demnach eine »Gemeindebildung«. Grundvoraussetzung vor allem für die evangelische Taufpraxis ist aber, daß sie sich auf Jesus zurückführen läßt. Was tun? Historisch-kritische Schriftauslegung zielt auch darauf, einen Text so zu interpretieren, daß eine »glaubende Aneignung« und »Aktualisierung in der Verkündigung der Kirche« möglich wird.[80] Am Beispiel der historisch-kritisch hinterfragten Einsetzung der Taufe durch Jesus selbst will ich zeigen, wie das Problem gelöst werden könnte. Weiterführende Literatur ist vermerkt.

80. Vgl. *Georg Strecker, Udo Schnelle,* Einführung in die neutestamentliche Exegese (Göttingen 1983, (4., überarb. und erw. Aufl.) 1994), 171.

Abb. 16
Wie kann ich den exegetischen Befund bewerten?
Systematisch-theologische Klärung am Beispiel der Frage: Taufe – sakramentales Gnadenmittel oder menschlicher Bekenntnisakt?

1. Das Problem:

Sakramente gehen nach reformatorischer Auffassung auf eine ausdrückliche *Einsetzung durch Jesus Christus* zurück und sind durch die göttliche Verheißung *Mittel der Gnade (Zeichen und Gabe)*.
Jesu Taufbefehl in Mt 28,19 und Mk 16,16 ist nach der Erkenntnis einer großen Zahl von Exegeten nicht auf den irdischen Jesus zurückzuführen. Die frühchristlichen Gemeinden haben hier ihre Taufpraxis legitimiert. Wie ist *systematisch-theologisch* mit diesem Problem umzugehen?

2. Lösungsmöglichkeiten:

1. Lösungsmöglichkeit – »die Radikale«:
Der *Sakramentsbegriff wird nicht mehr auf die Taufe* angewandt; denn dazu gehört die Einsetzung durch Jesus. Durch die Selbstbezeugung und Selbstmitteilung Christi im Wort geschieht die *Geisttaufe*.[81] Die *Wassertaufe* ist als verbindliches Bekenntnis des Gehorsams die Antwort des Menschen.[82] Der Sakramentsbegriff ist für Christus zu reservieren.[83] Nur er, Christus, ist das Geheimnis des Heilshandelns Gottes, der im Heiligen Geist bewirkt, was er zusagt.

2. Lösungsmöglichkeit – »Nicht der Taufbefehl, sondern Jesu Leben«:
Der exegetische Befund wird ernstgenommen, die Taufe aber anders begründet: *die Taufe Jesu*, deren Historizität kaum bestritten wird, ist als Begründung der Taufe als Sakrament ausreichend.[84] Ein von katholischen

81. Vgl. *Karl Barth,* Die Kirchliche Dogmatik. Die Lehre von der Versöhnung IV,4 (Fragment). Das christliche Leben (Zürich 1967), 35.
82. A.a.O., 1.
83. Vgl. *Eberhard Jüngel,* Zur Kritik des sakramentalen Verständnisses der Taufe, in: ders., Barth-Studien (ÖTh 9) (Zürich u.a. 1982), 295ff.
84. Vgl. *Wolfhart Pannenberg,* Systematische Theologie, Bd. 3 (Göttingen 1993), 306-314.

Theologen vertretener Ansatz: Auch wenn eine direkte Stiftung auszuschließen ist, so kann man doch sagen, daß die Sakramente auf Jesu Leben und Wirken zurückgehen:[85]
Taufe – Johannestaufe Jesu; in analoger Weise:
Abendmahl – aufgrund der vielen Gastmahle Jesu mit den Jüngern und den Sündern;
Bußsakrament – Jesu Vergebungswort (Mk 2,5) und die Gemeinschaft mit den Sündern;
Firmung – Äußerungen Jesu, den Heiligen Geist zu verleihen;
Krankensalbung – Jesu Heilen;
Weihesakrament – Jesu Berufung der Zwölf;
Ehesakrament – Jesu Rede zur Ehe und zur Ehescheidung (Mt 19,3-12).

3. Lösungsmöglichkeit – »Zweifel an der Methode«:
Der Taufbefehl als *Wort des Auferstandenen* ist der historischen Festellbarkeit ebenso entzogen wie die Auferstehung selbst.[86]

4. Lösungsmöglichkeit – »die katholisch-kirchliche«:
Jesus hat die sieben Sakramente eingesetzt, indem er das Universal- und Wurzelsakrament Kirche stiftete, er selbst ist das Ursakrament. *Die Einzelsakramente sind qualifizierte Selbstvollzüge der Kirche.* Die historische Jesusforschung zeigt, daß der Glaube an Jesus auch historisch verantwortbar ist. Sie vermittelt aber keine Glaubensgewißheit! »Diese ist gnadengewirkte personale Entscheidung des Glaubenden und gründet letzten Endes in der Verkündigung des auferstandenen und erhöhten Herrn, der der irdische und gekreuzigte ist, wie er uns in den Glaubenszeugnissen des NT (bes. der Evangelien) begegnet.«[87]

Entscheiden Sie sich für eine der angegebenen Lösungsmöglichkeiten (bzw. für eine nicht aufgeführte weitere Alternative). Begründen Sie Ihre Wahl. Zeigen Sie damit, welches Gewicht der Taufbefehl Jesu (Mt 28,19) in Ihrer Argumentation erhält.

85. Vgl. *Günter Koch,* Art. Einsetzung der Sakramente, in: Wolfgang Beinert (Hg.), Lexikon der katholischen Dogmatik (Freiburg u.a. 1987), 112f.
86. Vgl. *Edmund Schlink,* Die Lehre von der Taufe (Kassel 1969), 28.30.
87. Vgl. *Lothar Ullrich,* Art. Historischer Jesus, in: Wolfgang Beinert (Hg.) Lexikon der katholischen Dogmatik (Freiburg u.a. 1987), 268.

(2) Wir hatten im exegetischen Teil der Problembearbeitung (vgl. S. 59) hervorgehoben: Die unterschiedlichen Aussagen zu gewichten, ursprüngliche und abgeleitete, helle und dunkle, zentrale und periphere Zeugnisse zu unterscheiden, geschieht in einem späteren Schritt. Nun muß jeder und jede deutlich machen, was für ihn das *Sachzentrum der Schrift (»Kanon im Kanon«)* ist, an dem die zur Debatte stehenden Aussagen zu messen sind. In dieser Weise wird der mitunter widersprüchliche Schriftbefund systematisch-theologisch *maßgebend*. Auch der Schriftbefund wird nach dem Zentrum des christlichen Glaubens beurteilt. Wichtig ist, daß jede/jeder deutlich macht, was sie/er als dieses Zentrum ansieht. In der Mitte des Alten Testament steht das Zeugnis vom Bund Gottes mit seinem Volk und im Neuem Testament das Zeugnis von Jesus von Nazareth, dem Sohn Gottes. In diesem Sinne ist Luther zuzustimmen, der die *Mitte der Schrift in Jesus Christus und der Rechtfertigungsbotschaft* sieht. Der Wittenberger Bibelübersetzer schreibt in der Vorrede für den Jakobus- und Judasbrief: »Auch ist das der rechte prufesteyn alle bucher zu taddelln, wenn man sihet, ob sie Christum treyben, odder nit ... Was Christum nicht leret, das ist nicht Apostolisch, wens gleich Petrus odder Paulus leret, Widerumb, was Christum predigt, das ist Apostolisch, wens gleych Judas, Annas, Pilatus und Herodes thett.«[88]

Wenn ich die Rechtfertigungsbotschaft von der bedingungslosen Annahme des Menschen durch Gott als »Kanon im Kanon« betrachte, so kann dies für unser Beispiel der Kindertaufe heißen, daß gerade in ihr die bedingungslose Zusage des Heils und die reine Empfangshaltung des Menschen unüberbietbar zum Ausdruck kommen.

Insofern wird die Jesu Segnung der Kinder und die Verheißung des Reiches Gottes für Menschen wie sie *(Mk 10,13-16 parr.)* für die theologische Begründung der Kindertaufe erhebliches Gewicht bekommen.

Die *Oikos-Formel (Apg 16,15 u. ö.)* kann jedoch keine tragende Bedeutung gewinnen, weil sie nicht eindeutig eine Taufe kleiner Kinder belegt. Die Schrift ist demnach maßgebend nicht in dem Sinne, daß sie die Tatsache der Kindertaufe bezeugt. Zu fragen ist vielmehr, ob das Verständnis der Taufe im Neuen Testament die Kindertaufe als theologisch begründet zuläßt. Ist die Kindertaufe schriftgemäß?

Das *paulinische Verständnis der Taufe (Röm 6,3f.)* unterstreicht die mit der Rechtfertigungslehre gewonnene Deutung von Mk 10,13-16 parr. Paulus verteidigt seine Rechtfertigungsbotschaft aus Röm 3, indem er auf die Taufe Bezug nimmt. Sie wird als eine real existierende Verbindung des Täuflings mit Christus verstanden. Der Getaufte soll dann auch in seiner

88. Vgl. WA DB 7, 384, 25-32.

Lebensführung der vorausgehenden Gnade Gottes entsprechen. Die Bezeichung der Taufe als »Christus-Beschneidung« in Kol 2,11ff. spricht ebenso dafür, daß analog der Aufnahme von Kindern in den Jahwebund auch im Neuen Testament die Kindertaufe sachlich intendiert und somit theologisch gerechtfertigt ist.
Unsere Orientierung am »Kanon im Kanon«, an der Rechtfertigungslehre, bedeutet nicht, daß wir nun doch wieder zur einseitig auswählenden »Steinbruchexegese« etwa der altprotestantischen Orthodoxie zurückkehren. Wir »schütten« auch nicht das reiche Schrift-»Material« durch das »Sieb« der kirchlichen Lehre und »filtern aus«, was nicht gefällt. Vielmehr wird *im Bewußtsein der Breite biblischer Überlieferung* eine rechenschaftsfähige Antwort auf die Frage gegeben, was sachlich die Mitte der Schrift ist. Dabei kann es durchaus sein, daß Bibelstellen, die sonst wenig beachtet wurden, wieder oder in neuer Weise große Bedeutung gewinnen.

3. Der Bezug zur Bekenntnistradition

Von den vielfältigen Stimmen der Kirchengeschichte ist die Tradition zu unterscheiden, die bis heute verbindliche und wegweisende Bedeutung hat. Sie hat sich verdichtet und liegt uns heute vor in den sog. Bekenntnissen. So ist z.B. der Sakramentsbegriff Augustins vor allem eingeflossen in das Tauf- und Abendmahlsverständnis der lutherischen Reformation und der Confessio Augustana. Bekenntnisse sind für die Gestalt und die Praxis der Kirche von prägender Wirkung. Die von der Schrift gedeckte *Bekenntnistradition verstärkt die Argumentation*, weil darin der Konsens der Glaubensgemeinschaft über die Zeiten und über die Ortsgrenzen hinweg zum Ausdruck kommt.
Ausdrücklich sei vermerkt, daß Sie mit Ihrer Auffassung *auf der Grundlage der Schrift* auch in einem Gegensatz zur Bekenntnistradition stehen können. Ihre Argumentation wird so in dieser Auseinandersetzung mit der Tradition präzisiert und profiliert. Grundsätzlich gilt: In der Evangelischen Kirche können Sie alles sagen, Sie müssen es nur von der Schrift her begründen können. Bekenntnistradition ist *normierte Norm (norma normata)*. Sie kann von der *normierenden Norm (norma normans)*, der Schrift her immer wieder neu interpretiert, angeeignet und ggf. korrigiert werden. Seit der Alten Kirche wollten Bekenntnisse nichts anderes als zusammenfassende Auslegung der Schrift sein. Sie werden damit zu Quellen in der Systematischen Theologie.

In der Wissenschaft sind *Quellen* allgemein jene Texte, in denen die Sache besonders dicht, authentisch und ursprünglich zum Ausdruck kommt. Insofern können Quellen alle Glaubensaussagen von Christen und von der Kirche als Ganzes etwa in Konzilien sein. Hier soll von Bekenntnissen und wegweisenden Lehr- und Glaubenszeugnissen der evangelischen Kirchen (reformierte, lutherische, unierte) als Quellen im engeren Sinne die Rede sein. Es kommen dabei – ich wähle das Beispiel der evangelischen Kirche in Berlin-Brandenburg, sie ist uniert – sehr unterschiedliche *Textgattungen* zusammen: knappe *thesenartige Zusammenfassungen* des christlichen Glaubens (altkirchliche Bekenntnisse, Confessio Augustana, Schmalkaldische Artikel, Epitome (Kurzfassung) der Konkordienformel, Barmen, Leuenberger Konkordie); *theologische Abhandlungen* (Apologie der Konfession und der Traktat über die Gewalt und den Primat des Papstes); *Predigt und Katechese* (Großer und Kleiner Katechismus, Heidelberger Katechismus); vorwiegend *liturgische Texte* (Trau- und Taufbüchlein sowie andere Abschnitte im Kleinen Katechismus).

Abb. 17
Bekenntnisschriften als
Quellen in der Systematischen Theologie

Bekenntnisse sind »norma normata« und zusammenfassende Auslegung der Heiligen Schrift. Die Heilige Schrift ist »norma normans«.

Lutherisch: rechtlich verbindliche Zusammenfassung der gültigen Kirchenlehre; bleibend gültig und verpflichtend.
Reformiert: Notwendigkeit immer neuer Bekenntnisse

1. *Bekenntnisschriften der evangelisch-lutherischen Kirche (BSLK, Konkordienbuch 1580).*
   a) *Die drei altkirchlichen Glaubensbekenntnisse* (Apostolisches (5. Jh.), Nizänisches (4. Jh.) und Athanasianisches (7. Jh.) Glaubensbekenntnis)
   b) *Confessio Augustana* 1530 (Melanchthon)
   c) *Apologie der Confessio Augustana* 1530/31 (Melanchthon)
   d) *Schmalkaldische Artikel* 1537 (Luther)
   e) *Traktat über die Gewalt und den Primat des Papstes* 1537 (Melanchthon)
   f) *Kleiner Katechismus* 1529 (Luther)

g) *Großer Katechismus* 1529 (Luther)
h) *Konkordienformel* 1577 (mehrere Theologen: »... richtige und endgültige Wiederholung und Erklärung etlicher Artikel der Augsburger Konfession ...«)

2. *Heidelberger Katechismus 1563 (reformiert, Ursinus)*
3. *Barmer Theologische Erklärung 1934 (Bekennende Kirche, Karl Barth)*
4. *Leuenberger Konkordie 1973 (mehrere Theologen: Wiederherstellung der Kirchengemeinschaft reformatorischer Kirchen in Europa)*

Die Bekenntnisse stehen in den evangelischen Landeskirchen in unterschiedlicher Geltung!

Barmer Theologische Erklärung und Leuenberger Konkordie, Quellentexte/Einführungen: Die Barmer Theologische Erklärung. Einführung und Dokumentation. Hrsg. v. Alfred Burgsmüller und Rudolf Weth (Neukirchen-Vluyn 1983, (5., bearb. u. erg. Aufl.) 1993); Konkordie reformatorischer Kirchen in Europa (Leuenberger Konkordie). Dreisprachige Ausgabe mit einer Einleitung v. Friedrich-O. Scharbau. Hrsg. von Wilhelm Hüffmeier (Frankfurt/M. 1993); Textausgaben und einführender Literatur zu den anderen genannten Quellen finden Sie S. 77f., 80.

Der ausdrückliche Bezug auf die drei altkirchlichen Bekenntnisse zeigt, daß die Reformation nichts anderes als eine Erneuerungsbewegung in der *einen* Kirche sein wollte. Wenn gewichtet wird, sollte demnach auch betrachtet werden, wie die konfessionellen Lehrunterschiede in der neueren ökumenischen Diskussion gesehen werden. Ökumenische Dokumente relativieren oftmals mit Recht die konfessionellen Differenzen oder stellen sie in ein neues Licht. Besonders bedeutsam sind neben der Leuenberger Konkordie als Wiederherstellung der Kirchengemeinschaft (es war keine Kirchenvereinigung!) reformatorischer Kirchen (vgl. dazu auch die Literaturangaben zu den dogmatischen Themen (Loci) S. 181ff.):

Für die Rechtfertigungslehre: *Karl Lehmann, Wolfhart Pannenberg (Hgg.)*, Lehrverurteilungen – kirchentrennend? Bd. 1: Rechtfertigung, Sakramente und Amt im Zeitalter der Reformation und heute (DiKi 4) (Freiburg, Göttingen 1986, (3) 1988); *zur Diskussion* vgl. *Jörg Baur*, Einig in Sachen Rechtfertigung? Zur Prüfung des Rechtfertigungskapitels der Studie des Ökumenischen Arbeitskreises evangelischer und katholischer Theologen: »Lehrverurteilungen – kirchentrennend?« (Tübingen 1989); *Dietz Lange (Hg.)*, Überholte Verurteilungen? Die Gegensätze in der Lehre von Rechtfertigung, Abendmahl und Amt zwischen dem Konzil von Trient und der Reformation – damals und heute (Göttingen 1991). ***Gemeinsame Erklärung zur Rechtfertigungslehre. Ein Kommentar des Instituts für Ökumenische Forschung, Straßburg (Genf 1997); *zur Diskussion* über die »Gemeinsame Erklärung zur Rechtfertigungslehre« (GE) vgl. die Ausgaben von epd-Dokumentation 38/97, 46/97, 49/97, 1/98, 3/98, 7/98.

Für das *Tauf-, Abendmahls- und Amtsverständnis*: Taufe, Eucharistie und Amt. Konvergenzerklärungen der Kommission für Glauben und Kirchenverfassung des Ökumenischen Rates der Kirchen (Frankfurt/M., Paderborn 1982, (11) 1987); Die Diskussion über Taufe, Eucharistie und Amt 1982-1990. Stellungnahmen, Auswirkungen, Weiterarbeit. Hg. Kommission für Glauben und Kirchenverfassung des ÖRK (Frankfurt/M. 1990).

Quellentexte zu ökumenischen Verständigungsbemühungen: *Harding Meyer, Damaskinos Papandreou, Hans J. Urban, Lukas Vischer (Hgg.)*, Dokumente wachsender Übereinstimmung. Sämtliche Berichte und Konsenstexte interkonfessioneller Gespräche auf Weltebene, Bd. 1: 1931-1982 (Paderborn, Frankfurt/M. 1983, (2., rev. Aufl.) 1992); Bd. 2: 1982-1990 (Paderborn, Frankfurt/M. 1992).

Auszüge grundlegender evangelischer Quellentexte sind in den Gesangbüchern der Landeskirchen abgedruckt. Eine ausgezeichnete Arbeitshilfe für die lutherischen Bekenntnisse bietet das Werk: *Unser Glaube.* Die Bekenntnisschriften der evangelisch-lutherischen Kirche. Im Auftrag der Kirchenleitung der Vereinigten Evangelisch-Lutherischen Kirche Deutschlands (VELKD) hrsg. vom Lutherischen Kirchenamt der VELKD. Bearbeitet von Horst G. Pöhlmann. (Gütersloh 1986, (3. erw. Aufl.) 1991). Der historische Hintergrund der einzelnen Bekenntnisschriften wird erläutert. Kurzkommentare im Text geben elementare Informationen zu zentralen Begriffen, etwa dem Begriff der Rechtfertigung. Mit Hilfe des Namens-, Bibelstellen-, Stichwort- und Sachregisters können sehr leicht dogmatische und ethische Themen erschlossen werden. Etwa zum Thema »Taufe« bieten die plakatartigen Zusammenfassungen im Stichwort- und Sachregister einen vorzüglichen Einstieg in die reformatorische Tauftheologie; diese Zusammenfassungen sind ein Leitfaden, um sich intensiv mit einem Thema der Bekenntnisschriften zu befassen. Die vollständige und historisch-kritische Ausgabe (ebenfalls mit sehr guten Registern) ist: *Deutscher Evangelischer Kirchenausschuß (Hg.)*, Bekenntnisschriften der evangelisch-lutherischen Kirche (Göttingen 1930, (12) 1992) = BSLK. Weiterführende Literatur, die die Bekenntnisse erläutert, ist oben S. 77f., 80 aufgeführt.

Wählen Sie aus der Tradition aus, was Ihre Gewichtung des Schriftbefundes *verstärkend* deuten kann; dies könnten z.B. sein:

- das sakramentale Taufverständnis in der *Tradition* als Interpretation von Röm 6,3f. oder die Begründung der Kindertaufe, die in der Confessio Augustana und dem Heidelberger Katechismus Ihrem biblischen Befund entspricht. Taufe und Glaube gehören für die Reformatoren notwendig zusammen; die Kindertaufe ist ein vorauslaufendes Zeichen für die Bedingungslosigkeit der göttlichen Heilszusage. Damit verlöre m.E. das Argument der Glaubenstaufe an Gewicht und Mißstände in der volkskirchlichen Praxis könnten gerade aufgrund der reformatorischen Entscheidungen kritisiert werden.
- Aus der neueren *systematisch-theologischen Diskussion* könnte etwa die Sicht Werner Elerts aufgegriffen werden, der von Jesu Berufung der Kinder zum Reich Gottes ausgeht und Mk 10,13ff. parr. so mit der Taufe verbindet (vgl. *ders.,* Der christliche Glaube. Grundlinien der lutherischen Dogmatik (1940, Erlangen (6) 1988), 448).
- Die *ökumenische Diskussion* (z.B. die Lehrverurteilungsstudie und das Limadokument) sollte an sich immer zur Auslegung reformatorischer Bekenntnisschriften herangezogen werden. Das Thema der Kindertaufe ist aber in der ökumenischen Diskussion nicht kontrovers. Lediglich die gemeinsame Praxis der großen Kirchen könnte ein Grund sein, der mit in die Entscheidung einfließt.

4. Der Bezug zum Allgemeinbewußtsein in einer durch die nichttheologischen Wissenschaften reflektierten Form

Die Erkenntnisse anderer Wissenschaften können die Überzeugungskraft der getroffenen Entscheidung erhöhen. Ihnen fällt im Begründungszusammenhang neben Schrift und Tradition eine Wertigkeit dritten Ranges zu. Sie haben demnach *in der theologischen Begründung* keine tragende Bedeutung. Sie können aber dazu beitragen, die Entscheidung *gesellschaftlich zu verantworten.* Gerade in unserem Beispiel – da die Anfrage an die kirchliche Praxis zuerst in der Politik laut wurde – hat dieser Teil des Begründungszusammenhangs besondere Bedeutung.
Die Lösungsmöglichkeit, die durch das Gewichten von Schrift und Bekenntnistradition gewonnen wurde, soll verifiziert werden. Was heißt »verifizieren«? Zwei Vorgänge sind in dem Begriff eingeschlossen: *Bewährung* der eigenen theologischen Entscheidung an der gegenwärtigen Wirklichkeit, wie sie im Allgemein- oder Wahrheitsbewußtsein anderer Wissenschaften zum Ausdruck kommt und gleichzeitig *Erhellung* der gegenwärtigen Wirk-

lichkeit durch die Glaubensaussage (vgl. zur Aufgabe der Verifikation dogmatischer Aussagen *Gerhard Ebeling,* Studium der Theologie. Eine enzyklopädische Orientierung (Tübingen 1975), 144f. und *Hermann Fischer,* Systematische Theologie. Konzeptionen und Probleme im 20. Jahrhundert (GKT 6) (Stuttgart u.a. 1992), 240-244; Lit.!).

Martin Kähler, auf den der hier aufgegriffene Vorschlag eines Begründungszusammenhanges der Sache nach zurückgeht, hat im 19. Jahrhundert noch die Philosophie als diejenige Wissenschaft verstanden, in der sich die geistige Situation der Zeit widerspiegelt. Aus den oben genannten Gründen, der Ausgliederung selbständiger Einzelwissenschaften aus der Philosophie, müssen hier jedoch *alle relevanten nichttheologischen Wissenschaften* herangezogen werden.

Wir können zusammenfassen: Eine dogmatische Aussage sollte sachgemäß (Schrift- und Traditionsbezug) sein. Sie sollte aber auch situationsangemessen (Bezug zu nichttheologischen Wissenschaften) sein. Verifizieren kann dabei auch bedeuten, sich eines Gegensatzes zwischen christlicher Glaubenserkenntnis und dem Wahrheitsbewußtsein anderer Wissenschaften erst richtig bewußt zu werden. Die Konfrontation ist ebenso möglich wie die Korrelation, die zur Bewährung einer dogmatischen Aussagen führt. Naturwissenschaftliche Erkenntnis zum Beispiel muß damit nicht in Harmonie mit der eigenen dogmatischen Aussage sein, wie es die klassische katholische Theologie postulierte (vgl. S. 108f.): Naturwissenschaftliche Erkenntnis sei dann wahr, wenn sie sich harmonisch auf die kirchliche Lehre beziehen lasse.

Was heißt »verifizieren« für unser Beispiel der Kindertaufe? Es heißt: die Entscheidung – etwa zur Beibehaltung der Kindertaufe – für Nichtglaubende nachvollziehbar zu machen und somit gesellschaftlich zu verantworten. Dadurch bekäme die Entscheidung auch für die eigene Glaubensgemeinschaft mehr Gewicht. »Verifikation« kann in diesem Fall folgendermaßen geschehen (ich führe auch hier nur einige Argumente als Beispiel, wie es sein könnte, an):

- *Rechtlich:* Bewähren wird sich die Entscheidung für die Kindertaufe am geltenden Recht, das das stellvertretende Handeln der Eltern für ihre Kinder vorsieht; Eltern haben das Recht, ihrem Glauben gemäß zu handeln (vgl. auch S. 114 und die Bestimmungen des Grundgesetzes für die Bundesrepublik Deutschland). Der Staat gewährleistet die Religionsfreiheit; somit kann der Erwachsene sich später auch gegen die Taufe entscheiden und aus der Kirche austreten.
- *Philosophisch:* Bewähren kann sich die dogmatische Entscheidung etwa am Denken eines Philosophen wie Peter Sloterdijk, der im besonderen Maße an die Grenzen menschlicher Autonomie erinnert. Der Mensch

lebt aus dem bewußten Aneignen grundlegender Entscheidungen, die ohne ihn gefallen sind: etwa der Anerkenntnis seiner Geburt. In der wichtigsten Frage des Lebens hat der autonome Mensch, worauf Peter Sloterdijk mit Immanuel Kant »luzide und taktvoll« hinweist, nun einmal »kein eigenes Stimmrecht« besessen (vgl. *ders.*, Weltfremdheit (Frankfurt/M. 1993), 275). Jeder Taufakt von Kindern erhellt den Charakter menschlicher Existenz als verdanktes und geschenktes Leben. Keineswegs stünde die Taufe unmündiger Kinder dem »unveräußerliche(n) Recht des Kindes auf freie Entfaltung seiner Persönlichkeit entgegen« (vgl. oben S. 29). Die Taufe wird, *sofern* sie im Leben immer wieder zum Bewußtsein und zur Geltung kommt, zum dankbar anerkannten Grund selbstverantwortlichen und freien Handelns.

- *Entwicklungspsychologisch:* Die für die Persönlichkeitsentwicklung grundlegende Bedeutung der ersten sechs Lebensjahre wird heute stärker als früher gesehen. Kirchliche Vollzüge sind daher wichtig, die fest in eine Gemeinschaft einbinden und mit erneuertem Kontakt zur Gemeinde, mit Taufunterricht, Patenamt u.a. m. einen Ansporn darstellen, religiös zu erziehen. Es ist darüberhinaus nicht sinnvoll, Jugendliche in einer Zeit in die Gemeinde einzugliedern, in der sie der Tendenz nach eher von zu Hause wegstreben (Pubertät).
- *Sozialpsychologisch:* Die Tauffeier hat ihren guten Sinn als Schwellenritual, das den Beginn eines neuen Lebensabschnittes markiert. Vor allem aber korrespondiert der Gedanke der »Generationenvorsorge« mit dem Sinn der Taufhandlung; denn in der Taufe eröffnet sich der Spannungsbogen des ganzen menschlichen Lebens, der von der Geburt bis zum Tode und darüber hinaus reicht. Das elterliche Motiv der Fürsorge wird in der Taufe durch die Berufung zu einem erfüllten, zum ewigen Leben in ein ganz neues Licht gestellt.

Fragen/Aufgaben

1. Was ist mit dem Begriff »Begründungszusammenhang« gemeint?
2. Was meint der Begriff »Kanon im Kanon«?
3. Warum und auf welcher Grundlage kann in der evangelischen Kirche das Bekenntnis korrigiert werden?
4. Was besagt die Unterscheidung von norma normans und norma normata? Beschreiben Sie den Unterschied mit eigenen Worten.
5. Warum sollen dogmatische Aussagen verifiziert werden?

4. Arbeitsschritt – Die eigene Stellungnahme

1. Perspektiven der Formulierung

Am Ende des Weges steht eine *klare Antwort* auf die erkenntnisleitende Frage. Auch wenn das Problem – nach intensivem Bemühen – *nicht* eindeutig geklärt werden kann, muß auch dieses Ergebnis doch klar zum Ausdruck kommen. In einer (Examens-)Klausur etwa darf die Behandlung einer dogmatischen Frage auf keinen Fall mit der systematisch-theologischen Fachdiskussion im 20. Jahrhundert enden. Das Ziel ist die *eigene* Stellungnahme. Weder Karl Barth noch Dorothee Sölle, weder lateinamerikanische Befreiungstheologen noch die Verfechterinnen einer feministischen Theologie können Ihnen die Aufgabe abnehmen, das Christsein in unserer Zeit denkend zu verantworten und »Rechenschaft des Glaubens« zu geben (1 Petr 3,15). Das ist die *Aufgabe jedes und jeder einzelnen* an seinem bzw. ihrem Ort.

In der Antwort »verschmelzen« die mit der Gewichtung vorgebrachten Gründe aus Schrift, (Bekenntnis-)Tradition und wissenschaftlicher Verifikation. Darin unterscheidet sich die *Gewichtung* von der *eigenen Stellungnahme.* Die eigene Antwort muß nicht noch einmal das ganze Feld der Gewichtung aufzeigen, sondern faßt in (möglichst) einem Satz das Ergebnis der ganzen Untersuchung zusammen. So wie die Problempräzisierung am Anfang letztlich auf eine erkenntnisleitende Frage konzentriert wurde, so sollte auch am Ende der Untersuchung knapp, eindeutig und situationsbezogen geredet werden: »Die kirchliche Praxis der Säuglings- bzw. Kindertaufe ist demnach theologisch gut begründet und gesellschaftlich verantwortbar; sie widerspricht nicht dem Recht auf freie Entfaltung der Persönlichkeit, sondern kann dieses – richtig verstanden – grundlegen und fördern.«

Die Antwort kann mit Gründen aus der Problemgewichtung erläutert werden. Die Erläuterung wird gegenüber *Gemeindegliedern* der Form nach anders ausfallen als gegenüber säkularen, *nichtglaubenden Mitmenschen.* Sinnvoll ist es auch, Konsequenzen für die gemeindliche, schulische bzw. gesamtgesellschaftliche Praxis als Ausblick aufzuzeigen.

1.1 Im Blick auf die Gemeinde

Wenn Sie in der Gemeinde Ihre Lösung vorstellen, können Sie damit rechnen, daß die Gründe aus Schrift und Tradition in Grundzügen vertraut sind und als Argumentationsbasis anerkannt werden. Indem Sie die erkenntnisleitenden Frage beantwortet haben, konzentrierten Sie sich auf den Kern der Problematik. Nun kann »der Fächer wieder aufgehen«; ein Ausblick orientiert über mögliche Konsequenzen. Das wären z.B.:

- Ein Plädoyer für die Kinder- und die Erwachsenentaufe als gleichberechtigte Alternativen;
- ein Hinweis darauf, daß mit dieser Taufpraxis eine Gemeinschaft von Getauften und Ungetauften und das Problem einer »gestuften Kirchenzugehörigkeit« entsteht (vgl. zum Problem: *Wolfgang Huber,* Auf dem Weg zu einer Kirche der offenen Grenzen, in: Taufe und Kirchenzugehörigkeit. Studien zur Bedeutung der Taufe für Verkündigung, Gestalt und Ordnung der Kirche, hrsg. v. Christine Lienemann-Perrin (München 1983), 488-514). Können z.B. ungetaufte Kinder am Abendmahl teilnehmen?
- Eine Verhältnisbestimmung zur Kindersegnung, die sich als Wachstum und Bewahrung verheißende Segenshandlung grundlegend von der Taufe als rettender, neuschöpfender Heilshandlung unterscheidet (vgl. dazu *Wilfried Härle,* Dogmatik, 555f.).

1.2 Im Blick auf die säkularen Mitmenschen

Ihr Lösungsvorschlag sollte, wie bereits erwähnt, auch gesellschaftlich verantwortbar sein. Das heißt, daß jemand, der nicht glaubt, die Grundzüge Ihrer Argumentation nachvollziehen können soll. Der Sache nach werden Sie das Gleiche sagen, der Form nach, um zu überzeugen, werden andere Argumente in den Vordergrund treten. Jemand, der nicht glaubt, soll sich vor allem in den Erkenntnissen anderer Wissenschaften wiederfinden können.

Ich fasse zusammen: Das eigene Urteil in Form einer Antwort auf die erkenntnisleitende Frage ist das Ziel der dogmatischen Methode. »Urteilen« ist jedoch aufs Ganze gesehen ein umfassender Prozeß. In der Antwort kristallisiert sich ein Vorgang, der folgendes umfaßt:[89]

89. Vgl. hierzu *Christofer Frey,* Dogmatik. Ein Studienbuch (Gütersloh 1977, (3) 1993), 16f. (»Zur Strukturierung eines dogmatischen Urteilsbildungsprozesses«).

- die angemessene *Problempräzisierung*;
- eine für andere bzw. einen Gesprächspartner Schritt um Schritt *nachvollziehbare Begründung* der Aussagen sowie das Vorgehen nach den allgemeinen *Regeln der Logik;*
- eine Stellungnahme *in Auseinandersetzung* mit anderen Sichtweisen und
- die Angabe *maßgeblicher Kriterien.*

2. Anwendungen

Mit der eigenen Stellungnahme ist die dogmatische Methode als Ganzes vorgestellt und im Überblick erschlossen. Vier weitere Möglichkeiten sollen nun beschrieben werden, die *Arbeitsschritte der dogmatischen Methode schöpferisch anzuwenden:* die Disputation (1), die systematisch-theologischen Teile der Predigt- (2) und der Unterrichtsvorbereitung (3) sowie drei Beispiele für Fallstudie und Planspiel (4).

2.1 Die Disputation

Es ist sinnvoll, das eigene Urteil zu überprüfen.[90] Dazu gab es (insbesondere) im Mittelalter und in der Reformation eine spezifische Form: die Disputation. *Sie sollte heute wieder gezielt für den systematisch-theologischen Unterricht erschlossen werden.*[91] Die Disputation, das öffentliche Streitgespräch, klingt heute noch in der – besonders bei evangelischen Theologen – beliebten Form der These nach. Die eigene Ansicht wird in der Form einer These vorgebracht. Im Mittelalter waren lectio und disputatio die Lehrformen, in

90. In der Ethik ist es üblich, Entscheidungen noch einmal zu überprüfen. Der Göttinger Ethiker *Dietz Lange* prüft »auf Angemessenheit zu den Kriterien und Vermittlungsregeln des ethischen Urteils; auf Plausibilität der Begründung; auf Einmischung illegitimer Interessen des Handlungssubjekts« (*ders.*, Ethik in evangelischer Perspektive. Grundfragen christlicher Lebenspraxis (Göttingen 1992), 521.
91. Das an sich ausgezeichnete Handbuch Hochschullehre. Informationen und Handreichungen aus der Praxis für die Hochschullehre (Bonn (Losebl.-Ausg.) 1994ff.) hat leider diese besonders unter Theologen bewährte Lehrform noch nicht im Blick.

denen eine Vorlesung stattfand.[92] In der disputatio hatte der Student alle acht bis 14 Tage die Möglichkeit, mit seinem eigenen Urteil zu Wort zu kommen. In meinen Proseminaren, Repetitorien und religionspädagogischen Weiterbildungen lasse ich gegen Ende des Semesters Disputationen durchführen. Sie haben sich als schöpferische Anwendung der dogmatischen Methode außerordentlich gut bewährt. *Dabei ist wichtig:* Die relevanten Disziplinen (Exegese = »Schrift«; Kirchengeschichte und nichttheologische Wissenschaft = »Lebens- und Gemeindeerfahrung«) werden durch einzelne Personen vertreten, die Thesen werden als Syntheseleistung (= Systematische Theologie) der Dreiergruppe von einer weiteren Person vorgestellt; das Auditorium ist beteiligt; die Zuhörer sollen am Ende begründet über die Stichhaltigkeit und Plausibilität der vorgetragenen Argumente entscheiden. So werden durch die Personen die Bezugswissenschaften der Systematischen Theologie verdeutlicht. Auch die Funktion der Dogmatik (Systematischen Theologie) als »wissenschaftliche Selbstprüfung« (vgl. S. 20) wird klarer. Sinnvoll ist es, einen Moderator einzusetzen, der auf die Redezeiten achtet. Die Reihenfolge der Wortmeldungen muß nicht unbedingt so eingehalten werden, wie es im folgenden angegeben ist; diese Form hat sich aber bewährt.

Abb. 18
Regeln der Disputation

Teilnehmer und Teilnehmerinnen:
- 3 Kommilitonen und Kommilitoninnen, die die Thesen aufstellen.
- 3 Kommilitonen und Kommilitoninnen, die die Thesen zu widerlegen suchen.
- Das Auditorium, das am Schluß entscheidet.

1. Runde (20 Minuten):
a) Vorstellung und Widerlegung der Thesen
- 7 *Thesen* werden von einem Kommilitonen/einer Kommilitonin vorgestellt und erklärt (Die Thesen sollen in der vorangehenden Sitzung dem Seminar schriftlich (ohne Erklärung) vorgelegt werden.)

92. Vgl. dazu *Gert Ueding, Bernd Steinbrink,* Grundriß der Rhetorik. Geschichte, Technik. Methode (Stuttgart 1986), 60f. Daß die Streitmethode des Mittelalters auch heute, z.B. bei dem Kölner Völkerrechtler Schiedermair, mit großem Erfolg in der Lehre genutzt werden kann, zeigt: *Kurt Reumann,* Kultivierter Streit als Leistungssport. Wortturnier an der Kölner Universität: Ist das Hochschulgesetz verfassungswidrig?, in: FAZ Nr. 39 vom 16. Februar 1998, 3.

– Widerlegung der Thesen
Zeit: je 3 Minuten.

b) Vorstellung und Widerlegung der Schriftbegründung
– Die Thesen werden von einem weiteren Kommilitonen/einer weiteren Kommilitonin aus der *Schrift* begründet (Bibelstellen an die Tafel schreiben).
– Widerlegung der Schriftbegründung
Zeit: je 3 Minuten

c) Vorstellung und Widerlegung der Gründe aus Lebens- und Gemeindeerfahrung
– Die Thesen werden von einem weiteren Kommilitonen/einer weiteren Kommilitonin aus der *Lebens- und Gemeindeerfahrung* (ggf. Jura, Psychologie, Soziologie etc.) begründet (Argumente in Stichpunkten an die Tafel schreiben).
– Widerlegung dieser Begründung
Zeit: je 3 Minuten

2. Runde (15 Minuten):
Rückfragen aus dem Auditorium an die Disputanten

3. Runde (15 Minuten):
Schlußvoten der Disputanten (jeder/jede 2 Minuten)

4. Runde (20 Minuten):
– Klärung durch den Moderator/die Moderatorin: Was sind nach dieser Disputation die genauen Entscheidungsalternativen?
– *Entscheidung* des Auditoriums
a) Pro-und contra-Abstimmung
b) *Begründung* durch jeden einzelnen/jede einzelne

Die Disputation kann mit dieser Rollenverteilung anschaulich machen, daß Dogmatik in der »*Kommunikations- und Verantwortungsgemeinschaft« der Kirche* (vgl. oben S. 13) geschieht. Sie ist eine handlungsorientierte Lehrform; das Ziel der Systematischen Theologie und das Zusammenspiel mit anderen theologischen Disziplinen und nichttheologischen Wissenschaften wird dadurch vor Augen geführt. Die Disputation kann nicht nur an der Universität, sondern auch in der Fortbildung (z.B. bei Katecheten- und Pfarrkonventen), der Schule und in der Gemeinde

(z.B. in einer GKR-Rüste und einer Gemeindeversammlung) angewendet werden.
Für Pfarrer und Religionslehrer wird das eigene Urteil hinsichtlich eines dogmatischen Problems vor allem am Anfang der Vorbereitung von Predigt und Unterricht stehen. Im folgenden soll der Bezug hergestellt werden von der *dogmatischen Methode* zu den methodischen Schritten in *Predigt- (2) und Unterrichtsvorbereitung (3)*. Denn auch bei diesen Formen wird ein systematisch-theologischer Methodenschritt verlangt. Wie verhalten sich diese praktisch-theologischen Methoden zum hier vorgeschlagenen dogmatischen Vorgehen?

2.2 Der systematisch-theologische Teil der Predigtvorbereitung

Die Predigtvorbereitung geschieht in der Regel in folgenden Schritten:
- Nach einer ersten Phase *spontaner Einfälle* zum Text folgen
- die *exegetische Grundlegung,*
- die *systematisch-theologische Predigtüberlegung* und
- die *homiletische Predigtüberlegung* im Blick auf die Gemeinde und die Person des Predigers;
- am Ende stehen *Predigtziele.*

Sehr häufig klagen Praktische Theologen über den systematisch-theologischen Teil der ihnen vorgelegten Arbeiten. Dieser Teil stehe oftmals wie ein erratischer Block im Ganzen der Predigtvorbereitung. Eine Ansammlung von Begriffen aus der Dogmen- und Theologiegeschichte verdecke eher die lebendige und vielgestaltige Text- und Gemeindesituation, als daß sie etwas zu deren Erhellung beitrage:[93] »Es zeigt sich hier das Problem, daß dogmatische Begriffe in isolierter Verwendung inhaltlich überaus schillernd und letztlich in Hinsicht auf ihre Bedeutung undeutlich sind.«[94]
In den praktisch-theologischen Hinweisen für die Anfertigung einer Predigtarbeit heißt es zu den »systematisch-theologischen Überlegungen«:[95]

93. Vgl. stellvertretend *Birgit Weyel,* Text und Wirklichkeit in der Predigtarbeit. Eine homiletische Erörterung zu Ostern in den Göttinger Predigtmeditationen (Diss. Berlin 1997), 198f. und *Klaus-Peter Jörns,* Schritte der Predigtvorbereitung, in: BThZ 14 (1997), 273-289.
94. Vgl. *Birgit Weyel,* a.a.O., 199.
95. Vgl. *Michael Meyer-Blanck, Birigit Weyel,* Hinweise zur Anfertigung einer Predigtarbeit (unveröffentlichtes Manuskript 1996), 3f.

»Sind die wesentlichen Aussagen des Predigttextes [in der exegetischen Grundlegung] geklärt, so sind diese nun systematisch-theologisch zu durchdenken. Das bedeutet zunächst nichts anderes, als daß der Text in einen größeren Zusammenhang gestellt wird. Häufig ist eine bestimmte Themen- oder Problemstellung zutage getreten, die zu erkennen und zu formulieren ist. Beispiele: Gebet, Theodizee, freier – unfreier Wille. Suchen Sie das dogmatische Problem zu fassen und arbeiten Sie dann an diesem Problem: Welche Stimmen und Gegenstimmen gibt es? Diese können der christlichen Überlieferungsgeschichte entnommen werden: von der Bibel und Bekenntnisschriften bis hin zu Zeitgenossen. Es kann hilfreich sein, bedeutende Auseinandersetzungen exemplarisch heranzuziehen: Beispiele: Luther und Erasmus zur Willens(un)freiheit; Barth und Brunner zu Natur und Gnade, Luther und Barth zur Verhältnisbestimmung von Gesetz und Evangelium usw. Wichtig ist aber, daß es – auch – hier nicht in erster Linie darum geht darzustellen, welche Position der eine oder andere bedeutende Theologe hatte bzw. hat. Es geht darum, daß Sie selbst theologische Fragen und Probleme klären. Entscheiden Sie auf der Grundlage der Argumente, die Ihnen am meisten einleuchten und schließen Sie sich nicht nur einem ›großen Namen‹ an! Referieren Sie nicht einfach aus Dogmatiken! ... Versuchen Sie ..., zunächst das – auf ihren Predigttext bezogene – Problem zu formulieren und dann erst Lösungsmöglichkeiten zu diskutieren und schließlich Ihre Entscheidung zu begründen.«

Diese Hinweise enthalten vieles, was auch für die dogmatische Methode von Bedeutung ist: das Erfassen des Problems; das Hören auf Stimmen und Gegenstimmen in Schrift und Tradition; der Hinweis, das Problem zunächst für sich selbst zu formulieren und dann eigenständig zu klären. Die Schlußfolgerung liegt nahe: Die Schritte der Predigtvorbereitung führen weitgehend über den gleichen Weg, den auch die dogmatische Methode einschlägt. Gemeinsamkeiten und Unterschiede sehe ich in folgendem:

- Der *Problembestimmung* entsprechen erste Einfälle und ein erstes intuitives Erfassen dessen, was am Predigtext für den Prediger oder für die Gemeinde »wunderbar« oder »unannehmbar«[96] ist, was also in unserer Zeit eine besondere Vermittlungs- bzw. Klärungsaufgabe darstellt; in der dogmatischen Methode wird jedoch mehr Zeit und methodische Mühe darauf verwandt, auch andere Facetten des Problems zu klären.

96. Vgl. *Klaus-Peter Jörns*, a.a.O., 273.

- Der *Problembearbeitung* entspricht die Einordnung in einen »größeren Zusammenhang« in den »systematisch-theologische(n) Überlegungen«.
- Der *eigenen Stellungnahme* entspricht die Formulierung von Predigtzielen und deren Gliederung. In der dogmatischen Methode geht dieser Stellungnahme jedoch die Gewichtung der exegetischen und systematisch-theologischen Erkenntnisse voraus.
- Das *Wirklichkeitsverständnis der Zeit* ist in der homiletischen Predigtüberlegung in Form von Belletristik, Lyrik, Zeitung gegenwärtig. Im Rahmen der dogmatischen Methode wird ausführlicher der wissenschaftliche Kontext bestimmter gesellschaftlicher Vorstellungen und Praktiken aufgesucht.

Die *Schritte der Predigtvorbereitung* und die der *dogmatischen Methode* verlaufen demnach weitgehend parallel, über weite Strecken sogar auf dem gleichen Weg. Der Anlaß aber kann unterschiedlich sein: Hier die Predigt über einen Bibeltext, dort grundsätzlich die wissenschaftliche Selbstprüfung jeder Form der Rede von Gott. Es werden außerdem *andere Schwerpunkte* gesetzt. So ist der Dialog mit nichttheologischen Wissenschaften in der dogmatischen Methode auf grundsätzliche Aspekte bezogen. Fragen der Vermittlung werden nicht thematisiert. Die Predigtarbeit erweitert die dogmatische Methode um die eigene Stellungnahme in Form der Predigt als Zeugnis des Glaubens. In diesem Sinne ist die Dogmatik, wie Barth es einmal gesagt hat, tatsächlich nichts anderes als Predigtvorbereitung.

Das Einüben der dogmatischen Methode in der Systematischen Theologie und die Nähe der Praktischen Theologie zu ihr, wenn es um die Schritte der Predigtvorbereitung geht, sind von großer Bedeutung. So kann die beklagte systematisch-theologische Schwäche in der Predigtvorbereitung überwunden werden. Entscheidend ist: *Bereits die Analyse der Situation* (vgl. oben S. 29-32), *die ersten Predigteinfälle im Blick auf Text und Gemeinde sollten das dogmatische Problem erfassen, z.B. die Art der Vermittlung dessen, was »wunderbar« oder die Klärung dessen, was »unannehmbar« ist (Klaus-Peter Jörns).* Die Systematische Theologie darf nicht – in Form von abstrakten Begriffen – erst an dritter Stelle folgen. Das hier vorgeschlagene dogmatische und das praktisch-theologische Verfahren verfolgen beide die gleiche Intention: Sie wollen eine unreflektierte Wiedergabe von dogmen- und theologiegeschichtlichen Formeln und Begriffen vermeiden.

2.3 Der systematisch-theologische Teil der Unterrichtsvorbereitung

Auch für den Religions- bzw. den Konfirmandenunterricht sind bestimmte Vorbereitungsschritte üblich:[97]

- Die *Analyse des didaktischen Bedingungsfeldes* (Kenntnisse der konkreten Schulverhältnisse, der Voraussetzungen einer bestimmten Klasse/eines bestimmten Konfirmandenjahrgangs);
- die *fachwissenschaftliche Analyse* (exegetische und systematische Reflexion des (Bibel-)Textes oder des Themas);
- die *fachdidaktische Analyse* (die begründete Auswahl des Stoffs für eine Klasse/einen Konfirmandenjahrgang) und die Formulierung von *Lernzielen*;
- *methodische Überlegungen* (begründete Wahl der Methoden, Sozial- und Aktionsformen);
- *Verlaufsplanung* (Überlegungen zum Ablauf, zur methodischen Gestaltung und den organisatorischen Notwendigkeiten des geplanten Unterrichts).

Der systematisch-theologische Teil gehört danach zur fachwissenschaftlichen Analyse. Der Religionspädagoge Rainer Lachmann verweist »bei einer *bibelorientierten Unterrichtseinheit*« auf die »exegetische und hermeneutische Erarbeitung des Bibeltextes« sowie die »systematisch-theologische Reflexion des Textes und Themas«. Für eine »*problemorientierte Unterrichtseinheit*« sind dies der »Ausweis der dogmatischen bzw. ethischen Bezüge« samt »systematisch-theologische(r) Erarbeitung der aufgewiesenen dogmatischen oder ethischen Problematik/Thematik« und die »Auseinandersetzung mit einschlägigen Sachbeiträgen aus den Humanwissenschaften«.[98]

Wie in den Schritten der Predigtvorbereitung besteht auch hier die *Gefahr:* die dogmen- und theologiegeschichtlichen Begriffe tragen wenig dazu bei, die durch die Analyse des Bedingungsfeldes gewonnenen Einsichten zu erhellen. In der Predigt zeigt sich diese Gefahr darin, daß die dogmatischen Begriffe der Kirchengeschichte die lebendige Textwirklichkeit verdecken und dominieren. Im Unterricht mit den spürbaren Reaktionen der Schülerinnen und Schüler besteht die Gefahr, daß die zu feststehenden Begriffen gewordenen systematisch-theologischen Sachverhalte zu-

97. Ich orientiere mich an *Rainer Lachmann,* Wege der Unterrichtsvorbereitung, in: Gottfried Adam, Rainer Lachmann (Hgg.), Religionspädagogisches Kompendium. Ein Leitfaden für Lehramtsstudenten (Göttingen (5., neu bearb. Aufl.) 1997), 222-241 (vor allem 230-232).
98. Vgl. *Rainer Lachmann,* a.a.O., 238 (Hervorhebung von mir!).

wenig Gewicht bekommen. Vor den Realitäten von Schule, Kindern und Jugendlichen wird man sich eher auf etwas zurückziehen, was leicht vermittelbar ist.
Auch in der Unterrichtsvorbereitung sollte die systematisch-theologische Besinnung früh einsetzen. Wie bei den Predigtschritten, an deren Anfang der Text und dessen intuitiv wahrgenommenes Problem steht, so muß auch in der Unterrichtsvorbereitung schon am Anfang, bei der Analyse des Bedingungsfeldes, die dogmatische Problematik festgestellt werden. Dabei werde ich das »Bedingungsfeld« immer als *Christ* und als *Religions*lehrer betrachten. Der Gedanke der Rechenschaft des Glaubens ist ständig gegenwärtig, ein befristeter »Kirchenaustritt« unmöglich. Die systematische Reflexion kann m.E. nicht auf *einen* Schritt der Vorbereitung beschränkt werden. Systematische Theologie ist die Reflexion des Glaubens vor der *Gegenwart*. Diese Gegenwart tritt mir konkret in den Menschen einer Schulklasse/eines Konfirmandenjahrgangs entgegen mit deren entwicklungs- und religionspsychologischen, sozialen und kirchlich-religiösen Voraussetzungen.
Entsprechend der Predigtarbeit wären demnach *in Beziehung zu setzen:*

- Problembestimmung in der dogmatischen Methode und die Analyse des didaktischen Bedingungsfeldes;
- Problembearbeitung und exegetische, systematisch-theologische und humanwissenschaftliche Auseinandersetzung in der fachwissenschaftlichen Analyse;
- Gewichtung und fachdidaktische Analyse sowie
- eigenes Urteil und die Lernziele mit den methodischen Überlegungen.

Auch hier zeigt sich: *Der Weg der Unterrichtsvorbereitung und der Gang der dogmatischen Methode haben dieselbe »Streckenführung«.* Beide unterscheiden sich durch den Anlaß der Reflexion und aufgrund der eigenen Stellungnahme, die in die Form einer konkreten Unterrichtsstunde gegossen wird. Auch die Schwerpunktbildung kann anders sein. Die dogmatische Methode wird sich länger an manchen »Stationen« der Kirchengeschichte, der neueren systematisch-theologischen Diskussion und der Auseinandersetzung mit nichttheologischen Wissenschaften aufhalten.
Die sachliche Nähe von Religionspädagogik und Systematischer Theologie läßt sich trotz unterschiedlicher Aufgaben und Schwerpunkte am *Beispiel des Schulbuches* zeigen: Wie in keinem anderen Medium spiegeln sich in Büchern des Religionsunterrichts und des Konfimandenunterrichts drei im systematisch-theologischen Zusammenhang entscheidende Größen wider: das Ergebnis *fachwissenschaftlicher Forschung* ist dort vereint mit dem pädagogisch gefaßten *Selbstverständnis einer Gesellschaft* bzw. einer Gemeinde und der *Situation der Heranwachsenden.* Das Schulbuch gene-

rell ist ein Spiegel der gesamtgesellschaftlichen Verfassung und Bewußtseinslage. Im Religionsbuch wird im Gegensatz zu seelsorgerlicher und gottesdienstlicher Praxis der Versuch, christliche Glaubensinhalte zu vermitteln, quellenmäßig greifbar.
Es kann hier konstatiert werden, daß *methodisch Gemeinsames Systematische Theologie und Religionspädagogik* verbindet:[99] In der Unterrichtsvorbereitung strebt die didaktische Reduktion ja nie eine Verkürzung dessen an, was als christlicher Glaube gilt und vermittelt werden soll. Vielmehr soll angesichts einer bestimmten Situation dargestellt und erklärt werden, was Christsein bedeutet. Was die Systematische Theologie also als Wissenschaft und in grundlegender Auseinandersetzung mit den anderen Wissenschaften leistet – befreit von den Fragen konkreter methodischer Vermittlung –, wird auch Ziel der Religionspädagogik angesichts einer konkreten Unterrichtssituation sein – entlastet von der Klärung grundlegender exegetischer, kirchengeschlichtlicher und systematisch-theologischer Vorfragen.
Betrachtet man so Predigt- und Unterrichtsvorbereitung, dann wird man feststellen: *die dogmatische Methode läßt sich in entsprechende praktisch-theologische Verfahren integrieren.* Sie muß lediglich erweitert (eigene Stellungnahme als Predigt bzw. als Verlaufsplan einer konkreten Stunde) und situationsspezifisch mit eigenen Schwerpunkten eingesetzt werden. Die praktisch-theologischen Verfahren müssen jedoch von Anfang an als Reflexion des Glaubens auch systematisch-theologisch durchgeführt werden. Dieser grundsätzliche Zusammenhang der hier vorgestellten Methoden sollte im akademischen Lehrbetrieb aufgezeigt und eingeübt werden.

2.4 Die systematisch-theologische Fallstudie und das Planspiel

Gerade erst in der jüngsten Zeit ist von Kirchenleitung und wissenschaftlicher Theologie gefordert worden, die *theologische Urteilsfähigkeit von Studierenden* im besonderen Maße *zu stärken.*[100] Die traditionelle Hoch-

99. Vgl. dazu ausführlich meine Habilitationsschrift *Joachim Zehner,* Das Forum der Vergebung in der Kirche. Studien zum Verhältnis von Sündenvergebung und Recht. Öffentliche Theologie Bd. 10 (Gütersloh 1998), 17-40.
100. Vgl. hierzu den Bericht von *Heike Schmoll* über die 9. Konsultation »Kirchenleitung und wissenschaftliche Theologie« 1997 in Leipzig, *dies.,* Nicht ohne Theologie. Zur Klärung der Werte sind die theologischen Fakultäten unerläßlich, in: FAZ Nr. 226 vom 29. September 1997, 16. *Der Sache nach* ist dies auch eine der wichtigsten Forderungen, die die »Gemischte Kommission für die Reform des Theologiestudiums« bereits 1988 an die Aus- und Fortbildung stellte; das ist mit

schulausbildung mit ihrem Schwerpunkt auf der Vermittlung spezialisierten Fachwissens geriet damit in die Kritik. Von Hochschulabsolventen erwartet man zunehmend, daß sie bereits bei dem Einstieg in das Berufsleben die Fähigkeit besitzen, eigenverantwortlich und selbständig Lösungskonzepte zu entwickeln.[101] Dieser Aufgabe sind sie aber selten gewachsen, wenn nur Fach- und Faktenwissen vermittelt wird. Gefordert werden heute Handlungs- und Problemlösungskompetenz, die mit Teamgeist, Entscheidungsfähigkeit, Durchhaltevermögen und Verantwortungsbereitschaft verbunden sind.

Neue Lehrverfahren, die *Fallstudienbearbeitung und das Planspiel,* können diesen Anforderungen gerecht werden. Sie sorgen für eine realitätsnahe und praxisbezogene Ausbildung. Fachwissen und die genannten Schlüsselqualifikationen kommen hier zusammen. Wissenstransfer auch von der Praxis in die Hochschule wird möglich. Angewandt wurden diese Lehrverfahren vor allem in der Betriebswirtschaftslehre. Sie können aber auch in einer Weise durchgeführt werden, die den *spezifischen Anforderungen* der Systematischen Theologie *angemessen* ist.

Ich will zunächst Lehrende und Lernende mit wenigen grundsätzlichen Überlegungen *in die Fallstudienbearbeitung und das Planspiel* einführen. An drei Beispielen soll dann erläutert werden, wie es in der Praxis gehen könnte. Informationsmaterial zu den Beispielen, Literaturangaben und didaktisch-methodische Hinweise für Dozenten sind unter meiner Homepage http://www2.rz.hu-berlin.de/~h1001dgm/ abzurufen. Ich beziehe mich auf die vorgestellte dogmatische Methode, hoffe aber, auch einen Beitrag zur theoretischen Grundlegung der Fallstudien- oder Planspielmethode in der theologischen bzw. der gesamten universitären Ausbildung zu leisten.[102]

ihrem Schlüsselbegriff »Theologische Kompetenz« gemeint; vgl. Grundlagen der theologischen Ausbildung und Fortbildung im Gespräch. Die Diskussion über die »Grundsätze für die Ausbildung und Fortbildung der Pfarrer und Pfarrerinnen der Gliedkirchen der EKD«. Dokumentation und Erträge 1988-1993, hrsg. im Auftrag der Gemischten Kommission für die Reform des Theologiestudiums v. Werner Hassiepen und Eilert Herms (RthA 14) (Stuttgart 1993), 19-25.

101. Das »methodisch sichere Können, das sich an immer neuen Fragen zu bewähren weiß«, stellt auch für den juristischen Bereich ein von vielen namhaften Juristen unterzeichnetes Thesenpapier heraus, abgedruckt in: FAZ Nr. 247 vom 24. Oktober 1997, 12: »Die Erneuerung tut not. Thesen zu einer Reform der universitären Juristenausbildung«.

102. Vgl. hierzu für den Religionsunterricht neuerdings *Peter Kliemann,* Impulse und Methoden. Anregungen für die Praxis des Religionsunterrichts (Stuttgart 1996).

Was ist eine Fallstudie, was ein Planspiel?

»Ein Planspiel ist ein Lehrverfahren, bei dem am Modell einer ... Situation dem Lernenden Handlungsentscheidungen abverlangt werden, deren Auswirkungen dann überprüft werden.«[103] Es stehen demnach bei einem Planspiel das Problemlösen und insbesondere das Üben des Problemlösungsprozesses im Vordergrund. Überall da, wo nicht reines Faktenwissen, sondern Problemlösungskompetenz vermittelt werden soll, ist der Einsatz eines Planspiels sinnvoll.

Planspiel und Fallstudienbearbeitung sind zu unterscheiden: Analyse und Ergebnis stehen bei der Fallstudie im Vordergrund; Rollen werden nicht verteilt, die Dynamik des Entscheidungsprozesses, der Weg zum Ergebnis, treten in den Hintergrund. Planspiele sind komplexer und betonen die Spielsituation. »Unter einer ›*Fallstudie*‹ wird ... die detaillierte Schilderung einer spezifischen Unternehmenssituation verstanden, die in der Regel vor der Entscheidungsphase abbricht und von den Fallbearbeitern ... verlangt, sich zunächst im Einzelstudium, sodann in Gruppenarbeit und Plenardiskussion eine Entscheidung zur Lösung des anstehenden Problems zu erarbeiten.«[104] Fallstudien werden von Einzelpersonen oder von einem Team bearbeitet.

Für die Theologie sollte das Planspiel der Fallstudie nach Möglichkeit vorgezogen werden. Denn das Eindenken und Einfühlen in vergangene Glaubenszeugnisse und Theologumena und das vorurteilsfreie Verständnis anderer Sichtweisen sind in der Systematischen Theologie von großer Bedeutung. Das Planspiel entspricht der Grundregel, Positionen *zunächst* »in optimam partem« zu interpretieren und sie dann erst zu kritisieren. Ein »Fall« wird aber immer der Ausgangspunkt sein, und es kommt auf die Ressourcen (vor allem die Zeit) an, ob man ihn als Fallstudie oder Planspiel bearbeitet. Beide Lehrverfahren sollten – wie im Vorwort betont (vgl. oben S. 9) – *eine Ergänzung* gegenwärtiger Lehr- und Lernmethoden sein.

Das Vorgehen in Fallstudienbearbeitung/Planspiel und dasjenige in der dogmatischen Methode entsprechen einander über weite Strecken:

103. Diese Definition verwendet *Ulrich D. Holzbaur,* Spielend lehren – spielend lernen. Planspiele und ihr Einsatz in der Hochschullehre, in: Handbuch Hochschullehre. Informationen und Handreichungen aus der Praxis für die Hochschullehre (Bonn (Losebl.-Ausg.) 1994), A 3.4, 3.

104. Vgl. *Manfred Perlitz, Paul J. Vassen,* Grundlagen der Fallstudiendidaktik. Führungskräfte fördern. Eine Reihe des Wuppertaler Kreises, Bd. 3 (Köln 1976), 173 (Hervorhebung von mir!).

Weg und Ziel von	
Planspiel bzw. Fallstudie[105]	***und dogmatischer Methode***
– Kritische Analyse von Problemen,	Problemfindung
– Förderung von Kooperationsbereitschaft und	
– Erkennen komplexer Zusammenhänge;	Problembearbeitung
– Sammlung und Verarbeitung problemrelevanter Daten	Gewichtung
– Umsetzung des Gelernten in die Praxis	Eigene Stellungnahme

Planspiel und Fallstudie sind die Lehrverfahren, die der dogmatischen Methode m.E. am besten entsprechen. *Die dogmatische Methode kann damit einen festen »Sitz im Leben« nicht nur in der universitären Ausbildung, sondern auch in der kirchlichen Fortbildung und dem Meinungsbildungprozeß einer Gemeinde vor Ort bekommen.* Predigt- oder Unterrichtsvorbereitung müssen mit Hilfe der dogmatischen Methode von der oder dem einzelnen geleistet werden; Planspiel und Fallstudie beziehen unser Verfahren auf eine Gruppe. Beide Lehrformen eignen sich sehr gut, die unterschiedlichen Gaben und *Kompetenzen in einer Kirchengemeinde* konstruktiv aufeinander zu beziehen. Hier zeigt sich, daß die dogmatische Methode nicht allein auf den universitären Bereich beschränkt ist.

Für die *Zusammenarbeit von Universität und Gemeinde* ist daran zu denken, daß im Rahmen eines regelmäßigen Austausches Probleme aus der Praxis durch *systematisch-theologische Projektgruppen an der Universität* bearbeitet werden. Diese Projektgruppen aus Theologiestudierenden werden von Dozenten geleitet. Sinnvoll wäre es auch, das Thema interdisziplinär, aus der Perspektive unterschiedlicher theologischer Disziplinen (Exegese, Kirchengeschichte, Praktische Theologie) und – wenn sachlich notwendig – gemeinsam mit Studierenden anderer Wissenschaften bearbeiten zu lassen. In der heterogenen Besetzung kämen die unterschiedlichen Bezugswissenschaften der Systematischen Theologie zum Ausdruck.

105. Vgl. dazu *Manfred Perlitz, Paul J. Vassen,* Grundlagen der Fallstudiendidaktik, 130.

Die Projektgruppen präsentieren gemeinsam die Lösungen vor den Praktikern, z.B. in einem Gemeindekirchenrat, auf Konventen und Gemeindeversammlungen oder auch auf Synoden. Ein besonderer Schwerpunkt der Ausbildung läge auf der klaren und ansprechenden *Präsentation der Ergebnisse.* Die Zusammenarbeit von Universität und Gemeinde ist besonders wichtig, da für jedes dogmatische Problem eine Fülle an Informationen aus den theologischen Disziplinen und anderen Wissenschaften beschafft werden muß.
Planspiel und Fallstudienbearbeitung allein in der Gemeinde setzen voraus, daß ein theologisch-wissenschaftlich Geschulter bereits Hintergrundmaterial gesammelt, aufbereitet und den Mitarbeitern zu Verfügung gestellt hat. Von den Praktikern in der Gemeinde ist keine umfangreiche Recherche zu erwarten. Andererseits wäre es ein wichtiger Übungseffekt in der Gemeinde, Wege zu erschließen, auf denen Gemeindeglieder sich die für die Lösung notwendigen Informationen beschaffen können. Auch die Reduktion auf das Wesentliche (Bibel, Bekenntnisschriften) und auf weitere Informationen aus dem eigenen, spezifischen Kompetenzbereich könnte nützlich sein.

Eine Fallstudie oder ein Planspiel entwickeln – einige Hinweise

Es gibt keine Fallstudie, kein Planspiel von der Stange. Beide müssen der Situation, dem Ziel und den zur Verfügung stehenden Ressourcen (Zeit, Vorwissen der Teilnehmer, Medien, Unterrichtsräume etc.) angepaßt sein. Es ist sehr wichtig, *Fälle aus der Praxis* aufzugreifen. Denn erst dadurch kommt der Wissenstransfer von der Praxis in die Universtität zustande! Sie sollten also keinen »Fall« konstruieren oder gar ganz erfinden. Realitätsnähe, Spielreiz und Lerneffekt entscheiden über Akzeptanz, über Effizienz und Erfolg. Zur Vorbereitung sind folgende Schritte nötig (ausführlich erklärt werden die Schritte bei *Ulrich D. Holzbaur,* Spielend lehren – spielend lernen. Planspiele und ihr Einsatz in der Hochschullehre, in: Handbuch Hochschullehre. Informationen und Handreichungen aus der Praxis für die Hochschullehre (Bonn (Losebl.-Ausg.) 1994), A 3.4, 15-17):

- Festlegung der Ziele;
- Kriterien für den Einsatz;
- Auswahl, Erstellung oder Anpassung der Fallstudie, des Planspiels;
- Einweisung, Durchführung, Auswertung, Erfolgskontrolle;
- Bewertung der Fallstudie, des Planspiels.

Bedingung – insbesondere für das Planspiel – ist, daß mehrere Gruppen von Beteiligten bzw. Betroffenen auftreten, die unterschiedliche Interessen verfolgen. In den Personen bzw. Gruppen sollten sich verschiedene

theologische Richtungen, Grundüberzeugungen anderer Wissenschaften und Weltanschauungen widerspiegeln. Die Handlungsmöglichkeiten müssen spielerisch nachvollziehbar sein.
Anhand dreier *Beispiele*, zweier Fallstudien und eines Planspiels, möchte ich im folgenden aufzeigen, wie die dogmatische Methode mit Hilfe der Fallstudienbearbeitung umgesetzt werden kann. Die Fallstudien wurden von mir selbst in einer religionspädagogischen Weiterbildung erprobt; die dort ausgegebenen »Hinweise und Vorschläge für Gruppenarbeit und Präsentation« füge ich bei (vgl. S. 149f.).

Fallstudie »Kirchengemeinde Zum Heiligen Kreuz«

Die Kirche der Gemeinde Zum Heiligen Kreuz steht in einem Bezirk mit hohem Ausländeranteil, darunter sind viele Muslime. Die Zahl der Gemeindeglieder sinkt so stark, daß eine Erhaltung des großen wilhelminischen Kirchengebäudes mit ehemals 1500 Plätzen finanziell nicht mehr möglich ist. Der Gemeindekirchenrat (GKR) entschließt sich, die Kirche so umzubauen, daß auch Ausstellungen, Tagungen, Filmvorführungen stattfinden können. Auch ein Cafe wird in einem Seitenschiff eingerichtet.
Die nach dem Umbau fälligen Betriebskosten betragen 90.000 DM, die Gemeinde wird aus Kirchensteuermitteln jedoch lediglich mit 35.000 DM an Sachmitteln unterstützt und ist somit darauf angewiesen, den Kirchraum zu vermieten.
Probleme tauchen jedoch auf, als während einer Tagung eine Skulptur aus einer parallel dazu stattfindenden Ausstellung beschädigt wird. Da die Apsis der Kirche mit Altar und Versammlungsraum der gottesdienstlichen Gemeinde als Ausstellungsraum genutzt werden, kommt es vor, daß viele Tagungsbesucher nicht mehr wissen, in welch einem Raum sie sich befinden. So werden z.B. Tassen auf dem Altar abgestellt und der Raum und die Altardecke verschmutzt. Der Gemeindekirchenrat entschließt sich demzufolge, einen Lettner, eine Schranke zwischen Apsis und großem Kirchenschiff einzubauen.
Das Projekt, das erst wenige Jahre alt ist, bewegt die Gemüter der Gemeindeglieder, und es tauchen in der Sitzung des GKRs viele Fragen auf: Wo sind die Grenzen für bestimmte Formen von Veranstaltungen? Darf eine Gemeinde ihre Kirche vermieten? Gibt es nach evangelischem Gottesdienstverständnis »heilige Räume«, etwa die Apsis der Kirche?

Bestimmen Sie das theologische Problem in möglichst vielen Facetten. Entwickeln Sie einen theologisch verantwortbaren Lösungsvorschlag.

Materialien zu den theologischen Prämissen des Kirchenumbaus und eine Sammlung befürwortender und kritischer Stimmen sind unter meiner Homepage zu finden: http://www2.rz.hu-berlin.de/~h1001dgm/

Fallstudie »Radio Paradiso«

In Berlin ist im Frühjahr 1997 der erste christliche Radiosender in Deutschland mit terrestrischer UKW-Frequenz entstanden. Auf dem hart umkämpften Radiomarkt der deutschen Hauptstadt geht es dem Sender um Musik, News, Service, Unterhaltung – und Gottes Wort. Der Sender mit seinem christlichen und gemeinnützigen vierundzwanzigstündigen Hörfunkprogramm wird finanziell nicht von Kirchensteuern getragen. Der theologische Hintergrund ist landeskirchlich mit starker Beteiligung der Freikirchen, z.B. der Baptisten, Methodisten und der selbständigen-lutherischen Kirche. Evangelische Institutionen (Diakonische Werke, Versicherungen, Banken, Presseverbände) bilden die Gesellschafter des Senders. Im Programm soll auf lange Werbeblöcke verzichtet werden. Man hofft, auch mit der Hilfe eines Freundeskreises den Sender finanziell zu tragen. Unternehmen und Privatpersonen können Mitglied im Förderkreis werden. Der Medienrat wollte ausdrücklich keine zu enge Anbindung an die Amtskirchen.
Das Projekt wird von der evangelischen Kirche teils emphatisch begrüßt, teils skeptisch beurteilt. Während manche sagen, die Öffentlichkeit habe sich radikal medial verschoben, und Kirche oder Christen müssen jede Möglichkeit nützen, in den Medien präsent zu sein und auf diesem Weg Gehör zu finden und Traditionen, die sonst weitgehend wegbrechen würden, aufrechtzuerhalten oder wenigstens an sie zu erinnern, meinen andere, dies sei genau der falsche Weg: Die finanziell notwendige Kundenorientierung führe zwangsläufig zur Anpassung des Evangeliums an die religiösen Bedürfnisse der Mehrheit, lautet beispielsweise ein kritischer Einwand. Ungeklärt erscheint das Verhältnis von den Hörern und dem Sender zu Gemeinden vor Ort. Gibt es ein Christsein ohne Kirche, ohne konkrete Gemeinde? Der Sender schaffe für Hörerinnen und Hörer »Pseudointimität«; die Vereinzelung und Entfremdung in unserer Gesellschaft werde letztlich nur gefördert. Radio Paradiso könne zu einer »elektronischen

Kirche« werden, wie sie aus den USA bekannt ist, obwohl das ausdrücklich nicht im Interesse des Senders liegt. Um diesen Vorwürfen entgegenzuwirken, will der Sender künftig in seinem Programmangebot die Aktivitäten einzelner Kirchengemeinden oder kirchliche Werke und Arbeitszweige stärker berücksichtigen.
Bestimmen Sie das theologische Problem in möglichst vielen Facetten. Entwerfen Sie die Grundlinien für eine theologisch verantwortbare Lösung.

Materialien zur Konzeption des Senders sind unter meiner Homepage http://www2.rz.hu-berlin.de/~h1001dgm/ zu finden.

Die nun folgenden Hinweise und Vorschläge zur Gruppenarbeit und Präsentation sind sehr detalliert; denn sie sollen zeigen, wie mit der Fallstudienbearbeitung die Methodenschritte der dogmatischen Methode umgesetzt werden können. Wenn Gruppen viel Zeit zur Verfügung haben, ist es für eine kreative Fallbearbeitung sinnvoll, methodisch weniger vorzugeben.

Zur Bearbeitung der beiden Fallstudien:
Hinweise und Vorschläge für Gruppenarbeit und Präsentation:

1. Gruppensitzung am ... (Problempräzisierung und -bearbeitung):

- *Lesen Sie das Fallbeispiel und das erläuternde Material. Notieren Sie sich dabei weitere Facetten des Problems. (Stillarbeit)*
- *Tragen Sie die erkannten Facetten des Problems in der Gruppe zu einer Problemskizze zusammen. Bestimmen und präzisieren Sie das Problem etwas genauer: Worum geht es eigentlich? Was gehört alles dazu: theologische (darunter auch ökumenische), soziale Aspekte des Problems? (Gruppenarbeit)*
- *Verteilen Sie die Aufgaben weiterer Informationsbeschaffung:*
  Vorgaben und Leitgedanken aus der Tradition (Bekenntnisteil des Gesangbuches, Unser Glaube. Die Bekenntnisschriften der evangelisch-lutherischen Kirche, hrsg. v. Lutherischen Kirchenamt im Auftrag der VELKD. Bearb. v. Horst G. Pöhlmann (Gütersloh 1986, (3) 1991))
  Sachinformationen zu allen involvierten Bereichen, etwa: Ev. Kirche und Medien, Kirchbau, Gottesdienstverständnis. Ziehen Sie dazu die in diesem Arbeitsbuch angegebenen Lexika (vgl. S. 32-34), die Aufsätze (Fall-

studie »Kirchengemeinde Zum Heiligen Kreuz«) und alle Hilfsmittel, die Sie zu Hause haben, heran. (Gruppenarbeit)

- *Abgesehen davon: Jeder Gruppenteilnehmer sollte versuchen, Vorgaben und Leitlinien der Schrift herauszufinden.*
- *Für zu Hause: Definieren Sie die für Ihre Fallstudie wichtigen theologischen Begriffe und formulieren Sie Ihre erkenntnisleitende Frage.*

2. Gruppensitzung am ... (Problembearbeitung und Gewichtung):

- *Sammeln und besprechen Sie die erarbeiteten Informationen.*
- *Entwickeln Sie einen Lösungsvorschlag, der Antworten auf folgende Fragen enthält:*
  Was ist das eigentlich theologische Problem?
  Wie kann eine theologisch begründete und gesellschaftlich verantwortbare Lösung aussehen? Bereiten Sie die Präsentation der Ergebnisse vor. Mögliche Formen wären z.B. Thesenpapier, Tafelbild, Overhead-Folie, Anhörung mit Sachverständigen oder was auch immer. Sie haben maximal 15 Minuten Zeit.

3. Präsentation am ... (Eigene Stellungnahme):

- Präsentieren Sie Ihre wesentlichen Problemschwerpunkte und Ihren Lösungsvorschlag anschaulich und prägnant. Überzeugen Sie als Theologe, Christ und Zeitgenosse!

Zum Charakter des Lösungsvorschlags:

Der Lösungsvorschlag soll theologisch begründet und gesellschaftlich verantwortbar sein. »Theologisch begründet« heißt, daß Sie einen Begründungszusammenhang herstellen, in dem
- die Schrift maßgebend ist,
- die Tradition Ihren Lösungsvorschlag mit Argumenten der Glaubensgemeinschaft der Kirche verstärkt und
- die Erkenntnisse nichttheologischer Wissenschaften (Sachinformationen) die Überzeugungskraft Ihres Vorschlags erhöhen.

»Gesellschaftlich verantwortbar« heißt, daß auch jemand, der nicht glaubt, die Grundzüge Ihrer Argumentation nachvollziehen kann. Er soll sich vor allem in den Erkenntnissen nichttheologischer Wissenschaften wiederfinden können.

Das nächste Beispiel ist ein *Planspiel.* Zur Durchführung benötigen Sie mehr Zeit als für eine Fallstudie (mindestens ein Seminarwochenende, Freitag bis Sonntag). Die Teilnehmerinnen und Teilnehmer übernehmen die Rollen der auftretenden Personen; es wird dadurch mehr Wert auf den *Prozeß der Klärung* als auf das Ergebnis gelegt.

Planspiel »Apostelgemeinde«

Die Apostelgemeinde hat 3500 Gemeindeglieder. Auf ihrem Gemeindegebiet ist eine neue Wohnsiedlung mit über 500 Menschen entstanden. Es handelt sich vorwiegend um junge Familien mit Kindern. Die Gemeinde reagierte bisher darauf, indem sie viele der Neuzugezogenen besuchte und zu Gemeindeveranstaltungen eingeladen hat. Darüberhinaus wurde der Gottesdienst verständlicher und familienfreundlicher gestaltet.

Auch die neuhinzugezogene Familie Groß hat dadurch wieder einen Weg in die evangelische Kirche gefunden und besucht jetzt häufig den Gottesdienst. Ihre sechsjährige Tochter Hannah soll mit Bedacht zu einer selbstverantworteten Taufe erzogen werden. Die Eltern nehmen auch gemeinsam mit ihrer noch ungetauften Tochter am Abendmahl teil. Schließlich steht das Abendmahl im Zentrum christlicher Gemeinschaft und Hannah soll damit Erfahrungen sammeln. Die Menschen, denen Jesus begegnete und mit denen er Tischgemeinschaft hatte – so sagt Herr Groß –, seien ja auch nicht getauft gewesen. Während ihres Urlaubs in Griechenland erlebte die Familie, daß in anderen Kirchen, etwa der orthodoxen, aber auch in der katholischen Kirche vor Ort, die Teilnahme von Kindern an der Eucharistie, der Mahlfeier, üblich ist.

Herr Dr. v. Hassell, alteingesessenes Gemeindeglied und Jurist, sieht jedoch in der so betonten Abendmahlsgemeinschaft die Gefahr, daß der tiefere Sinn der Mahlfeier gar nicht mehr erkannt wird. Jeder Christ sollte verstehen, was er tut. Er befürchtet, daß mit der Teilnahme so vieler Familien mit (vielleicht) ungetauften Kindern das Abendmahl nicht mehr in seiner wahren Bedeutung gewürdigt wird. Der Familie, die er gut kennt, erklärt Dr. v. Hassell, daß die Teilnahme ihrer Tochter ohne Taufe nur eine Ausnahme sein könne, aber auf Dauer nicht ginge. Er schlägt vor, daß Hannah baldmöglichst getauft wird und bespricht die Frage mit Pfarrer Leicht.

Pfarrer Leicht freut sich über den guten Gottesdienstbesuch. Er ist als Theologe stark vom Denken Karl Barths geprägt. Eindrucksvoll war für ihn Jürgen Moltmanns Begriff eines »weltoffenen Abendmahls«. Deswegen hat er wenig Schwierigkeiten mit der Abendmahlsteilnahme Ungetaufter. Er merkt aber auch: viele Familien sehen das Abendmahl – trotz des so betonten Gemeinschaftscharakters – als etwas diffus »Heiliges« an. Erklären können sie das meistens nicht. Nach Pfarrer Leichts Eindruck wird die Kommunion mit Brot und Wein zu einer Art magischer Handlung, die den Schutz Gottes vermittelt.

Frau Stark, 55 Jahre alt, ist Mitglied im Gemeindekirchenrat. Die Mutter von vier Kindern ist als Katechetin ausgebildet worden und hat großes Interesse an den theologischen Fragen, die sich in der Gemeinde ergeben. Schon beim Konfirmationsunterricht ihres Sohnes gefiel ihr die Abendmahlspraxis der Gemeinde nicht: Ohne wirkliche Erfahrungen mit der Mahlgemeinschaft zu vermitteln, wurde dort lediglich über das Abendmahl gesprochen. Als nun Pfarrer Leicht mit ihr über Familie Groß und Dr. v. Hassell spricht, hat sie sofort Interesse an der Frage.

Die mit Frau Stark befreundete Leiterin der gemeindlichen Kindertagesstätte Frau Neumann wird hinzugezogen, weil sie am meisten von der religiösen Entwicklung von Kindern versteht und darüberhinaus auch Hannah ihre Kita besucht. Auch in der Kita, so berichtet Frau Neumann, wurde schon einmal der Wunsch an sie herangetragen, mit Kindern das Abendmahl zu feiern.

Auf Anregung von Frau Stark findet ein Treffen der Eltern statt, an dem auch der Pfarrer, Dr. v. Hassell und die Kitaleiterin teilnehmen. Dieses einmalige Treffen führte jedoch zu keiner Klärung der Frage. Jeder glaubte, seine Sicht »irgendwie« mit der Bibel belegen zu können. Man will nun genauer nachforschen und vereinbart, sich – wenn nötig mehrmals – zu treffen, um dem Gemeindekirchenrat einen Vorschlag zu machen, wie die Abendmahlspraxis ihrer Gemeinde in dieser Frage aussehen könnte. Weiter ist geplant, diese Vorstellungen anläßlich eines Elternabends auch den Eltern aus der Kindertagesstätte, die nicht in der Kirche, aber gleichwohl an einer religiösen Erziehung ihrer Kinder interessiert sind, zu erläutern.

Das Planspiel kann an einem Seminarwochenende oder in mindestens drei Doppelstunden durchgeführt werden. Wichtig ist: *alle* sollten aus ihrer spezifischen, persönlichen und fachlichen Perspektive auf die Bibel Bezug nehmen. Dies geschähe dann etwa aus der Perspektive lutherischer Tradition, der neueren systematisch-theologischen Diskussion, aufgrund entwicklungspsychologischer Erkenntnisse und aus der Sicht betroffener Eltern (als einführende Literatur: *Eberhard Kenntner,* Abendmahl mit Kindern. Versuch einer Grundlegung unter Berücksichtigung der geschichtlichen Wurzeln der gegenwärtigen Diskussion in Deutschland (Gütersloh 1980, (3) 1989)). Es wäre für eine evangelische Gemeinde unangemessen, die Schriftauslegung allein an den theologischen Fachexperten zu delegieren (so sehr alle auch von dessen Fachwissen für ihre Auslegung profitieren mögen). Man kann zwei Gruppen mit sechs Personen nebeneinander am Planspiel arbeiten lassen, so daß die Präsentation vielleicht kontrovers wird. Die Präsentation sollte in zweifacher Weise geschehen: vor dem Gemeindekirchenrat (in der dogmatischen Methode: Stellungnahme vor der Glaubensgemeinschaft) und vor Menschen, die keiner Kirche angehören, z.B. auf der Elternversammlung der Kindertagesstätte (weitere Hinweise zur Durchführung von Planspielen gibt *Ulrich D. Holzbaur,* Spielend lehren – spielend lernen. Planspiele und ihr Einsatz in der Hochschullehre, in: Handbuch Hochschullehre. Informationen und Handreichungen aus der Praxis für die Hochschullehre (Bonn (Losebl.-Ausg.) 1994), A 3.4).

Fragen/Aufgaben

1. Was unterscheidet die Problemgewichtung und die eigene Stellungnahme?
2. Was ist im Rahmen der dogmatischen Methode mit »Urteilen« gemeint?
3. Welche Formen der Lehre gehörten an mittelalterlichen Universitäten zu einer theologischen Vorlesung?
4. An welchen Schriften Martin Luthers ist die Form der Disputation noch zu erkennen? Nennen Sie die Schriften und schauen Sie sich deren Aufbau an.
5. Was unterscheidet die dogmatische Methode von den Vorbereitungsschritten in der Praktischen Theologie (Predigt/Unterricht)? Was verbindet sie?

Schluß – Dogmatische Methode und Wahrheit

Mit den Arbeitsschritten und deren Anwendungsmöglichkeiten ist die dogmatische Methode als Ganzes vorgestellt und im Überblick erschlossen. Zu klären bleiben aber noch die Fragen, die sich implizit von Anfang an bei jedem Methodenschritt schon stellten: *Wie verhalten sich die hier vorgestellten Methodenschritte zur Suche nach Wahrheit in der Dogmatik?* Wie können menschliche Methode und die unverfügbare Wahrheit Gottes in Verbindung gebracht werden? Ich hielt an den Begriffen »Dogmatik« und »dogmatisch« fest und verstand unter Dogmatik die wissenschaftliche Selbstprüfung der kirchlichen Rede von Gott (Karl Barth).[106] Denn die Rechenschaft des Glaubens geschieht verbindlich im Blick auf die Glaubensgemeinschaft der Vergangenheit, der Gegenwart und der Zukunft; christliches Reden von Gott enthält die Verpflichtung zur Wahrheit (vgl. oben S. 18f.). Was aber ist Wahrheit? Wie kommt die Theologie zu ihrer Wahrheit? Ereignet sich Wahrheit nicht eher als etwas Prophetisches? Wie soll man sich ihr – methodisch – annähern können, ohne daß man menschlich über die Wahrheit verfügt? Ich will auf diese Anfragen zunächst einmal nur mit zwei Hinweisen antworten; mit dem Wort Karl Barths: »*Veni creator spiritus!* ›Komm, o komm, du Geist des Lebens!‹ Mehr und etwas Besseres als diese Bitte in Gestalt von rüstiger Arbeit kann auch die beste Theologie nicht sein.«[107] Und etwas anders gesagt: Wahrheit und Methode verbinden sich im Sinne des französischen Schriftstellers Charles Baudelaire, der dies freilich auf die Dichtkunst bezogen hat: »L'inspiration est sans doute la soeur du travail journalier« –, »die Inspiration ist ohne Zweifel die Schwester von täglicher Arbeit«. Wahrheitssuche und Methodik müssen sich also nicht ausschließen, im Ge-

106. Vgl. *Karl Barth,* Die Kirchliche Dogmatik Bd. 1, erster Halbband: Die Lehre vom Wort Gottes (Zürich 1932, (10) 1981), 1.
107. Vgl. *Karl Barth,* Einführung in die evangelische Theologie (1962, Gütersloh (3) 1980), 50.

genteil: Ohne Methode wird Wahrheit nicht gefunden, wobei allerdings die Methode nicht schon die Wahrheit selbst ist und darüberhinaus die sorgfältige Anwendung der Methode auch nicht garantieren kann, daß das Gefundene die Wahrheit ist.
Wie ist darum das Verhältnis von dogmatischer Methode und Wahrheit genau zu bestimmen? In drei Durchgängen will ich der Frage nachgehen: 1. In einem Rekurs auf das *biblische und traditionelle Wahrheitsverständnis*; darin eingeschlossen sind zwei bedeutende Versuche der Gegenwart, die Wahrheitsfrage zu klären (Karl Barth und Wolfhart Pannenberg). Beide reagieren auf die vor allem durch Kant aufgeworfene Wahrheitsproblematik der Aufklärung. 2. Mit der Wahrheitsfrage soll die Frage der *Wissenschaftlichkeit des Fachs Theologie* untersucht werden. 3. Im Anschluß daran wird das *Wahrheitsverständnis*, das der hier vorgeschlagenen *dogmatischen Methode* zugrunde liegt, erläutert.

1. Was ist Wahrheit? Ein geschichtlicher Überblick

Vorauszuschicken ist: Das hebräische Wort für Wahrheit »emet« hat einen anderen Sinn als das griechische »aletheia«.[108] Es impliziert weniger einen rein kognitiven Akt des Erkennens, sondern vielmehr Verläßlichkeit, Tragfähigkeit, Treue; wahr ist das, worauf ich mich verlassen kann. Wahrheit ist nicht ein für allemal da, sondern »Emet« muß immer wieder geschehen. Der geschichtliche Grundzug fehlt im Griechischen. »A-letheia« meint Unverborgenheit, etwas zu sehen, wie es von sich aus ist. Das abendländische Wahrheitsverständnis stammt aus diesen beiden Wurzeln, dem israelitischen und griechischen Gedanken der Wahrheit. Die folgende Übersicht faßt dies zusammen:

108. Vgl. hierzu *Wolfhart Pannenberg,* Was ist Wahrheit?, in: ders., Grundfragen Systematischer Theologie. Gesammelte Aufsätze (1962, Göttingen (3) 1979), 203.

Abb. 19
Wie kommt die Theologie zu ihrer Wahrheit –
welche Methoden sind angemessen?

(vgl. *Karl Barth*, KD I/1,1-10; *Wolfhart Pannenberg*, Systematische Theologie I, 58-72; *Christian Link*, Art. Wahrheit. 2. Theologisch, in: EKL 4, Sp. 1217-1223)

Die *klassische Formel für Wahrheit* (»wahr« = *hebräisch* »emet«: das, worauf man sich verlassen kann; *griechisch* »aletheia«: ohne verheimlichendes Täuschen, wahrhaftig, ehrlich; *deutsch*: vertrauenswert, glaubhaft, verläßlich, treu) lautet:

»Veritas est adaequatio rei et intellectus«
»Wahrheit ist die Übereinstimmung bzw. Angleichung der Sache und des sie erkennenden Denkens«
(Thomas von Aquin 1224-1274 unter Rückgriff auf Aristoteles)

Voraussetzung für wahres Erkennen:
Der göttliche Geist hat sowohl die zu erkennenden Dinge als auch den sie erkennenden menschlichen Geist geschaffen. Die Wahrheit, die sich in den Aussagen der Vernunft zeigt, liegt in den Dingen selbst.

Das theologische Wahrheitsproblem mit der Aufklärung:
Immanuel Kant (1724-1804): Es läßt sich nicht begründen, daß Denken und Sein im Blick auf Gott übereinstimmen (Ende der Gottesbeweise und der metaphysischen Gottesgewißheit). Fazit: *Theo*logie ist als strenge Wissenschaft nicht mehr möglich.

Theologische Reaktionen:
1. Karl Barth (1886-1968) und der »Versuch, eine CD auf einem Kassettenrecorder abzuspielen«: Theologie ist eine methodische Erkenntnisbemühung, die von ihrem Gegenstand (!) bestimmt wird (KD I/1,6f.). Sie darf sich nicht einem fremden, vermeintlich allgemein gültigen Wissenschaftsbegriff unterwerfen: »*fides* quaerens intellectum«. Der »späte« Barth (KD IV/3) propagiert das neutestamentliche Gleichnis als Modell der Entdeckung von Wahrheit: Im Geschehen selbst zeigt sich das verheißene Neue; Wahrheit *ist* nicht, sie *wird.* Formal erscheint Wahrheit in Gestalt eines Weges, den man geht, Wahrheit ist kein theoretischer Besitz; inhaltlich wird sie durch geglückte Metaphern zur Sprache gebracht.

2. Wolfhart Pannenberg (1928) und der »Wettstreit um die Wirklichkeit«: Theologie muß sich am allgemeinen Wissenschaftsbegriff orientieren. Theologie stellt *Hypothesen* auf; sie antizipiert damit die am Ende der Geschichte offenbar werdende Wahrheit Gottes. Ihre Sätze bleiben aber in der Gegenwart strittig. Es gibt Kriterien für die Überprüfung des Wahrheitsgehaltes theologischer Sätze; sie müssen:
   a) die Implikationen biblischer Überlieferung ausformulieren;
   b) einen Bezug zur Wirklichkeit im ganzen haben, also einen Sinnzusammenhang stiften, der gegenwärtiger Erfahrung zugänglich ist, und schließlich
   c) einen zugeordneten Erfahrungsbereich integrieren (in der Ekklesiologie z.B. das Verhältnis von Kirche und Gesellschaft).

Zur Wahrheitsfrage: *Wolfhart Pannenberg,* Was ist Wahrheit? in: ders., Grundfragen systematischer Theologie. Gesammelte Aufsätze (1962, Göttingen 1967, (3) 1979), 202-222; *Eberhard Jüngel,* Metapher. Zur Hermeneutik religiöser Sprache (Sonderheft EvTh 1974); ****Christian Link,* In welchem Sinne sind theologische Aussagen wahr?, in: EvTh 42 (1982), 518-540; *Lourencino B. Puntel,* Wahrheitstheorien in der neueren Philosophie (Darmstadt (2) 1983); *Dietrich Ritschl,* Zur Logik der Theologie (München 1984); *Hans Küng,* Gibt es die eine wahre Religion? Versuch einer ökumenischen Kriteriologie, in: ders., Theologie im Aufbruch. Eine ökumenische Grundlegung (1986, München, Zürich 1987, Studienausgabe 1991), 274-306; *Elisabeth Schüssler-Fiorenza,* Fundamentale Theologie. Zur Kritik theologischer Begründungsverfahren (Mainz 1992); *Franz Gruber,* Diskurs und Konsens im Prozeß theologischer Wahrheit (IThS 40) (Innsbruck, Wien 1993).

2. Wahrheit und Wissenschaft

Im Rahmen der Universität stellt sich für die Theologie vor allem die Frage, wie sie mit einem allgemeinen, von allen Fächern geteilten *Wissenschaftsbegriff* umgehen soll. Pannenberg orientiert sich, wie zu sehen war, an einem solchen Begriff. *Wissenschaftstheoretisch* besteht weitgehende Einigkeit über die *formallogischen Bedingungen,* nach denen zu bestimmen ist, ob Wahrheit oder Falschheit vorliegt;[109] diese Bedingungen sind:

- logische Herleitbarkeit,
- kontextueller Zusammenhang mit anderen Urteilen,
- Geltung des Satzes vom Widerspruch und
- Einlösbarkeit eines Geltungsanspruchs in einem argumentativen Diskurs.

Die letzte Bedingung wird die Theologie sich kaum zu eigen machen können. Denn es ist der von Gott geschenkte Glaube, der denkend verantwortet wird. Der Geltungsanspruch dogmatischer Aussagen ist vor Nichtglaubenden nur im Sinne einer Verifikation, einer Bewährung dogmatischer Aussagen einlösbar (vgl. oben S. 129-131). Entscheidendes Argument gegen diese Bedingung wird die *Notwendigkeit einer sachgemäßen Theologie* sein. Diese Sachgemäßheit ließe sich – zumindest vom Grundsatz her – auch gegenüber Nichtglaubenden einsichtig machen. Auch sie würden zugeben, daß jede Wissenschaft von ihrem Gegenstand bestimmt wird. So wird der Physiker methodisch anders vorgehen als etwa der Botaniker. Es muß demnach einen Erkenntnisweg geben, der dem Gegenstand entspricht. Gegenstand der Theologie, so wie er hier in der dogmatischen Methode verstanden wird, ist das Wort Gottes.[110] Das Wort Gottes ereignet sich in dreifacher Gestalt: als verkündigtes Wort Gottes in der Kirche, als geschriebenes Wort Gottes in der Bibel und als geoffenbartes Wort Gottes in Jesus Christus. Darin folge ich Barth. Als reflektierte Antwort des Glaubens auf das sich ereignende Wort Gottes geschieht Theologie. Unser Vorgehen in der dogmatischen Methode wird aber mit dem Anliegen Pannenbergs vermittelt.[111] Denn der Dialog mit anderen Wissenschaften wird nicht verhindert. Dieser Dialog setzt aber einen eigenen Standpunkt voraus. Mit der Verifikation wird versucht, dogmatische Aussagen auch für Nichtglaubende einsichtig, sinnvoll und brauchbar zu machen. Als besondere, am Ereignis der Offenbarung in Jesus Christus zu erkennende Wahrheit bean-

109. Vgl. dazu *Heimo Hofmeister,* Art. Wahrheit. 1. Philosophisch, in: EKL 4, Sp. 1216. Vgl. auch die Auseinandersetzung Karl Barths mit Heinrich Scholz und dessen Wissenschaftspostulaten *Karl Barth,* Kirchliche Dogmatik I,1. Die Lehre vom Wort Gottes. Prolegomena zur Kirchlichen Dogmatik (1932, Zürich 1942), 6f.

110. Vgl. hierzu *Karl Barth,* Die Kirchliche Dogmatik I,2. Die Lehre vom Wort Gottes. Prolegomena zur Kirchlichen Dogmatik (Zürich 1940, (7) 1983), 968f.

111. Zur Vermittelbarkeit des Ansatzes von Wolfhart Pannenberg und des Barth-Schülers Eberhard Jüngel vgl. *Hermann Fischer,* Systematische Theologie. Konzeptionen und Probleme im 20. Jahrhundert (GKT 6) (Stuttgart u.a. 1992), 242.

spruncht der christliche Glaube auch allgemeine Geltung und muß versuchen, dies im Dialog, so weit es geht, einsichtig zu machen.
Theologie kann sich auf die uniforme Gültigkeit eines allgemeinen Wissenschaftsbegriffes auch deshalb nicht einlassen, weil sonst ihr Gegenstand überhaupt nicht mehr zur Sprache käme. Religion würde auf die *praktische Funktion* beschränkt, die sie in einer Gesellschaft wahrnimmt. Diese Funktion kann negativ gesehen werden wie etwa von Feuerbach, Marx und Freud, sie kann aber auch – wie heute zunehmend – positiv im Sinne der Wertevermittlung gewürdigt werden. Das Christentum käme darüberhinaus nur als *geschichtlich bedeutsames Phänomen* in den Blick. Eine solche Sicht kann sich die Theologie nicht zu eigen machen. Sie entspricht nicht dem Selbstverständnis der Kirche und der Glaubenden, weil es ihnen um Gott geht. Sicherlich ist Religion *auch* in ihrer praktischen Funktion und geschichtlichen Bedeutung zu untersuchen, aber sie läßt sich nicht darauf reduzieren. Auch hier können einige geistesgeschichtliche Grundlinien das Gesagte verdeutlichen.[112] Der Ausgangspunkt ist wieder die Aufklärung und insbesondere das Denken Immanuel Kants.

Abb. 20
Die Lehre von der Offenbarung: »Kant und die Folgen ...«

Immanuel Kant (1724-1804):
1. Transzendentale Analyse des menschlichen Erkenntnisvermögens: Wahre Erkenntnis ist nur hinsichtlich der sinnlich wahrnehmbaren Gegenstände der Welt möglich, da nur sie erfahrbar sind. Christologie z.B. wird daher auf Aussagen über den historisch aufzufassenden Menschen Jesus reduziert (Vorbild-Christologie).
Folge: Gott ist mit der theoretischen Vernunft nicht erkennbar; Ende der Gottesbeweise und der natürlichen Theologie.
2. Praktische Philosophie: Oberstes Begründungsprinzip für Handlungen bzw. Normen ist der »kategorische Imperativ«: »Handle so, daß die Maxime deines Willens jederzeit zugleich als Prinzip einer allgemeinen Gesetzgebung gelten könne«.

112. Vgl. hierzu die Darstellung bei *Hans Küng,* Existiert Gott? Antwort auf die Gottesfrage der Neuzeit (München, Zürich 1978, (2) 1984; TB 1995).

Folge: Gott ist im Bereich der praktischen Vernunft notwendig; denn der Glaube an Gott als Garanten wie an die Unsterblichkeit der Seele und die Freiheit motivieren zur Befolgung des kategorischen Imperativs (praktische Funktion der Religion).

Was ist dann Religion?

Ludwig Feuerbach (1804-1872):
Projektionstheorie: Religion ist die Selbstanbetung des Menschen, der seine Wünsche auf Gott projiziert. Religion und Theologie sollen nicht negiert, wohl aber in Anthropologie aufgelöst werden, damit die Zerissenheit des Menschen in seinem Verhalten zur Welt und zu seinen Wünschen überwunden wird.

Karl Marx (1818-1883):
Gesellschaftskritische Deutung der Religion: Religion ist eine interessenbedingte Vertröstung, »Opium für das Volk«, Mittel sozialer Beschwichtigung und Vertröstung.

Sigmund Freud (1856-1939):
Psycholanalythische Deutung der Religion: Religion ist eine infantile Illusion. Die Wünsche des kindlich hilflosen Menschen nach Schutz vor den Gefahren des Lebens kommen zum Ausdruck. Das Geheimnis der Stärke der Religion ist die Stärke dieser Wünsche. Religion, für den einzelnen Menschen wie für die Menschheit insgesamt, ist eine pubertäre Durchgangsphase der Menschheitsentwicklung.

Karl Barth (1886-1968):
»Religion ist Unglaube«: das Unternehmen des *Menschen*, sich ein Gottesbild zu schaffen (KD I/2). Durch Religion wird der Offenbarung vorgegriffen und Gott für den Menschen verfügbar gemacht: Es gibt also kein Zurück hinter die Religionskritik von Kant, Feuerbach, Marx und Freud.
Gott gibt sich in seiner Offenbarung in dreifacher Gestalt zu erkennen:
1) Gott, der seinem Wesen nach den Menschen *Verhüllte* (natürliche *Theo*logie ist unmöglich), enthüllt sich selbst und
2) ist in seinem Sein zu anderen hin entsprechend *für uns* in Christus offenbar,
3) er wird *in uns* durch den Heiligen Geist lebendig (trinitarisch strukturierte Offenbarungslehre in den Prolegomena, vgl. KD I/1, 129, 311ff.).

Zum Begriff der Wissenschaft: *Paul Tillich,* Das System der Wissenschaften nach Gegenständen und Methoden (1923), in: MW/HW, Bd. 1 (Berlin, New York 1989), 113-263; *Karl R. Popper,* Logik der Forschung (1934, dt. Tübingen 1971, (6) 1976); *Karl Barth,* Kirchliche Dogmatik. Die Lehre vom Wort Gottes. Prolegomena zur Kirchlichen Dogmatik I,1 (1932, Zürich (10) 1981; Studienausgabe 1986/87), 1-10; *Thomas S. Kuhn,* Die Struktur wissenschaftlicher Revolutionen (1962, dt. Frankfurt/M. 1967, (4) 1979). *Hans* Albert, Traktat über kritische Vernunft (Tübingen 1968, (2) 1969); *****Kurt Eberhard,** Einführung in die Erkenntnis- und Wissenschaftstheorie (Stuttgart 1987).

Zur Theologie als Wissenschaft: Theologie als Wissenschaft, hrsg. v. *Gerhard Sauter* (ThB 43) (München 1971); *Friedrich Mildenberger,* Theorie der Theologie. Enzyklopädie als Methodenlehre (Stuttgart 1972); ****Wolfhart Pannenberg,* Wissenschaftstheorie und Theologie (Frankfurt/M. 1973, ND 1987); *Gerhard Sauter* u.a., Wissenschaftstheoretische Kritik der Theologie (München 1973); *Wolfhart Pannenberg* u.a., Grundlagen der Theologie – ein Diskurs (Stuttgart u.a. 1974); *Eilert Herms,* Das Selbstverständnis der Wissenschaften heute und die Theologie, in: ders., Kirche für die Welt (Tübingen 1995), 349-387.

3. Das Wahrheitsverständnis der dogmatischen Methode

Es gibt heute im wesentlichen zwei Theorien, die erklären, was als Wahrheit gelten kann: Die Korrespondenztheorie und die Kohärenztheorie. Welches *Wahrheitsverständnis* liegt nun der dogmatischen Methode zugrunde? Die *Korrespondenztheorie* stellt auf eine mögliche Übereinstimmung oder Angleichung zwischen der Sache und dem sie erkennenden Denken ab (vgl. oben S. 156). Ihr auf Thomas von Aquin zurückgehendes Verständnis schlug sich im I. Vatikanischen Konzil (1869/70) in infalliblen Sätzen nieder, in »Aussagen, die aufgrund einer göttlichen Verheißung als von vornherein garantiert irrtumsfrei zu betrachten sind: Sätze, Propositionen, Definitionen, Formulierungen und Formeln, die nicht nur de facto nicht irrig sind, sondern grundsätzlich gar nicht irrig sein können«.[113] Seit Kants Kritik werden Theologen das korrespondenztheoretische Wahrheitsverständnis nur noch gegen die erkenntnistheoretische Grundlegung anderer Wissenschaftler vertreten können.

113. Vgl. *Hans Küng,* Unfehlbar? Eine Anfrage (Zürich u.a. 1970, (ungek. TBausgabe) Frankfurt/M. u.a. 1980), 122.

Die *Kohärenztheorie* setzt die logische Übereinstimmung verschiedener Aussagen untereinander voraus, die dann als wahr gelten. Eine Variante der Kohärenztheorie ist die *Konsenstheorie.* Die Übereinstimmung aller oder der meisten Menschen gilt von alters her als – immer wieder umstrittenes – Kriterium für die Wahrheit von Vernunft- und Glaubensaussagen. Der Philosoph Jürgen Habermas verknüpft heute in pragmatischer Weise Wahrheit mit dem *Verfahren der Wahrheitsfindung*: Es geht nicht mehr um die Übereinstimmung von Denken und Seiendem, sondern um die »*diskursive Übereinstimmung von Wahrheitsansprüchen* im Dialog«[114]. Wenn demnach ein Verfahren herrschaftsfreier Kommunikation eingerichtet ist, dann wird nach Austausch aller verfügbaren Argumente und Gegenargumente eine Übereinkunft möglich, die als wahr gilt.

Für die dogmatische Methode ist das Wahrheitsverständnis der Konsenstheorie richtungweisend, wenn auch nicht grundlegend. *Richtungweisend* ist es, weil im Prozeß der Dialogführung verbindliche Aussagen gefunden werden. Verbindliche Aussagen verbinden und gewinnen Menschen in Kirche und Gemeinde. Der Dialog findet nach bestimmten Dialogregeln[115] statt wie den festen, immer wieder imponierenden Regeln »sola scriptura« und »solus Christus«.

Der Konsens ist aber lediglich *Mittel* der Wahrheitsfindung. *Grundlegend* ist die Überzeugung, daß in der Kraft des Heiligen Geistes die Gemeinschaft der Kirche trotz aller immer möglichen Irrtümer in der Wahrheit bleibt.[116] *Diese aus dem Glauben gewonnene Grundüberzeugung setze ich mit der dogmatischen Methode voraus.* Es gehört zum Selbstverständnis von Christen und Kirche, daß Gott durch den Heiligen Geist seine Kirche in der Wahrheit hält. Dabei ist festzuhalten: Nicht nur Konzilien auch methodische Erkenntnisbemühungen *können* in die Irre führen. Wahrheit kann nicht dingfest gemacht werden, sie ereignet sich: der *Heilige Geist* hat in letzter Instanz das Lehramt inne (Joh 14,26; 16,13 ...).[117] *Allen* Christen kommt aber im Neuen Testament die Gabe des Lehrens und Prüfens, Unterscheidens und Richtens der Geister zu, denn sie haben den Geist empfangen (vgl. Mt 28,19f. mit Joh 20,20; 1 Kor 2,15; 1 Thess 5,20 etc.).[118] Kommt es zu einem Dissens, so soll solange auf das schriftgemäße Evan-

114. Vgl. *Heimo Hofmeister,* a.a.O., Sp. 1216.
115. Vgl. dazu die Übersicht bei *Christian Link,* Art. Wahrheit. 2. Theologisch, Sp. 1222f.
116. Vgl. *Hans Küng,* a.a.O., 151.
117. Vgl. *Wilhelm Hüffmeier,* Art. Lehramt, Lehrbeanstandung. 2. Evangelisch, in: EKL 3, Sp. 67.
118. Ebd.

gelium gehört werden, bis eine verbindende und verbindliche Wahrheitserkenntnis gelingt.
Die dogmatische Methode ist demnach eine genuin *evangelische Methode.* Sie entspricht dem Priestertum aller Gläubigen. Nicht nur von wissenschaftlich ausgebildeten Theologinnen und Theologen sollte die Methode angewandt werden; transparente und begründete Entscheidungen in Fragen des Glaubens sind an sich von allen Gläubigen zu wünschen. Martin Luther hat dies mit der ihm (manchmal) eigenen Schärfe ausgedrückt: »Ein Christ sei wahrlich verflucht, der nicht gewiß ist und begreift, was ihm vorgeschrieben wird. Denn auf welche Weise soll er glauben, was er nicht versteht?«[119]
Jeder Gottesdienst wird mit einem »Amen« abgeschlossen. Mit dieser Formel bestätigt die Gemeinde das Vorgetragene. Das »Amen« war in der ganzen Alten Kirche verbreitet und bedeutet: es steht fest, es gilt, es ist wahr. Im Mittelalter wurde die Bestätigungsformel allein von den Klerikern gebraucht. Die Reformation hat das altkirchliche »Amen« wieder der Gemeinde zurückgegeben. Die evangelische Kirche muß auch heute zusehen, daß aus dem »Amen« nicht ein »Ja und Amen« zu allem Möglichen wird. Mit der dogmatischen Methode kann das *»Amen« diskursiv und argumentativ* eingeholt werden.

Fragen/Aufgaben

1. Was unterscheidet das hebräische und das griechische Wahrheitsverständnis?
2. Warum ist für christliche Theologie in der Auseinandersetzung mit anderen Wissenschaften die Ausrichtung auf Wahrheit unverzichtbar?
3. Was versteht man unter Korrespondenztheorie, was unter Konsenstheorie der Wahrheit?
4. Welches Wahrheitsverständnis liegt der dogmatischen Methode zugrunde, was ist deren theologische Grundvoraussetzung?

119. Vgl. *Martin Luther,* Vom unfreien Willen, WA 18, 605, zitiert nach: *Kurt Aland (Hg.),* Luther Deutsch. Die Werke Martin Luthers in neuer Auswahl für die Gegenwart. Bd. 3: Der neue Glaube (Stuttgart, Göttingen (3., erw. und neubearb. Aufl.) 1961), 159.

Beigaben

Die Beigaben enthalten Anregungen für das Studium der Dogmatik (1.), für (Pro-)Seminararbeiten (2.) und (Examens-)Klausuren (3.) und Hinweise zur Nutzung des Internets in der Systematischen Theologie (4.). Ich gebe eine Übersicht zum elektronischen Anhang dieses Arbeitsbuches (5.); dort sind die Materialien verzeichnet, die unter meiner Homepage (http://www2.rz.hu-berlin.de/~h1001dgm/) eingesehen und »heruntergeladen« werden können. Literaturangaben zu den einzelnen Themen, Loci der Dogmatik (Gotteslehre, Schöpfungslehre etc.) schließen diesen Teil ab (6.).

1. Das Studium der Dogmatik organisieren

In Deutschland gelten unterschiedliche Prüfungsordnungen. Die Ordnungen für das kirchliche Lehramt und Pfarramt, für das Erste theologische Examen, die Diplomprüfung einer Theologischen Fakultät und die staatlichen Lehramtsprüfungen sind zu unterscheiden. Das Studium sollte aber nicht nur an den Erfordernissen der Prüfungsordnung ausgerichtet werden, dient es doch vielmehr auch der *Pflege eigener Interessen*. Es empfiehlt sich jedoch, *von Anfang an* alle Aspekte – Studienordnung, eigene Interessen und das Studienangebot vor Ort – im Auge zu behalten.
Die Ausbildungsreferentenkonferenz der EKD und der Fakultätentag theologischer Bildungsstätten haben eine Grundlage geschaffen, um Prüfungsordnungen zu erarbeiten (Reform der theologischen Ausbildung (RthA). Bd. 4: Empfehlungen und Vorschläge zum Ersten theologischen Examen und zur Reform des akademischen Unterrichts, hrsg. v. Hans-Erich Hess und Heinz E. Tödt im Auftrag der Gemischten Kommission für die Reform des Theologiestudiums (Stuttgart, Berlin 1969); die Angaben zur Dogmatik sind abrufbar unter meiner Homepage: http://www2.rz.hu-berlin.de/~h1001dgm/. Das im Examen geforderte *Grundwissen, methodische Können und kritische Verständnis* (das anhand von Spezialwissen geprüft wird), ist dort wiedergegeben. Behandelt werden

die Fächer Altes Testament, Neues Testament, Kirchen- und Theologiegeschichte (einschließlich Konfessionskunde und Ökumenik), Systematische Theologie (Dogmatik und Ethik, 27f.), Praktische Theologie und Philosophie (30). Die »Empfehlungen und Vorschläge zum Ersten theologischen Examen« sind in den jeweiligen Ordnungen im großen und ganzen umgesetzt worden. Diese »*EKD-Richtlinien*« stelle ich nun als Orientierungshilfe für die eigene, individuelle Gestaltung des Studiums vor und ergänze sie aus eigenen Lehrerfahrungen.
Ein *selbst angefertigter Studienplan* ist unbedingt zu empfehlen. Zwischen den Anforderungen für das Lehr- und das Pfarramt bestehen z.B. Unterschiede. Die Einführungsveranstaltungen für die Erstsemester geben in besonderem Maße Gelegenheit zum Planen. Dieser Plan kann natürlich im Laufe des Studiums korrigiert werden. Lassen Sie sich, so oft es geht, durch eine Hochschullehrerin/einen Hochschullehrer beraten.

Wie studiere ich Systematische Theologie (Dogmatik)?
»EKD-Richtlinien«

Ziel des Studiums:

»In der Systematischen Theologie wird die Fähigkeit erstrebt, unter Rückgriff auf biblisch-theologische Exegese und dogmatische Tradition eine Stellungnahme zu gegenwärtigen Problemen zu erarbeiten.« (27)

Der Weg zum Ziel:

1. Proseminar	(Pro-)Seminar-
2. Seminar	arbeit schreiben!
3. Vorlesungen:	Prolegomena, Gotteslehre, Schöpfungslehre, Christologie, Ekklesiologie, Eschatologie
4. Vorlesung/Seminar Philosophie:	besonders wichtig: Platon, Aristoteles, Kant
5. Repetitorium:	Hier muß vor allem die Fähigkeit erlernt werden, einen bestimmten, ausgewählten Stoff *umzusetzen* in eine mehrstündige Examensklausur (ca. 12 Seiten) und eine 30 Minuten andauernde mündliche Prüfung.

Was ich am Ende kann und weiß:

1. Vertrautheit mit einer *dogmatischen Konzeption* seit dem Aufkommen des Neuprotestantismus (Schleiermacher, Barth, Tillich u.a.; die Auswahl mit Lehrenden absprechen)
2. *Überblick* über die dogmatischen Traktate und *Grundlagenkenntnisse* in den Prolegomena, der Gotteslehre etc.; Kenntnis wichtiger Grundbegriffe der altprotestantischen Orthodoxie und zentraler Fragen der gegenwärtigen systematischen Diskussion
3. *Vertieftes Wissen* um ein relevantes *dogmatisches Problem* (z.B. der Frage von Kinder- und Erwachsenentaufe) unter Berücksichtigung der Fragen dogmatischer Methodik; Verhältnis von Problemen der Dogmatik zur Philosophie
4. *Sehr wichtig:* Vertrautheit mit den *Bekenntnissen der Kirche (abgedruckt z.B. im* evangelischen Gesangbuch, in Berlin-Brandenburg: EG 804-811: Apostolikum, Nizaenum, Kleiner Katechismus, Heidelberger Katechismus und Confessio Augustana (im Auszug), Barmer Theologische Erklärung, Konkordie der reformatorischen Kirchen in Europa (Leuenberger Konkordie, Auszug)

Es ist sehr nützlich, ausgewählte Definitionen, Fachtermini, Schlüsselworte der Konzilien und klassische biblische Belegstellen (locus classicus, dicta probantia) wie Vokabeln zu lernen (sie sind zu finden in den angegebenen Kompendien und Repetitorien, vgl. S. 87, 172; zu den Fachtermini s. *Otto Weber,* Grundlagen der Dogmatik. Zweiter Band (Neukirchen-Vluyn (5) 1977), 805-808); dies sind z.B.:

- *Definitionen:* der Sakramentsbegriff des Augustin (»accedit verbum ad elementum et fit sacramentum«, »tritt das Wort zum Element, so entsteht das Sakrament«), der Kirchenbegriff der Confessio Augustana Art. VII (»Est autem ecclesia congregatio sanctorum, in qua evangelium pure docetur et recte administrantur sacramenta«, »Kirche ist ... die Versammlung der Heiligen, in der das Evangelium rein gelehrt und die Sakramente recht verwaltet werden«) etc.;
- *Fachtermini:* creatio ex nihilo (Schöpfung aus dem Nichts), iustitia aliena (fremde Gerechtigkeit), sensus literalis (Literalsinn) etc.;
- *Schlüsselworte der Konzilien* (vor allem Nizäa und Chalkedon): z.B. der griechische Begriff homoousios (wesensgleich);
- *klassische biblische Belegstellen (locus classicus):* Gen 1,26f. (Gottebenbildlichkeit); Mt 16,18 (Schlüsselamt Petri); Röm 5,12 (Erbsünde), Röm 6,3f. (Taufe) etc.

Wissenschaftliche und lerntechnische Hilfsmittel für den Studienalltag: *Regula D. Schräder-Naef,* Rationeller Lernen lernen. Ratschläge und Übungen für alle Wißbegierigen (Weinheim, Basel (17) 1992); *Bijan Adl-Amini,* So bestehe ich meine Prüfung. Lerntechniken, Arbeitsorganisation und Prüfungsvorbereitung (Weinheim, Basel (3) 1990); *Albert Raffelt,* Proseminar Theologie. Einführung in das wissenschaftliche Arbeiten und die theologische Bücherkunde (Freiburg u.a. (2) 1992); *Siegfried M. Schwertner,* Abkürzungsverzeichnis (Berlin, New York (2) 1994); *Gerhard Schwinge,* Wie finde ich theologische Literatur? (Berlin (3., völlig neubearb. Aufl.) 1994); Studium der Katholischen Theologie. Eine themenorientierte Einführung. Hrsg. v. Barbara Henze (Paderborn 1995); *Friedrich Hauck, Gerhard Schwinge,* Theologisches Fach- und Fremdwörterbuch (Göttingen (8. ern. durchges. u. erg. Aufl.) 1997); *Roman Heiligenthal u.a.,* Einführung in das Studium der Evangelischen Theologie (Stuttgart 1998).

2. Eine (Pro-)Seminararbeit schreiben

Maßgebliche Fragen der inhaltlichen Gliederung und formalen Gestaltung sind mit den Abschnitten über die dogmatische Methode beantwortet worden (z.B. Begriffsbestimmung, erkenntnisleitende Frage, vgl. S. 35-39). Ich beschränke mich hier nur noch auf wenige Hinweise.
Zunächst: Für das richtige Zitieren gibt es keine allein gültige Form. Nehmen Sie ein systematisch-theologisches Buch wie etwa *Christof Gestrich,* Die Wiederkehr des Glanzes in der Welt. Die christliche Lehre von der Sünde und ihrer Vergebung in gegenwärtiger Verantwortung (Tübingen 1989, (2) 1995) und zitieren Sie so, wie es dort geschieht.
Dann: Wie *schreibt* man eine systematisch-theologische Seminararbeit, wie kann es gelingen, das Handwerk des Schreibens möglichst produktiv, effektiv und ohne die Erfahrung der Schreibblockade zu vollbringen? Auch dazu gebe ich zunächst Literatur an. Die in der folgenden Übersicht angegebenen Seitenzahlen beziehen sich auf *Otto Kruse,* Keine Angst vor dem leeren Blatt. Ohne Schreibblockaden durchs Studium. Reihe Campus Studium 1074 (Frankfurt/M., New York 1993, (2) 1994). Weitere Informationen bieten *Josef Wohlmuth, Hans Georg Koch,* Leitfaden Theologie. Eine Einführung in Arbeitstechniken, Methoden und Probleme der Theologie (Zürich u.a. 1975, (2) 1978), 24-64. Sehr hilfreich und für eine Theologin und einen Theologen, der klar und treffend schreiben will, unverzichtbar sind: *Ludwig Reiners,* Stilfibel. Der sichere Weg zum guten Deutsch (München 1951, dtv-sachbuch in vielen Auflagen), vor allem: »Die zwanzig Stilratschläge«; und die ausführliche Ausgabe: *ders.,* Stilkunst. Ein Lehrbuch

deutscher Prosa (München 1943, in vielen Auflagen und seit 1991 in einer völlig überarbeiteten Ausgabe), vor allem: »Die Kunst zu lehren« (der Text ist auf meiner Homepage abzurufen http://www2.rz.hu-berlin.de/~h1001dgm/).

Wie schreibe ich eine systematisch-theologische Seminararbeit?

Sie haben z.B. folgendes Thema gewählt: »Die Kindertaufe bei Werner Elert und Karl Barth (KD IV/4). Darstellung, Vergleich, kritische Würdigung«. Sie können für die Einleitung der Arbeit den ersten Schritt der dogmatischen Methode (»Problempräzisierung«) nutzen. Die Problempräzisierung wird anhand praktischer Hinweise im folgenden Text mit Punkt 1 und 2 beschrieben. Der zweite Schritt (»Problembearbeitung«) wird sich im Rahmen einer (Pro-)Seminararbeit dann sehr verkürzen. Schließlich sind nur die Tauftheologien Elerts und Barths zu untersuchen. Vielleicht ist es sinnvoll, deren exegetische und kirchengeschliche Fundierung an ausgewählten Beispielen genauer zu überprüfen. Auch bei einer (Pro-)Seminararbeit müssen die Argumente (der beiden Theologen) gewichtet werden; am Schluß steht eine klare eigene Stellungnahme. Wie ist im einzelnen vorzugehen?

1. ***Das Thema mit dem Dozenten/der Dozentin genau abklären***
   Nehmen Sie sich dazu Zeit. Der Dozent ist für Sie da und muß für Sie Zeit haben. Welche Sekundärliteratur soll herangezogen werden? Welches inhaltliche Ziel könnte mit dem Thema verfolgt werden? Wie wäre der Stoff zu gliedern? Welche Quellen sollen benutzt werden? Wenn Sie eine Arbeit über die Kindertaufe bei Werner Elert und Karl Barth schreiben, so sind die Texte der beiden Theologen die Quellen. Wie soll die äußere Form aussehen? Gibt es eine Seitenzahlbegrenzung? Wann ist Abgabetermin?

2. ***Eine erste Gliederung entwerfen (»Der Wissenschaftskompaß«),***
   Kruse, Keine Angst, 115-166
   a) Lesen Sie den neuesten Lexikonartikel bzw. die jüngste Literatur zum Thema; kurze Texte sollten es sein; lesen Sie außerdem kurze Quellentexte.
   b) Entwerfen Sie eine möglichst detaillierte Gliederung; in formaler Hinsicht gehören zu einer Arbeit:
   Einleitung,
   Hauptteil,
   Schluß/Kritische Würdigung.

c) Stellen Sie einen Zeitplan auf; legen Sie in einem Leseplan die zu bearbeitende Literatur fest.
d) Es überrascht viele: Schreiben Sie schon jetzt eine erste Fassung der Einleitung; denn Sie klären dadurch gründlich, was Sie eigentlich mit Ihrer Arbeit wollen. Zur Einleitung gehören: Die Rechtfertigung der Themenstellung, die Zielsetzung, ggf. der Forschungsstand, die Definition zentraler Begriffe (sie können ruhig den vorläufigen Charakter einer Arbeitsdefinition haben), die Festlegung der genauen Aufgabe (erkenntnisleitende Frage), des Vorgehens und des Aufbaus der Arbeit (vgl. dazu auch den Schritt »Problempräzisierung« S. 27-39).

Wenn Sie die Gliederung entworfen und die erste Fassung der Einleitung geschrieben haben, empfehle ich noch ein kurzes Gespräch mit dem Dozenten. Klären Sie mit ihm, ob die Grundrichtung der Untersuchung stimmt und ob das Thema gut abgegrenzt ist. Schließen Sie sich außerdem mit Kommilitonen zusammen, die die gleiche Lehrveranstaltung besucht haben und ebenfalls eine Seminararbeit schreiben. Ein kommunikatives Arbeiten erspart Ihnen viel unnötige Mühe, es steigert die Freude an der Sache enorm.

3. Das gezielte Lesen

Notieren Sie sich Ideen sofort; machen Sie nur von zentralen Texten Exzerpte.

4. Das Schreiben ... und seine Krisen

Schreiben ist »Hochleistungssport«. Jeder kommt hier nur mühsam voran. Man muß lernen, mit den notwendig (!) kommenden Krisen umzugehen. Lesen Sie zum Trost einmal, was die Großen (Goethe, Fontane) über Ihre Schreibpraxis berichtet haben (s. Ludwig Reiners, Stilfibel, hier: 21. Aufl. 1985, 215f.). Hilfen bei einer Schreibblockade können sein:

a) Erzählen Sie jemandem vom Thema.
b) Schreiben Sie mehrere Versionen: die erste Version darf, sie »muß« sogar schlecht sein. Beginnen Sie in einem frühen Stadium des Arbeitsprozesses mit dem Schreiben.
c) Legen Sie Zeiten fest, in denen Sie nur schreiben. Nehmen Sie dazu Ihre schöpferischsten Phasen. Sehr zu empfehlen ist der frühe Morgen von 5 oder 6 Uhr an. Zwei Stunden intensiv genutzte Schreibzeit reichen. Machen Sie danach Arbeiten, für die Sie weniger Konzentration brauchen. Gönnen

Sie sich im Tagesverlauf eine längere Mittagspause. Vielleicht können Sie nach einer Siesta noch einmal zwei Stunden intensiv arbeiten. Die wenigsten können mehr als vier Stunden am Tag schreiben.

d) *Lesen Sie nur die Literatur, die Sie tatsächlich für den nächsten Abschnitt Ihrer Arbeit brauchen (»lean production«, »just in time«).*

e) *»Divide et impera« – »teilen und herrschen« Sie, indem Sie den Schreibprozeß in einzelne Arbeitsschritte zerlegen: Lesen und Sammeln der Ideen auf einem Blatt Papier, Zuordnen der Ideen in die Gliederung des Abschnitts, Schreiben der ersten Fassung, Überarbeiten der ersten Fassung, Lesen des Textes durch einen Kommilitonen, erneute Überarbeitung (»Feilen«).*

f) *Nutzen Sie die Hilfsliteratur für das Schreiben: Ludwig Reiners, Otto Kruse, Duden ...*

5. ***Sehr wichtig: Feilen!***

a) *Am Text; Schritte:*
  1) inhaltlich richtig
  2) Stil
  3) Orthographie, Satzzeichen

b) *Fußnoten nach »Vorbild« (peinlich genau zitieren!)*

c) *Abkürzungsverzeichnis (nach der TRE, Siegfried M. Schwertner, Abkürzungsverzeichnis (Berlin, New York (2) 1994))*

d) *Literaturverzeichnis getrennt nach:*
  »I. Quellen
  II. Benutzte Literatur«
  Geben Sie nur die Literatur an, die Sie tatsächlich verwendet haben.

6. ***Abgeben – ein Fest feiern***

Der letzte Punkt ist besonders wichtig! Nichts ist dem theologischen Arbeiten fremder als ein seelen- und gestaltloses »Malochen«. Denken Sie an Anselm von Canterbury und dessen Zielbestimmung der Theologie (vgl. S. 13f.)! Trotzdem gilt: Schreiben Sie so häufig wie möglich Seminarbeiten zu zentralen Themen. Diese Arbeiten sind eine intensive, eigene und schöpferische Auseinandersetzung mit dem Stoff des Studiums. Lassen Sie sich die Benotung genau erklären: Wo liegen Ihre Stärken, wo sollten Sie sich noch verbessern? Es ist nicht sinnvoll, im Semester Seminararbeiten zu schreiben. Machen Sie sich vier Wochen in den Semesterferien frei, dann wird sich auch die Freude einstellen, die die intensive Beschäftigung mit einem Thema fast immer in sich trägt.

3. Hinweise für die (Examens-)Klausur

Haben Sie Ihre letzte Klausur im Abitur geschrieben? Wenn ja, dann sollten Sie unbedingt das Klausurenschreiben vor dem Examen üben! Es ist eine große Energieleistung, vier Stunden ununterbrochen geistig aktiv zu sein. Während des Studiums bieten die Klausuren als Fleißprüfung am Ende einer Vorlesung Gelegenheit dazu. Spätestens mit dem Repetitorium sollten Sie eine Probeklausur schreiben.

Eine Kunst ist es, genau zu erfassen, was ein gestelltes Thema verlangt, und vom gelernten Stoff das Wesentliche für die Darstellung auszuwählen. Nehmen Sie sich Zeit, die Themenstellung genau zu analysieren! Denn Sie sollen über das schreiben, was erfragt wird, und nicht allgemein darüber, was Sie alles in der Dogmatik wissen. Versuchen Sie einmal, den Schwerpunkt der vier folgenden Themen herauszuarbeiten; entwerfen Sie eine detaillierte Gliederung zu einem der Themen.

1. Die Lehre von der Heiligen Schrift
2. Die evangelische Lehre von der Heiligen Schrift
3. Karl Barths und Rudolf Bultmanns Lehre von der Heiligen Schrift
4. Aktuelle Probleme des Schriftprinzips

Das erste Thema verlangt eine Überblicksdarstellung. Das zweite enthält vor allem die reformatorische Auseindersetzung um Lehramt und Schriftauslegung, um den vierfachen Schriftsinn und die Schriftlehre der altprotestantischen Orthodoxie. Einen ersten Überblick ermöglicht die »›Theologische Landkarte‹ – Lehre von der Heiligen Schrift« (S. 67f.). Mit dem dritten Thema muß vor allem auf das Entmythologisierungsprogramm Rudolf Bultmanns und die Barthsche Kritik an der historisch-kritischen Methode eingegangen werden. Das vierte hat die historisch-kritische Methode und das evangelische Schriftprinzip zum Schwerpunkt.

Sehr wichtig ist eine überlegte *Zeiteinteilung während der Klausur*, ich empfehle Ihnen dazu:

1.	Das Thema wählen; die Aufgabe verstehen;	15 Minuten
2.	»Brainstorming«: Das Gelernte erinnern, den Stoff auf einem Extrablatt sammeln;	30 Minuten
3.	Die Gedanken ordnen, indem man das Aufgeschriebene gliedert (z.B. durchnumeriert). Eine gute Gliederung ist die »halbe« Arbeit: Keine Klausur ohne Gliederung! Die Gliederung soll als erste Seite mitabgegeben werden.	20 Minuten
4.	Niederschrift (leserlich schreiben!)	120 Minuten
5.	Durcharbeiten und verbessern: Inhalt	25 Minuten
6.	Durcharbeiten und verbessern: Orthographie	15 Minuten
7.	Reservezeit	15 Minuten
		240 Minuten

Auch zu einer Klausur gehören formal gesehen Einleitung, Hauptteil und Schluß. Eine sachliche Gliederung des Stoffes ist oftmals in der Formulierung des Themas »versteckt«. Die Einleitung umfaßt die Rechtfertigung (Bedeutung) der Themenstellung, die Definition zentraler Begriffe, die erkenntnisleitende Frage und den Überblick über den Aufbau der sich anschließenden Darstellung. Der Schluß enthält eine klare Antwort auf die gestellte Frage. Weitere Informationen sind den jeweiligen Schritten der dogmatischen Methode zu entnehmen. Informieren Sie sich, welche Hilfsmittel während der Klausur bereitgestellt werden (oftmals: Die Bekenntnisschriften der evangelisch-lutherischen Kirche (BSLK) und eine deutsche Bibel).

Hilfsmittel zur Examensvorbereitung: *Emanuel Hirsch*, Hilfsbuch zum Studium der Dogmatik. Die Dogmatik der Reformatoren und der altevangelischen Lehrer quellenmäßig belegt und verdeutscht (1937, Berlin (4) 1964); *Friedrich Mildenberger, Heinrich Assel*, Grundwissen der Dogmatik. Ein Arbeitsbuch (Stuttgart u.a. 1982, (4., völlig neu bearb. Aufl.) 1995); ****Horst G. Pöhlmann*, Abriß der Dogmatik. Ein Kompendium (Gütersloh 1973, (5., verb. u. erw. Aufl.) 1990); *Hans M. Barth*, Taschen-Tutor Dogmatik (Göttingen 1977, (2., neubearb. Aufl.) 1985); *Christofer Frey u.a. (Hgg.)*, Repetitorium der Dogmatik mit einem Anhang zur Ethik (Bochum 1992, (5) 1995).

4. Internet für Systematische Theologinnen und Theologen

Mit dem weltweiten Computernetz Internet sind viele neue Möglichkeiten geschaffen, wissenschaftliches Arbeiten zu unterstützen. Was kann das Internet einem Systematischen Theologen oder einem an Systematischer Theologie Interessierten bieten? Im folgenden will ich die Einsatzmöglichkeiten für *die Literaturrecherche, Informationen aus der Forschung und die Lehre* vorstellen. Weiterführendes zum Internet allgemein, über dessen Dienste (E-Mail, Software) und das Publizieren im Internet sowie zum Erstellen einer eigenen Homepage bietet das ausgezeichnete Buch von *Paul Tiedemann,* Internet für Philosophen. Eine praxisorientierte Einführung (Darmstadt 1997).

4.1 Literaturrecherche im Internet

Für die Literatursuche bieten sich für die Systematische Theologie drei Möglichkeiten:

Über die Universitätsbibliothek Tübingen

Adresse: *http://opac.ub.uni-tuebingen.de*

In Deutschland ist die Universitätsbibliothek Tübingen im Auftrag und mit Unterstützung der »Deutschen Forschungsgemeinschaft« für eine möglichst lückenlose Erfassung theologischer und religionswissenschaftlicher Veröffentlichungen im In- und Ausland zuständig. Mit einer Schlagwortrecherche etwa zum Thema »Taufe« bekommen Sie einen Überblick über die seit 1980 dort angeschafften Titel (mit laufender Rückerfassung; Werke zwischen 1500 und 1850 sind bereits erfaßt). Recherchiert wird folgendermaßen:

(1) Rufen Sie den Katalog der UB-Tübingen mit der oben angegebenen Adresse auf; vor Ihnen steht dann das Bild:

(Olix-Opac Katalog-Recherche)

(2) Geben Sie das Titelwort »Taufe« ein und Sie werden als Ergebnis erhalten:

(Datenbank: UB Tübingen – find ct=Taufe)

(3) Rufen Sie einen der Sie interessierenden Titel auf:

(Datenbank: UB Tübingen »Zur Lehre und Praxis der Taufe ...«)

Sie können dann prüfen, ob Ihre Bibliothek vor Ort dieses Buch angeschafft hat. Notfalls müßte es durch Fernleihe in Tübingen bestellt werden.

Verzeichnis lieferbarer Bücher (VLB)
Das Schlagwortverzeichnis z.B. ist im Internet abrufbar (Adresse: http://www.buchhandel.de) und bietet eine gute Möglichkeit, neueste, auch von den Bibliotheken noch nicht angeschaffte Titel aus allen Wissenschaften zu einem Themenbereich aufzufinden.

Karlsruher Virtueller Katalog
In internationalen Bibliotheken (z.B. British Library und Library of Congress, dem Katalog der amerikanischen Nationalbibliothek) kann mit Hilfe des Karlsruher Virtuellen Katologs recherchiert werden. Der Katolog umfaßt 50.000.000 Bücher aus 400 Bibliotheken und Buchhandelskatalogen. Eine leichtverständliche Einführung findet sich dort.

Adresse: *http://www.uni-karlsruhe.de*

4.2 Informationen aus der systematisch-theologischen Forschung

Durch das Internet können Sie sich über die systematisch-theologischen Forschungsschwerpunkte und -ergebnisse (Forschungsberichte), fachliche Profile von Instituten und von Lehrstühlen sowie über Namen und Adressen informieren. Es bieten sich vier Wege an:

(1) Über die Karlsruher Virtuelle Bibliothek bekommen Sie Informationen über Forschungseinrichtungen der Theologischen Fakultäten und Lehrstühle. Darüberhinaus finden Sie dort auch Forschungseinrichtungen, die nicht an Universitäten gebunden sind. Sie müssen dazu das Verzeichnis »Evangelische Theologie, – Religionslehre« aufrufen.

Adresse: *http://www.uni-karlsruhe.de/Outerspace/VirtualLibrary/284.de.html*

(2) Informationen über die *Theologischen Fakultäten in ganz Europa* und deren Forschungseinrichtungen finden Sie unter der

Adresse: *http://www.wifak.uni-wuerzburg.de*

(3) Immer mehr *Wissenschaftler* verfügen über eine eigene *Homepage*, die u.a. Adressen, Forschungsschwerpunkte, aktuelle Arbeiten, das Schriftenverzeichnis des Forschers, Hinweise zu Lehrveranstaltungen, weiterführende Links (Verknüpfungen) enthält. Über die jeweilige Universität können Sie diese Seiten erreichen. Eine m.E. vorbildliche Homepage führe ich in der Übersicht S. 179 auf. *Universitätsadressen* sind in Deutschland in der Regel folgendermaßen aufgebaut:

http://www.uni-NAME.de

(4) Es besteht schließlich die Möglichkeit, über eine *Suchmaschine* zu recherchieren. Suchmaschinen sind »Roboter«, die das gesamte Internet absuchen und alle Adressen und Stichwörter aus den untersuchten Seiten in einer Datenbank ablegen. Die Suchmaschinen selbst haben eine Homepage im Internet. So wählen Sie eine Suchmaschine, z.B.:

Adressen: *http://www.altavista.digital.com* – oder
http://www.yahoo.de

Es ist dann ein einfaches Abfrageformular auszufüllen. Nach einer kurzen Wartezeit gibt die Maschine die Gesamtzahl der gefundenen Treffer an. Je mehr Stichworte Sie bei der Recherche eingeben, desto eingegrenzter ist die Trefferquote. Es empfiehlt sich die Verwendung von mehreren Suchmaschinen, da nicht alle das Internet in gleicher Weise absuchen. Die gefundenen Seiten können auf den eigenen Rechner heruntergeladen und abgespeichert werden. Das spart Telefongebühren und man kann in Ruhe lesen und die Informationen weiterverarbeiten.

Ein allgemeines Verzeichnis für Internetadressen im deutschen Sprachraum finden Sie unter der

Adresse: *http://vroom.web.de*

»WEB.De« soll zu *dem* Web-Adreßbuch in Deutschland werden.

Weitere Einsatzmöglichkeiten des Internets in der geisteswissenschaftlichen Forschung beschreibt das Buch von *Paul Tiedemann (*Internet für Philosophen. Ein praxisorientierte Einführung (Darmstadt 1997)). Dies wären etwa:
- Online-Verlage und Zeitschriften,
- Kongreßankündigungen und -berichte,
- Mailing Lists (Listserver) (das sind Server, die E-Mails an Diskussionsgruppen, z.B. zu Thomas von Aquin, Kant, Habermas, entgegennehmen und an die Mitglieder dieser Gruppe weiterleiten) und

- Newsgroups (Adressen im Internet, unter der jedermann Informationen ablegen und lesen kann, »Schwarzes Brett«).

4.3 Internet in der Lehre

Die vielfältigen Möglichkeiten, das Internet für die Lehre zu nutzen, werden z. Zt. noch erschlossen (vgl. dazu *Peter Diepold,* Internet. Neue Chancen für die Lehre, in: Handbuch Hochschullehre. Informationen und Handreichungen aus der Praxis für die Hochschullehre (Loseblattsammlung, Bonn 1994ff.), B 1.7). Einige Beispiele für die derzeitige Nutzung führe ich an:

- Sie können die (kommentierten) *Vorlesungsverzeichnisse* vieler theologischer Fakultäten und vieler Lehrstühle für evangelische Theologie über die Internetadressen der Universität einsehen.
- Unter der Homepage des Verfassers sind *Informations- und Arbeitsmaterialien für die Dogmatik* abrufbar. Diese Seiten sind zu erreichen über die

Homepage der Humboldt-Universität zu Berlin: *http://www.hu-berlin.de*
oder direkt: http://www2.rz.hu-berlin.de/~h1001dgm/

1. Arbeitsblätter des Proseminars »Systematische Theologie«

Blatt 1:	Luther über das Studium der Theologie: »Oratio, meditatio, tentatio«
Blatt 2:	EKD-Richtlinien »Prüfungsanforderungen Dogmatik und Ethik«
Blatt 3:	Systematisch-theologische Grundlagenliteratur
Blatt 4:	Ludwig Reiners, Die Kunst zu lehren (Auszug aus L. Reiners, Stilkunst. Ein Lehrbuch deutscher Prosa, München 1991)
Blatt 5:	Die »Sentenzen« des Petrus Lombardus (1154/57)
Blatt 6:	Klassischen Zusammenfassungen christlicher Glaubensinhalte (Summen)
Blatt 7:	Dogmatische Methode (Übersicht)
Blatt 8:	Wie bestimme ich einen Begriff?
Blatt 9:	Grundregeln Exegese und Systematische Theologie
Blatt 10:	Die Lehre vom vierfachen Schriftsinn
Blatt 11:	»Theologische Landkarte« – Die Lehre von der Heiligen Schrift

Blatt 12:	»Theologische Landkarte« – Die Lehre von den Media Salutis (Über die Heilsmittel)
Blatt 13:	»Theologische Landkarte« – Offenbarung
Blatt 14:	Die Geschichte des Wissenschaftsbegriffs
Blatt 15:	Bewertung der exegetischen Ergebnisse in der Systematischen Theologie
Blatt 16:	Quellen in der Systematischen Theologie (Bekenntnisse)
Blatt 17:	Regeln der Disputation
Blatt 18:	Fallstudie »Kirchengemeinde Zum Heiligen Kreuz«
Blatt 19:	Fallstudie »Radio Paradiso«
Blatt 20:	Hinweise und Vorschläge zur Gruppenarbeit und Präsentation (Fallstudien)
Blatt 21:	Planspiel »Apostelgemeinde«
Blatt 22:	Wie kommt die Theologie zu ihrer Wahrheit?
Blatt 23:	Die Lehre von der Offenbarung: »Kant und die Folgen ...«
Blatt 24:	Wie studiere ich Systematische Theologie (Dogmatik)? »EKD-Richtlinien«
Blatt 25:	Wie schreibe ich eine systematisch-theologische Seminararbeit?
Blatt 26:	Zeiteinteilung während der Klausur
Blatt 27:	Nützliche Adressen im Internet auf einen Blick (Systematische Theologie)
Zugabe:	Dietrich Bonhoeffer: »Der Morgen«

2. *Materialien zu Planspiel und Fallstudien*

– *Lexika und klassische theologische und philosophische Texte* werden im Internet wiedergegeben. Texte können so z.B. auf bestimmte Stichworte hin durchsucht werden. Ich führe folgende Beispiele mit den Adressen an:

The Internet Encyclopedia of Philosophy
Adresse: *http://www.utm.edu/reserarch/iep/*

Aurelius Augustinus, Confessiones
Adresse: *http://ccat.sas.upenn.edu/jod/latinconf/latinconf.html*

Immanuel Kant, Beantwortung der Frage: Was ist Aufklärung?
Adresse: *http://www.access.ch/netzhaus/aufklaer.htm*

Nützliche Adressen im Internet auf einen Blick
(Systematische Theologie)
(vgl. auch »Internetquellen für Theologinnen und Theologen« unter:
http://www.uni-muenster.de/KatholischeTheologie)

1. Literaturrecherche:

- Universitätsbibliothek Tübingen: *http://opac.ub.uni-tuebingen.de*
- Verzeichnis lieferbarer Bücher (VLB) und Verzeichnis lieferbarer Zeitschriften (VLZ): *http://www.buchhandel.de*
- Karlsruher Virtueller Katalog (KVK) (Verbund deutscher Bibliotheken, Library of Congress, Britischer Verbundkatalog): *http://www.uni-karlsruhe.de*
- Deutsche Bibliotheken online (alle deutschen Bibliotheken, die Angebote im Internet haben): *http://www.hbz-nrw.de/hbz/germlst*
- BerlinOPAC: Katalog des Bibliotheksverbundes Berlin Brandenburg (BVBB) (Bücher seit 1990 aus FU, HdK und einigen weiteren Bibliotheken, TU, seit 1985 aus Staatsbibliothek zu Berlin, älteres in Auswahl): *z. Zt. Recherchemöglichkeit nur in der Universitätsbibliothek der FU*
- Zeitschriften (Inhaltsverzeichnisse, oft auch Zusammenfassungen der Aufsätze, »abstracts«): BThZ Berliner Theologische Zeitschrift *http://www.wichern.de*; EvTh Evangelische Theologie *http://www.guetersloher-vh.de*; NZSTh Neue Zeitschrift für Systematische Theologie und Religionsphilosophie *http://atla.library.vanderbilt.edu/atla/home.html*; ZEE Zeitschrift für Evangelische Ethik. Studien – Kommentare – Dokumente *http://www.tu-dresden.de/phfiet/zee/zee.htm*; ZThK Zeitschrift für Theologie und Kirche *http://www.mohr.de*; folgende *katholischen Zeitschriften* sind aufzurufen unter: *http://www.uni-muenster.de/KatholischeTheologie* (MThZ Münchener Theologische Zeitschrift; ThGl Theologie und Glaube; ThQ Theologische Quartalschrift; ZKTh Zeitschrift für katholische Theologie); ThLZ Theologische Literaturzeitung. Monatsschrift für das gesamte Gebiet der Theologie und Religionswissenschaft *http://www.thlz.de*; ThR Theologische Rundschau *http://www.mohr.de*; ThRv Theologische Revue *http://www.uni-muenster.de/TheologischeRevue/thrv8895.txt*; IDEA.S Informationsdienst der Evangelischen Allianz. IDEA-Spektrum *http://www.idea.de.*
- Zentrales Verzeichnis antiquarischer Bücher (ZVAB): *http://www.zvab.com.*

2. Forschung:

- Theologische Fakultäten in Europa (Übersicht, Vorlesungsverzeichnisse, Forschungseinrichtungen, Mitarbeiterverzeichnis, Adressen, Literaturverzeichnisse, Forschungsberichte, Stellenausschreibungen): *http://www.wifak.uni-wuerzburg.de*

- Einzelne Universitäten (s. o.) in der Regel: *http://www.uni-NAME.de*
- Homepages einzelner Forscher sind zu finden über die Internet-Adressen der Universitäten und dann über die Theologischen Fakultäten bzw. Institute. Vorbildliche Homepage zur Barth- und Calvin-Forschung, zu reformierten Kirchen, sehr gute weiterführende Links (Verknüpfungen), bei Prof. Eberhard Busch (Göttingen): *http://www.GWDG.DE/~ebusch/welcome.htm*
- Forschungseinrichtungen Evangelische Theologie, Religionslehre: *http://www.uni-karlsruhe.de/Outerspace/VirtualLibrary/284.de.html*
- Mailing Lists (Listservers) – Diskussionsforen; Beispiele: Thomas von Aquin: *Listserv@freelance.com* (Anmeldung: sub aquinas NAME), ThinkNet (Diskussionsgruppen zu zahlreichen einzelnen Philosophen: *listserv@think.net* (Anmeldung: Sub[Name des Philosophen]NAME)

3. Lehre:

- Homepage PD Joachim Zehner HUB (Arbeitsblätter Systematische Theologie, Seminarübersichten, Protokolle, »öffentliche Sprechstunde« (geplant), Vorlesungsskripte, OH-Folien, Papers/Referate, Materialien zu systematisch-theologischen Fallstudien/Planspielen, Lösungen, Lehrveranstaltungen, Schriftenverzeichnis, Lehrportfolio/didaktisches Konzept): *http://www2.rz.hu-berlin.de/~h1001dgm/*

Literaturauswahl zur Nutzung des Internets: *Stefan Bollmann, Christiane Heilbach (Hgg.),* Kursbuch Internet. Anschlüsse an Wirtschaft und Politik, Wissenschaft und Kultur (Mannheim 1996); *Peter Diepold,* Internet. Neue Chancen für die Lehre, in: Handbuch Hochschullehre. Informationen und Handreichungen aus der Praxis f. d. Hochschullehre (Losebl.sammlung, Bonn 1994ff.), B1.7; *Bill Gates,* Der Weg nach vorn. Die Zukunft der Informationsgesellschaft (Hamburg 1995); *Thorsten Pusch,* Das Einsteigerseminar Internet (Kaarst (3) 1997); *Paul Tiedemann,* Internet für Philosophen. Eine praxisorientierte Einführung (Darmstadt 1997); *Hartmut Simon (Hg.),* Virtueller Campus. Forschung und Entwicklung für neues Lehren und Lernen (Münster u.a. 1997); *Wolfgang Nethöfel, Matthias Schnell (Hgg.),* Cyberchurch? Kirche im Internet (Frankfurt/M. 1998)

5. Elektronischer Anhang

Unter der Adresse

http://www2.rz.hu-berlin.de/~h1001dgm/

finden Sie den elektronischen Anhang zu diesem Buch mit:

1. Arbeitsblätter Systematische Theologie (vgl. S. 176f.)
2. Materialien zu Fallstudien und Planspiel (vgl. S. 142-153)
3. Lehrportfolio – Hochschuldidaktisches Konzept Joachim Zehner
4. Virtuelles Diskussionsforum Dogmatik/«öffentliche Sprechstunde« (geplant).

6. Literaturangaben zu einzelnen Themen (Loci) der Dogmatik

An dieser Stelle wird vor allem weiterführende Literatur zu *einzelnen Themen (Loci) der Dogmatik* angegeben. Sie sind jeweils chronologisch geordnet. Artikel aus den theologischen Nachschlagewerken wie TRE, RGG, EKL oder LThK und die entsprechenden Kapitel von Gesamtdarstellungen evangelischer Dogmatik werden in der Regel nicht eigens aufgeführt. Der Beitrag, der sich m. E. am besten für einen Gesamtüberblick und zur Einführung in einen Bereich der Dogmatik eignet, ist mit drei Sternen (***) gekennzeichnet.

Das Verzeichnis der *„Bücher zum Studium der Evangelischen Theologie"* (hrsg. v. Werner Krämer u. a. (Marburg 1997), 47. Ausgabe) informiert Sie schnell und zuverlässig, ob und zu welchem Preis die hier angegebenen Titel lieferbar sind. Für ein geringes Entgeld ist es an jeder deutschen theologischen Buchhandlung zu beziehen. Lehrbücher, Quellen- und Nachschlagewerke sowie Literatur für Seminare, Übungen und zur Examensvorbereitung aus 60 Verlagen zu allen theologischen Disziplinen werden außerdem (mit hilfreichen Kommentaren) vorgestellt in: *Studium: Theologie. Ein evangelisch-katholisches Literaturverzeichnis.* Ein Katalog der Arbeitsgemeinschaft theologischer Verlage (hrsg. v. Otfrid Seippel (Gütersloh 1997/98), 21. Ausgabe). Auch dieses Verzeichnis ist über den Buchhandel zu beziehen.

Zu folgenden Themen waren Literaturangaben bereits in den vorangehenden Seiten zu finden:

- Klassische Summen des christlichen Glaubens von Origenes bis Schleiermacher (S. 16f.)
- Lexika (S. 32-34)
- Zeitschriften (S. 53-55)
- Einführungen in dogmatisches Arbeiten (S. 26)
- Literaturauswahl zur Frage der Kindertaufe (S. 56)

- Konkordanzen, Bibelausgaben auf CD-ROM (S. 60)
- Exegetische Lexika, Bibellexika, Kommentare, Einführungen (S. 61f.)
- Zur Dogmen- und Theologiegeschichte, zur Quellenfindung und zu wichtigen Quellenreihen, zum evangelischen Dogmenverständnis (S. 75f.)
- Auslegungen der Glaubensbekenntnisse (Apostolikum bzw. Nizänum) (S. 77)

- Reformatorische Bekenntnisschriften und -texte/Quellen (S. 77f.)
- Reformatorische Bekenntnisschriften und -texte/Einführungen (S. 78)
- Quellensammlungen Reformation und altprotestantische Orthodoxie (S. 80)
- Darstellungen der Theologiegeschichte nach der Aufklärung und im 19. Jahrhundert (S. 81)
- Barmer Theologische Erklärung und Leuenberger Konkordie, Quellentexte/Einführungen (S. 127)

- Orthodoxe Theologie, Quellen/Einführungen (S. 77)
- Lexika, Handbücher und Darstellungen zu anderen Konfessionen und Freikirchen (S. 83)
- Katholische Lehrentscheidungen, Quellentexte (S. 84)
- Katholische Fundamentaltheologie, Dogmatik, Darstellungen der Konzilsgeschichte zur Erläuterung der Lehrentscheidungen (S. 84)
- Ökumenischen Verständigungsbemühungen: Rechtfertigungslehre, Tauf-, Abendmahl- und Amtsverständnis/Quellentexte (S. 127f.)

- Leichtverständliche Einführungen in die Systematische Theologie (S. 91)
- Überblicksdarstellungen systematisch-theologischer Entwürfe allgemein (S. 98)
- Darstellungen zum Wesen des Christentum (S. 98f.)
- Systematisch-theologische Schulrichtungen und Denkansätze (S. 93-98)
- Feministische Theologie (S. 96)
- „Hausdogmatiken" (S. 99)

- Zugang zu anderen Wissenschaften (Nachschlagewerke der nichttheologischen Wissenschaften/einführende Werke aus der Theologie über das Verhältnis zu anderen Wissenschaften) (S. 113-115)
- Zum Absolutheitsanspruch des Christentums (S. 115)
- Zur Wahrheitsfrage (S. 157)
- Zum Begriff der Wissenschaft (S. 161)
- Zur Theologie als Wissenschaft (S. 161)

- Hilfsmittel zur Examensvorbereitung (S. 172)
- Wissenschaftliche und lerntechnische Hilfsmittel für den Studienalltag (S. 167)
- Literaturauswahl zur Nutzung des Internets (S. 179)

Gesamtdarstellungen der evangelischen Dogmatik (Auswahl): *Martin Kähler,* Die Wissenschaft der christlichen Lehre von dem evangelischen Grundartikel aus im Abrisse dargestellt (1883/84, Leipzig (3) 1905, ND 1966 u. 1994); *Karl Barth,* Die Kirchliche Dogmatik, Bde. I,1-IV,4 (Zürich 1932-67, NA Studienausgabe 1993); *Emanuel Hirsch,* Christliche Rechenschaft, Bde. 1 und 2 (1938-45, NA Tübingen, bearb. v. Hayo Gerdes 1989); *Werner Elert,* Der christliche Glaube (1940, Erlangen (6) 1988); *Emil Brunner,* Dogmatik, Bde. 1-3 (Zürich 1946-60, (2-4) 1968-72); *Paul Althaus,* Die christliche Wahrheit, (Gütersloh 1947/48, (8) 1969); *Heinrich Vogel,* Gott in Christo. Ein Erkenntnisgang durch die Grundprobleme der Dogmatik (1951, NA Stuttgart 1982); *Paul Tillich,* Systematische Theologie, Bde. 1-3 (1951-63, Berlin, New York (8 u. 4) 1987); *Otto Weber,* Grundlagen der Dogmatik, Bde. 1 u. 2 (Neukirchen 1954/62, (7) 1987); *Wolfgang Trillhaas,* Dogmatik (Berlin, New York 1962, (4) 1980); *Helmut Thielicke,* Der evangelische Glaube, Bde. 1-3 (Tübingen 1968-78); *Gerhard Ebeling,* Dogmatik des christlichen Glaubens, Bde. 1-3 (Tübingen 1979, (3) 1987-93); *Edmund Schlink,* Ökumenische Dogmatik (Göttingen 1983, (2) 1993); *Wilfried Joest,* Dogmatik, Bde. 1 u. 2, (Göttingen 1984/86, (3) 1989/93); *Wolfhart Pannenberg,* Systematische Theologie, Bde. 1-3 (Göttingen 1988-93); *Friedrich Mildenberger,* Biblische Dogmatik. Eine Biblische Theologie in dogmatischer Perspektive, Bde. 1-3 (Stuttgart 1991-93); ****Wilfried Härle,* Dogmatik (Berlin, New York 1995).

Selbstverständnis der Theologie: *Friedrich Schleiermacher,* Kurze Darstellung des theologischen Studiums zum Behuf einleitender Vorlesungen (1810, (2) 1830), hrsg. v. Heinrich Scholz (1910, Darmstadt ND 1993); *Paul Tillich,* Systematische Theologie, Bd. I (1951, Berlin, New York (8) 1987), 9-37; ****Karl Barth,* Einführung in die evangelische Theologie, (1962, Zürich (4) 1987); *Eilert Herms,* Theologie - eine Erfahrungswissenschaft (München 1978); *Martin Heckel,* Die Theologischen Fakultäten im weltlichen Verfassungsstaat (Tübingen 1986); *Hans Küng,* Theologie im Aufbruch. Eine ökumenische Grundlegung (München, Zürich 1987; Studienausgabe 1991); *Christoph Schwöbel,* Doing Systematic Theology (1987), in: ders., God: Action and Revelation (Kampen 1992), 9-22; *Ingolf U. Dalferth,* Kombinatorische Theologie (QD 130) (Freiburg 1991); Grundlagen der theologischen Ausbildung und Fortbildung im Gespräch. Die Diskussion über die „Grundsätze für die Ausbildung und Fortbildung der Pfarrer und Pfarrerinnen der Gliedkirchen der EKD". Dokumentation und Erträge 1988-1993, hrsg. im Auftrag der Gemischten Kommission für die Reform des Theologiestudiums v. Werner Hassiepen und Eilert Herms (RthA 14) (Stuttgart 1993); *Oswald Bayer,* Theologie (HST 1) (Gütersloh 1994).

Offenbarung: *Emil Brunner,* Natur und Gnade. Zum Gespräch mit Karl Barth (1934), in: „Dialektische Theologie" in Scheidung und Bewährung 1933-1936, hrsg. v. Walter Fürst, (ThB 34) (München 1966), 169-207; *Karl Barth,* Nein! Antwort an Emil Brunner (1934), in: „Dialektische Theologie" in Scheidung und Bewährung 1933-1936, hrsg. v. Walter Fürst (ThB 34) (München 1966), 208-258; Offenbarung als Geschichte, hrsg. v. *Wolfhart Pannenberg u. a.* (Göttingen 1961, (5) 1982); *Christof Gestrich,* Die unbewältigte natürliche Theologie, in: ZThK 68 (1971), 82-120; *Eberhard Jüngel,* Das Dilemma der natürlichen Theologie und die Wahrheit ihres Problems. Überlegungen für ein Gespräch mit Wolfhart Pannenberg, in: ders., Entsprechungen: Gott - Wahrheit - Mensch. Theologische Erörterungen (1975, München 1980), 158-201; *ders.,* Die Offenbarung der Verborgenheit Gottes. Ein Beitrag zum evangelischen Verständnis der Verborgenheit des göttlichen Wirkens (1984), in: ders., Wertlose Wahrheit (München 1990), 163-182; *Christian Link,* Die Welt als Gleichnis. Studien zum Problem der natürlichen Theologie (München 1976, (2) 1982); *Albrecht Peters,* Gesetz und Evangelium (HST 2) (Gütersloh 1981, (2) 1994); *Eilert Herms,* Offenbarung, in: Studientexte Funkkolleg Religion, hrsg. v. Peter Fiedler u. a. (Weinheim u. a. 1985), 258-275; *ders.,* Offenbarung und Glaube. Zur Bildung des christlichen Glaubens (Tübingen 1992); ****ders.,* Art. Offenbarung V. Theologiegeschichte und Dogmatik, in: TRE 25, 146-210; *Hans Waldenfels,* Einführung in die Theologie der Offenbarung (Darmstadt 1996).

Schriftauslegung: *Wolfhart Pannenberg,* Die Krise des Schriftprinzips, in: ders., Grundfragen systematischer Theologie. Gesammelte Aufsätze (1962, Göttingen (3) 1979), 11-21; *Gerhard Ebeling,* Wort Gottes und Tradition. Studien zu einer Hermeneutik der Konfessionen (Göttingen 1964, (2) 1966); *Gerhard Maier,* Das Ende der historisch-kritischen Methode (Wuppertal 1974, (5) 1984); *Peter Stuhlmacher,* Vom Verstehen des Neuen Testaments. Eine Hermeneutik (Göttingen 1979); *Henning Graf Reventlow,* Hauptprobleme der Biblischen Theologie im 20. Jahrhundert (Darmstadt 1983); *Elisabeth Schüssler Fiorenza,* Zu ihrem Gedächtnis ... Eine feministisch-theologische Rekonstruktion der christlichen Ursprünge (1983, dt. München, Mainz 1988); *Wilhelm Egger*, Methodenlehre zum Neuen Testament. Einführung in linguistische und historisch-kritische Methoden (Freiburg 1987, (2) 1990); Sola scriptura. Das reformatorische Schriftprinzip in der säkularen Welt, hrsg. v. Hans H. Schmid u. Joachim Mehlhausen (Gütersloh 1991); Das Buch Gottes. Ein Votum des Theologischen Ausschusses der Arnoldshainer Konferenz (Neukirchen 1992); Verbindliches Zeugnis, Bd. 1: Kanon - Schrift - Tradition, hrsg. v. W. Pannenberg u. Th. Schneider (DiKi 7) (Freiburg, Göttingen 1992); ****Ulrich Wilckens*, Schriftauslegung in historisch-kritischer Forschung und geistlicher Betrachtung, in: Wolfhart Pannenberg, Theo Schneider (Hgg.), Verbindliches Zeugnis II. Schriftauslegung - Lehramt - Rezeption (DiKi 9) (Freiburg, Göttingen 1995), 13-71.

Glaube: *Carl H. Ratschow*, Der angefochtene Glaube. Anfangs- und Grundprobleme der Dogmatik (Gütersloh 1957, (5) 1983); ****Martin Seils*, Glaube (HST 13) (Gütersloh 1996) [mit weiteren Literaturhinweisen].

Gottes- und Trinitätslehre: *Rudolf Bultmann*, Welchen Sinn hat es von Gott zu reden? (1925), in: GuV, Bd. 1, (Tübingen (4) 1961), 26-37; *Eberhard Jüngel*, Gott als Geheimnis der Welt. Zur Begründung der Theologie des Gekreuzigten im Streit zwischen Theismus und Atheismus (Tübingen 1977, (6) 1992); *Joachim Track*, Sprachkritische Untersuchungen zum christlichen Reden von Gott (Göttingen 1977); ****Hans Küng*, Existiert Gott? Antwort auf die Gottesfrage der Neuzeit (München 1978, (2) 1984; TB 1995); *Jürgen Moltmann*, Trinität und Reich Gottes. Zur Gotteslehre (München 1980, (2) 1986); *Ingolf U. Dalferth*, Religiöse Rede von Gott (München 1981); *ders.*, Gott. Philosophisch-theologische Denkversuche (Tübingen 1992); *ders.*, Der auferweckte Gekreuzigte (Tübingen 1994), 160-236; *Walter Kasper*, Der Gott Jesu Christi (Mainz 1982, (2) 1983); *Jürgen Werbick*, Bilder sind Wege. Eine Gotteslehre (München 1992).

Schöpfungslehre: *Karl Heim*, Weltschöpfung und Weltende (1952, Wuppertal (4) 1976). *Carl F. von Weizsäcker*, Die Tragweite der Wissenschaft (1964, Stuttgart (6) 1990); *Gerhard May*, Schöpfung aus dem Nichts. Die Entstehung der Lehre von der creatio ex nihilo (Berlin, New York 1978); *Eberhard Wölfel*, Welt als Schöpfung (ThExh 212) (München 1981); *Jürgen Hübner*, Die Welt als Gottes Schöpfung ehren. Zum Verhältnis von Theologie und Naturwissenschaft heute (München 1982); *Ulrich Mann*, Schöpfungsmythen (Stuttgart, Berlin 1982); *Leo Scheffczyk*, Einführung in die Schöpfungslehre (Darmstadt 1982); *Philip Davies*, Gott und die moderne Physik (1983, dt. München (5) 1986); *Jürgen Moltmann*, Gott in der Schöpfung. Ökologische Schöpfungslehre (München 1985, (4) 1993); *Oswald Bayer*, Schöpfung als Anrede. Zu einer Hermeneutik der Schöpfung (Tübingen 1986, (2) 1990); Evolution and Creation, hrsg. v. Svend Andersen u. Arthur Peacocke (Aarhus 1987); *Anthony J. Leggett*, Physik. Probleme - Themen - Fragen (1987, dt. Basel u. a. 1989); *Stephen W. Hawking*, Eine kurze Geschichte der Zeit. Die Suche nach der Urkraft des Universums (1988, dt. Reinbek 1988); *ders.*, Einsteins Traum. Expeditionen an die Grenzen der Raumzeit (1993, dt. Reinbek 1993); ****Christian Link*, Schöpfung (HST 7/1: Schöpfungstheologie in reformatorischer Tradition u. HST 7/2: Schöpfungstheologie angesichts der Herausforderungen des 20. Jahrhunderts) (Gütersloh 1991); *Traugott Koch*, Das göttliche Gesetz der Natur. Zur Geschichte des neuzeitlichen Naturverständnisses und zu einer gegenwärtigen theologischen Lehre von der Schöpfung (ThSt 136) (Zürich 1991); *Wolfgang Schoberth* u. a., Natur = Schöpfung? Theologische Annäherungen und Fragen (München 1991); Unsere Welt - Gottes Schöpfung. FS Eberhard Wölfel, hrsg. v. Wilfried Härle u. a. (Marburg 1992); *Alexandre Ganoczy*, Chaos - Zufall - Schöpfungsglaube. Die Chaostheorie als Herausforderung der Theologie (Mainz 1995); *Wilhelm Gräb (Hg.)*, Urknall oder Schöpfung. Zum Dialog von Naturwissenschaften und Theologie (Gütersloh 1995).

Mensch (Anthropologie): *Emil Brunner*, Der Mensch im Widerspruch. Die christliche Lehre vom wahren und vom wirklichen Menschen (Zürich 1937, (4) 1965); *Helmut Gollwitzer*, Krummes Holz - aufrechter Gang. Zur Frage nach dem Sinn des Lebens (München 1970, (10) 1985); *Claus Westermann*, Zur Auslegungsgeschichte von Gen 1,26-27, in: ders., Genesis, Bd. 1 (Neukirchen-Vluyn 1974), 203-218; *Jürgen Moltmann*, Mensch. Christliche Anthropologie in den Konflikten der Gegenwart (Stuttgart, Berlin 1971, (3) 1977); *Gerhard Ebeling*, Luthers Disputatio De homine, in: ders., Lutherstudien, Bd. II/1-3 (Tübingen 1977-1989); *Albrecht Peters*, Der Mensch (HST 8) (Gütersloh 1979, (2) 1994); *Wolfhart Pannenberg*, Anthropologie in theologischer Perspektive (Göttingen 1983); ****Otto Hermann Pesch*, Freisein aus Gnade. Theologische Anthropologie (Freiburg u. a. 1983); *Hermann Timm*, Von Angesicht zu Angesicht. Sprachmorphische Anthropologie (Gütersloh 1992).

Gott und das Leid (Theodizeeproblem): *Dorothee* Sölle, Leiden (Stuttgart 1973, (5) 1980); ****Walter Sparn*, Leiden - Erfahrung und Denken. Materialien zum Theodizeeproblem (München 1980);

Leiden, hrsg. v. Willi Oelmüller (Paderborn 1986); Theodizee - Gott vor Gericht?, hrsg. v. Willi Oelmüller (München 1990); Worüber man nicht schweigen kann. Neue Diskussionen zur Theodizeefrage, hrsg. v. Willi Oelmüller (München 1992); *Walter Groß, Karl-Josef Kuschel,* „Ich schaffe Finsternis und Unheil!" Ist Gott verantwortlich für das Übel? (Mainz 1992); *Walter Dietrich, Christian Link,* Die dunklen Seiten Gottes. Willkür und Gewalt (Neukirchen-Vluyn 1995).

Sündenlehre: *Sören Kierkegaard,* Der Begriff Angst. Eine schlichte psychologisch-andeutende Überlegung in Richtung auf das dogmatische Problem der Erbsünde (1844, Gütersloh (2) 1983); *ders.,* Die Krankheit zum Tode (1849, Gütersloh (3) 1985); *Rolf Knierim,* Die Hauptbegriffe für Sünde im Alten Testament (Gütersloh 1965); *Herbert Haag,* Biblische Schöpfungslehre und kirchliche Erbsündenlehre (Stuttgart 1966, (4) 1968); *Urs Baumann,* Erbsünde? Ihr traditionelles Verständnis in der Krise heutiger Theologie (ÖF Abt. 2, Bd. 2) (Freiburg 1970); *Eugen Drewermann,* Strukturen des Bösen, 3 Bde. (Paderborn u. a. 1978, 1988); *Gerhard Freund,* Sünde im Erbe. Erfahrungsinhalt und Sinn der Erbsündenlehre (Stuttgart u. a. 1979); *Hermann Häring,* Die Macht des Bösen. Das Erbe Augustins (Zürich u. a. 1979); *ders.,* Das Problem des Bösen in der Theologie (Darmstadt 1985); *Wolf Krötke,* Sünde und Nichtiges bei Karl Barth (Neukirchen-Vluyn (2., durchges. u. erw. Aufl.) 1983); Schuld und Vergebung, in: GlLern 1 (1986), 96-174; *Christine Schaumberger, Luise Schottroff,* Schuld und Macht. Studien zu einer feministischen Befreiungstheologie (München 1988); ****Christof Gestrich,* Die Wiederkehr des Glanzes in der Welt. Die christliche Lehre von der Sünde und ihrer Vergebung in gegenwärtiger Verantwortung (Tübingen 1989, (2) 1995); *Lucia Scherzberg,* Sünde und Gnade in der Feministischen Theologie (Mainz 1991); *Hanns-Stephan Haas,* „Bekannte Sünde". Eine systematische Untersuchung zum theologischen Reden von der Sünde in der Gegenwart (Neukirchen-Vluyn 1992); *Gunda Schneider-Flume,* Frauensünde? Überlegungen zu Geschlechterdifferenz und Sünde, in: ZThK 91 (1994), 299-317; Sünde. Ein unverständlich gewordenes Thema, hrsg. v. Sigrid Brandt u. a. (Neukirchen-Vluyn 1997); *Joachim Zehner,* Das Forum der Vergebung in der Kirche. Studien zum Verhältnis von Sündenvergebung und Recht (Öffentliche Theologie 10) (Gütersloh 1998).

Jesus Christus (Christologie): *Gustaf Aulén,* Die drei Haupttypen des christlichen Versöhnungsgedankens, in: ZSystTh 8 (1931), 501-538; *Günther Bornkamm,* Jesus von Nazareth (Stuttgart u. a. 1956, (15) 1995); *Rudolf Bultmann,* Das Verhältnis der urchristlichen Christusbotschaft zum historischen Jesus (Heidelberg 1960, (5) 1978); *Ferdinand Hahn,* Christologische Hoheitstitel (Göttingen 1963, (5) 1995); *Wolfhart Pannenberg,* Grundzüge der Christologie (Gütersloh 1964, (7) 1990); *Walter Kasper,* Jesus der Christus (Mainz 1974, (11) 1992); *Hans Küng,* Christsein (München, Zürich 1974, (11) 1983, TB 1993)); *Martin Hengel,* Der Sohn Gottes (Tübingen 1975, (2) 1977); *Carl H. Ratschow,* Jesus Christus (HST 5) (Gütersloh 1982, (2) 1994); *Gunther Wenz,* Geschichte der Versöhnungslehre in der evangelischen Theologie der Neuzeit, 2 Bde. (München 1984/86); Mariologie und Feminismus, hrsg. v. *Walter Schöpsdau* (Göttingen 1985); Auferstehung Jesu - Auferstehung der Christen. Deutungen des Osterglaubens, hrsg. v. Ingo Broer u. a. (QD 105) (Freiburg 1986); *Günter Bader,* Symbolik des Todes Jesu (Tübingen 1988); ****Jürgen Moltmann,* Der Weg Jesu Christi. Christologie in messianischen Dimensionen (München 1989); *Karl-Josef Kuschel,* Geboren vor aller Zeit? Der Streit um Christi Ursprung (München, Zürich 1990); *Friedrich-Wilhelm Marquardt,* Das christliche Bekenntnis zu Jesus, dem Juden. Eine Christologie, 2 Bde. (Gütersloh 1990/91); *Gerd Lüdemann,* Die Auferstehung Jesu (Göttingen 1994); *Ingolf U. Dalferth,* Der auferweckte Gekreuzigte. Zur Grammatik der Christologie (Tübingen 1994); *Alex Stock,* Poetische Dogmatik: Christologie, 2 Bde. (Paderborn 1995/96).

Lehre von der Erlösung (Soteriologie): *Martin Luther,* Von der Freiheit eines Christenmenschen (1520), WA 7,20-38; *ders.,* Von den guten Werken (1520), WA 6,204-276; *Albrecht Ritschl,* Die christliche Lehre von der Rechtfertigung und Versöhnung, 3 Bde. (Bonn 1870-1874, ND 1978); *Hans Küng,* Rechtfertigung. Die Lehre Karl Barths und eine katholische Besinnung. Mit einem Geleitbrief von Karl Barth und einem neuen Vorwort zur Taschenbuchausgabe (Einsiedeln 1957, München, Zürich 1986); *Horst G. Pöhlmann,* Rechtfertigung. Die gegenwärtige kontroverstheologische Problematik der Rechtfertigungslehre zwischen der evangelisch-lutherischen und der römisch-katholischen Kirche (Gütersloh 1971); *Eberhard Jüngel,* Zur Freiheit eines Christenmenschen. Eine Erinnerung an Luthers Schrift (München 1977, (3) 1991); *Wilfried Härle, Eilert Herms,* Rechtfertigung. Das Wirklichkeitsverständnis des christlichen Glaubens (Göttingen 1980); *otto H. Pesch, Albrecht Peters,* Einführung in die Lehre von Gnade und Rechtfertigung (Darmstadt 1981); *Oswald Bayer,* Aus Glauben leben. Über Rechtfertigung und Heiligung (Stuttgart 1984, (2) 1990); *Albrecht Peters,* Rechtfertigung (HST 12) (Gütersloh 1984, (2) 1990); *Thomas Pröpper,* Erlösungsglaube und Freiheitsgeschichte. Eine Skizze zur Soteriologie (München 1985, (2) 1988); ***Rechtfertigung als Grundbegriff evangelischer Theologie, hrsg. v. Gerhard Sauter (München 1989).

Heiliger Geist (Pneumatologie): *Karl Barth, Heinrich Barth,* Zur Lehre vom Heiligen Geist (Beiheft 1 zu ZdZ) (München 1930); *Hendrikus Berkhof,* Theologie des Heiligen Geistes (Neukirchen-Vluyn 1968, (2., mit einem Nachtrag zur neueren Diskussion von Uwe Gerber) 1989); *Eduard Schweizer,* Heiliger Geist (Stuttgart, Berlin 1978); ***Der Heilige Geist im Widerstreit, in: Conc (D) 15 (1979), 493-558; *Yves Congar,* Der Heilige Geist (Freiburg u. a. 1982); *Christian Schütz,* Einführung in die Pneumatologie (Darmstadt 1985); *Bernd J. Hilberath,* Pneumatologie (Düsseldorf 1994); *Hansjörg Kägi,* Der Heilige Geist in charismatischer Erfahrung und theologischer Reflexion (Zürich 1989); Der Heilige Geist im Verständnis Luthers und der lutherischen Theologie, hrsg. v. *Joachim Heubach* (Erlangen 1990); *Jürgen Moltmann,* Der Geist des Lebens. Eine ganzheitliche Pneumatologie (München 1991); *Heinz Zahrnt,* Geistes Gegenwart. Die Wiederkehr des heiligen Geistes (München, Zürich 1991); *Michael Welker,* Gottes Geist. Theologie des Heiligen Geistes (Neukirchen-Vluyn 1992, (2) 1993).

Wort und Sakrament (Heilsmittel): Die Arnoldshainer Abendmahlsthesen (1957/1962), in: Die Arnoldshainer Konferenz. Ihr Selbstverständnis, hrsg. v. Alfred Burgsmüller u. Rainer Bürgel (Bielefeld 1974, (2) 1978), 47-55; *George R. Beasley-Murray,* Die christliche Taufe (Kassel 1968); *Edmund Schlink,* Die Lehre von der Taufe (Kassel 1969); *Eberhard Jüngel, Karl Rahner,* Was ist ein Sakrament? (Freiburg 1971); *Carl H. Ratschow,* Die eine christliche Taufe (Gütersloh 1972, (4) 1989); Das Herrenmahl, hrsg. v. der Gemeinsamen römisch-katholischen/evangelisch-lutherischen Kommission (Paderborn, Frankfurt/M. 1981); Taufe und Kirchenzugehörigkeit. Studien zur Bedeutung der Taufe für Verkündigung, Gestalt und Ordnung der Kirche, hrsg. v. Christine Lienemann-Perrin (München 1983); ****Ulrich Kühn,* Sakramente (HST 11) (Gütersloh 1985, (2) 1990); *Gunther Wenz,* Einführung in die evangelische Sakramentenlehre (Darmstadt 1988); Lehrverurteilungen - kirchentrennend? Bd. 3: Materialien zur Lehre von den Sakramenten und vom kirchlichen Amt, hrsg. v. Wolfhart Pannenberg (DiKi 6) (Göttingen 1990), 15-186; *Oswald Bayer,* Leibliches Wort (Tübingen 1992); *Reinhard Hempelmann,* Sakrament als Ort der Vermittlung des Heils. Sakramententheologie im evangelisch-katholischen Dialog (Göttingen 1992); *Eugen Drewermann,* Glauben in Freiheit oder Tiefenpsychologie und Dogmatik (Solothurn, Düsseldorf 1993), bes. 385-517; *Eckhard Lessing,* Abendmahl (BenshH 72) (Göttingen 1993); *Albrecht Peters,* Kommentar zu Luthers Katechismen, hrsg. v. Gottfried Seebaß, Bde. 4 u. 5 (Göttingen 1993/4); *Franz Courth,* Die Sakramente. Ein Lehrbuch für Studium und Praxis der Theologie (Freiburg u. a. 1995); *Erich Geldbach,* Taufe (BenshH 79) (Göttingen 1996); *Bernd Wannenwetsch,* Gottesdienst als Lebensform - Ethik für Christenbürger (Stuttgart u. a. 1997); *Magdalene Frettlöh,* Theologie des Segens. Biblische und dogmatische Wahrnehmungen (Gütersloh 1998).

Kirche (Ekklesiologie): *Hans Küng,* Die Kirche (1967, München 1977, TB 1992); *Heinrich Fries, Karl Rahner,* Einigung der Kirchen - reale Möglichkeit (QD 100) (Freiburg 1983, (3) 1987); *Wolfgang Huber,* Kirche (Stuttgart, Berlin 1979, (2) 1988); *** *Ulrich Kühn,* Kirche (HST 10) (Gütersloh 1980, (2) 1990); Lehrverurteilungen - kirchentrennend? Bd. 1: Rechtfertigung, Sakramente und Amt im Zeitalter der Reformation und heute, hrsg. v. Karl Lehmann u. Wolfhart Pannenberg (DiKi 4) (Freiburg, Göttingen 1986); Überholte Verurteilungen? Die Gegensätze in der Lehre von Rechtfertigung, Abendmahl und Amt zwischen dem Konzil von Trient und der Reformation damals und heute, hrsg. v. Dietz Lange (Göttingen 1991); Kirche glauben, in: GlLern 2 (1987), 2-90; *Wilfried Härle,* Art. Kirche VII. Dogmatisch, in: TRE 18, 277-317; *Hans-Martin Barth,* Einander Priester sein. Allgemeines Priestertum in ökumenischer Perspektive (Göttingen 1990); *Eilert Herms,* Erfahrbare Kirche. Beiträge zur Ekklesiologie (Tübingen 1990); *ders.,* Kirche für die Welt. Lage und Aufgabe der evangelischen Kirche im vereinigten Deutschland (Tübingen 1995); Protestantische Identität heute, hrsg. v. Friedrich W. Graf u. Klaus Tanner (Gütersloh 1992); *Michael Welker,* Kirche im Pluralismus (Gütersloh 1995); *Harding Meyer,* Ökumenische Zielvorstellungen (BenshH 78) (Göttingen 1996); Fremde Heimat Kirche. Die dritte EKD-Erhebung über Kirchenmitgliedschaft, hrsg. v. Klaus Engelhardt u. a. (Gütersloh 1997).

Lehre von den letzten Dingen (Eschatologie): *Paul Althaus,* Die letzten Dinge (Gütersloh 1922, (8) 1961); *Jürgen Moltmann,* Theologie der Hoffnung. Untersuchungen zur Begründung und zu den Konsequenzen einer christlichen Eschatologie (München 1964, (12) 1985); *Eberhard Jüngel,* Tod (1971, Gütersloh (5) 1993); *Hans Küng,* Ewiges Leben? (München 1982, (5) 1990); *Medard Kehl,* Eschatologie (Würzburg 1986, (3) 1996); *Christian Walther,* Eschatologie als Theorie der Freiheit. Einführung in neuzeitliche Gestalten eschatologischen Denkens (Berlin, New York 1991); *** *Friedrich Beißer,* Hoffnung und Vollendung (HST 15) (Gütersloh 1993); Die Zukunft der Erlösung. Zur neueren Diskussion um die Eschatologie, hrsg. v. *Konrad Stock* (München 1994); *Jürgen Moltmann,* Das Kommen Gottes. Christliche Eschatologie (Gütersloh 1995); *Friedrich-Wilhelm Marquardt,* Was dürfen wir hoffen, wenn wir hoffen dürften? Eine Eschatologie, 3 Bde. (Gütersloh 1993-96); *Gerhard Sauter,* Einführung in die Eschatologie (Darmstadt 1995).

Personenregister

Seitenangaben mit kursiver Schrift im fortlaufenden Text; Seitenangaben mit Normalschrift in den Literaturübersichten; die Literaturangaben zu den einzelnen Themen (Loci) der Dogmatik (S. 181ff.) sind im Personenregister nicht berücksichtigt.

Sachregister